Vom Nutzen
schöner Gärten

Marion Nickig/Heide Rau
Ellert & Richter Verlag

Vom Nutzen schöner Gärten

4

Für Hans, Nina und Nico

Der ländliche Nutzgarten verbindet von alters her Nutzen und Schönheit, Gemüse und Blumen. Höher werdende Stauden wie Phlox und Dahlien wachsen in den Randbeeten und finden Schutz und Halt am Gartenzaun. Jahreszeitlich wechselnder Blumenschmuck bringt Duft und Farbe in den Garten. Ringelblumen, Löwenmäulchen und Tagetes mischen sich unbekümmert unter das Gemüse. Jeder Platz ist ausgenutzt.

Einleitung

Schöne Gärten sind die letzten Paradiese unserer Zeit. Als schön empfindet man sie, wenn Pflanzen und Architektur in ihnen eine harmonische Verbindung eingehen und ein Gleichklang von Haus, Garten, Natur und Umgebung geschaffen wurde.

Der Garten ist aber ein Erlebnis für alle Sinne, nicht nur für das Auge. Seine Vollendung erfährt er daher in der gelungenen Kombination von Schönheit und Nutzen. Nur die Hand auszustrecken nach einem rotbackigen Apfel, nach sonnenwarmen Erdbeeren oder knackigen Kirschen ist ein wahrhaft sinnliches Erlebnis. Hier sind wir der Natur und den Jahreszeiten so nahe wie nirgends sonst, erleben Säen und Ernten, Wachsen und Gedeihen.

Raffiniert angelegte Küchengärten mit kunstvollen Gemüsearrangements sind ein neuer Trend in der Garten-Ästhetik, der Schönheit und Nutzen vereint. Aber auch andere schön gestaltete Gartenbereiche können Nützliches für die Küche hervorbringen, sind doch viele Früchte des Gartens erst Augen-, dann Gaumenschmaus. Die Natur bietet ein erstaunliches Angebot an originellen, nahrhaften und gesunden Zutaten: aromatische Wildkräuter und leuchtende Beeren aus dem naturnahen Garten, heimische und mediterrane Kräuter aus dem Kräutergarten, alte und neue Obstsorten, farbige Salate, Rosen aus dem Rosengarten und eßbare Blüten aus dem Blumengarten.

Ohne gute Produkte gibt es keine gute Küche. Die Gourmetköche müssen ihre Zutaten per Expreß aus Frankreich anrollen lassen. Es gibt inzwischen aber auch einige unter ihnen, die es vorziehen, selbst Gemüse- und Kräutergärten anzulegen. Für die Gärtner, die Gemüse, Früchte und Kräuter im eigenen Garten ernten können, liegen die Vorteile klar auf der Hand: keine überdüngten Gemüse, ungespritzte Früchte, absolute Frische und die Möglichkeit, zum richtigen Zeitpunkt zu ernten.

Die Menschen waren in allen Zeiten sehr erfinderisch, wenn es darum ging, die nutzbaren Pflanzen „von Kopf bis Fuß" zu verwerten.

Von der Wurzel über Stengel, Blatt, Blüte, Samen und Früchte, alle Pflanzenorgane in den verschiedensten Vegetationsstadien können noch heute wie in früheren Zeiten die Nahrungspalette bereichern. Vieles davon ist in Vergessenheit geraten, etwa die vorgetriebenen Sprossen von Hopfen, Gutem Heinrich oder Meerkohl, die schon vor der eigentlichen Spargelzeit zarte, spargelähnliche Gemüse lieferten. Wie Amarant, Melde und Mangold werden sie gerade wieder neu entdeckt.

Natürlich gestaltete, schöne Gärten geben uns ein Stück vom Kindheitsparadies früherer Zeiten zurück. In Marcel Prousts Werk „Auf der Suche nach der verlorenen Zeit" findet der Dichter in Duft und Geschmack eines Lindenblütentees seine Kindheit wieder, die sorglosen Nachmittage mit duftendem Tee und frischgebackenen „Madeleines" zum Einstippen. Wir alle haben unsere Kindheitserinnerungen: vielleicht an den köstlich erfrischenden Himbeersaft für die heißen Tage, an die erste Erdbeertorte im Juni, an zarte Kohlrabi und Möhren, zum Knabbern direkt aus dem Garten geholt, an Sauerampfer und mehlige Weißdornbeeren oder an den süßen „Honig" aus den Taubnesselblüten.

Diese Genüsse aus der Kindheit sind wieder aktuell. Sauerampfersuppe und -salat, Rohkost aus den ersten, zarten Frühlingsgemüsen: Gesundheit à la carte, leicht und frisch zubereitet. Essen kann im Zeitalter des „Fast Food" wieder ein Erlebnis sein, so wie es in vielen südlichen Ländern unverändert Brauch ist: mit Familie und Gästen in gemütlicher Runde zu tafeln. Dazu gehören ein liebevoll gedeckter Tisch, jahreszeitlich angepaßte Gerichte, viel Muße und anregende Tischgespräche. In dieser Weise ist Essen nicht nur sättigend, sondern auch Nahrung für die Seele.

Die „Früchte des Gartens" genießen: Experimentieren ist erlaubt und spannend. Die wunderbaren Gaben der Natur garantieren eine kreative, gesunde Küche. Die hier vorgestellten Rezepte sind in der Regel für vier Personen ausreichend. Sie sind als Anregung gedacht und können nach Lust und Laune und mit den gerade vorhandenen Zutaten abgewandelt werden.

Die Rezepte und die Pflanzenporträts sind innerhalb der Kapitel alphabetisch nach Suppen, Vorspeisen und Salaten, Hauptgerichten, Desserts und Kuchen sowie Sonstigem geordnet, damit Sie schnell das Passende finden. In jedem Kapitel gibt es einen Sonderteil mit Dekorationen und Geschenken aus dem Garten.

Aus jedem der hier vorgestellten Gartenbereiche gibt es Köstliches zu ernten, nicht nur aus dem Gemüsegarten! Viele Nutzpflanzen sind zudem so attraktiv, daß sie ohne weiteres auch im Ziergarten wachsen können, wie der Mangold 'Feurio' mit seinen rubinroten Stielen, der Meerkohl, ein früher beliebtes Wildgemüse mit schön gewellten, bläulich bereiften Blättern, oder der altbekannte Rhabarber mit dem fast tropisch üppigen Blattwerk, der es mit jeder Blattzierpflanze aufnehmen kann.

Auch im Blumengarten steckt Überraschendes. Die schönen Taglilien werden schon seit Jahrtausenden in China in der Küche genutzt. Getrocknet oder frisch sind sie noch heute eine beliebte Zutat in Reisgerichten. Auch bei uns können die erstaunlich vitaminreichen Blüten in Salate und Risotto gemischt und als eßbare Dekoration zu Obst und Käse gereicht werden.

Und der Rosengarten bietet nicht nur etwas für das Auge und die Nase. Die schon in früheren Zeiten medizinisch genutzten Rosenblüten sind heute neue kulinarische Entdeckungen. Köstliche Rosentorten und Rosendesserts waren darauf, probiert zu werden!

Eine klare Trennung zwischen Nutz- und Ziergarten ist deshalb nicht nötig. Kleine Gärten können überraschen, wenn Elemente aus den einzelnen Gartentypen geschickt eingesetzt werden und auch die Höhe genutzt wird – zum Beispiel mit einer Kletterrose im Obstbaum, echtem Wein an der Hauswand, mit einem kleinen Obstspalier direkt an der Terrasse, dem „eßbaren Topfgarten" vor der warmen Garagenwand und einem Mini-Kräutergarten vor der Küchentür.

Aber zum vollendeten Genuß des schönen und nützlichen Gartens gehören noch andere Zutaten: Bänke in den einzelnen Gartenbereichen, ein Abendsonnenplatz für den Aperitif vor dem Essen, eine kleine Wiese für ein sommerliches Picknick im Garten und vielleicht sogar ein Pavillon für den Nachmittagstee. Auch Wasser bereichert und verändert einen Garten. Ein erfrischendes Element an heißen Sommertagen sind Springbrunnen, Wasserstellen und Teiche – all dies reizvolle Gestaltungsmittel, um im Garten wohnen und auch essen zu können. Ein Spaziergang durch Gartenräume, die schön und nützlich zugleich sind, lädt Sie ein zum Schnuppern und Probieren.

Treten Sie ein!

Aroma der Kindheit: Tee aus duftenden Lindenblüten.

Im Bauerngarten wachsen Gemüse, Blumen und Kräuter einträchtig nebeneinander. Die bunte Mischung gesunder Pflanzen wirkt ländlich einfach und lebensfroh. Rotkohl, Salat, Porree und Sellerie sorgen für eine reiche Ernte, Stockrosen und Malven bringen Farbe ins Bild.

Der Bauerngarten

Das Wort Bauerngarten weckt bei vielen Menschen Kindheitserinnerungen: an knackig frische Erbsenschoten und säuerlich-süße Johannis- und Stachelbeeren, an bunte Blumen und in der Sonne würzig duftende Buchsbordüren. In der Geißblattlaube saß es sich gemütlich neben der Großmutter, die beim Bohnenentfädeln Geschichten erzählte. Die Fäden sind den Bohnen längst weggezüchtet worden, und oft fehlt die Zeit, um frisches Gemüse zuzubereiten – aber die Bauerngärten leben weiter!

Für viele bedeutet der Begriff Bauerngarten nicht nur eine bestimmte Gartenform, sondern ein Synonym für die gute alte Zeit, als das Leben noch geruhsamer war. Im eigentlichen Sinn zählen zu den Bauerngärten nur die Gärten der Bäuerinnen, die zur Selbstversorgung mit Gemüse, Beeren, Heil- und Gewürzkräutern dienten. Auch für Blumenschmuck an kirchlichen Festtagen sorgte der trotz knapper Zeit liebevoll gepflegte Garten. Die ländlichen Gärten der kleinen Handwerker und Kaufleute, des Dorflehrers und des Pfarrers sahen ähnlich aus. Auch sie dienten zum größten Teil der Selbstversorgung.

Heute erwarten wir von einem Bauerngarten eine lebensfrohe bunte Mischung von Blumen, Gemüsen, Beeren und Kräutern mit natürlicher Anmut: einfach und praktisch, altmodisch und heiter. Einen einheitlichen Bauerngartentyp gibt es allerdings nicht. Vom urwüchsigen kleinen Gärtchen mit windschiefem Lattenzaun in den gebirgigen Regionen Deutschlands bis zum großzügigen Gemüsegarten der nördlichen Tiefebenen mit Obsthof, Bleichrasen und barocken Gartenelementen sind viele Abstufungen vorhanden, und sie alle passen sich der Landschaft an. Auch die Gartenwege sind aus ortsüblichem Material, ob aus gestampftem Lehm oder herrschaftlichem Kies, und von landestypischen Hecken oder Zäunen umgeben.

Der Strukturwandel in den Dörfern und die Technisierung in der Landwirtschaft jedoch gefährdeten in den vergangenen Jahrzehnten zeitweise den Bauerngarten; schließlich war auch nicht zu erwarten, daß er wie ein Museumsgarten entgegen dem Zeitgeist von den Bäuerinnen und Landfrauen weitergepflegt würde. In diesen Jahren wandelten sich die Gärten vom „verzierten Nutzgarten" zum „Ziergarten". Neu erwachtes ökologisches Bewußtsein läßt jedoch heute die Bauerngärten wieder aufleben. Das Dorf als Lebens- und Erholungsraum gewinnt für die Städter an Bedeutung. Sie interessieren sich für den Erhalt des dörflichen Kulturguts und legen oftmals passend zum neuerworbenen ländlichen Anwesen einen Bauerngarten an. Es sind aber auch immer häufiger die ganz jungen Bauersfrauen, die den Garten in der alten Form wiederherstellen. Noch leben die alten Bäuerinnen und geben ihr Gartenwissen, wie es schon immer in der jahrtausendealten Nutzgartengeschichte üblich war, durch mündliche Überlieferung von Generation zu Generation weiter – auch an die wißbegierigen Neubürger aus der Stadt.

Die Entstehung der Bauerngärten

Die Anfänge deutscher Gartenkultur sind verhältnismäßig bescheiden. Der Speisezettel unserer Vorfahren im waldbedeckten und dunklen Germanien war recht eintönig. Wildwachsende Beeren und Früchte, Rüben und Wurzeln dienten als Nahrung, einige davon wurden auch in Kultur genommen. Die Gärten in Haus- und Siedlungsnähe waren damals sicherlich reine Nutzgärten. Vielleicht wuchsen auch einige Heilkräuter im umfriedeten Bereich, die von den weisen Frauen zu medizinischen Zwecken gebraucht wurden.

Dieses Bild änderte sich erst vor etwa 2 000 Jahren mit der Besiedlung durch die Römer. Diese brachten viele südliche Gewächse wie Spargel, Rosen, Lilien und Lavendel, Wein, Pfirsiche und Aprikosen, aber auch ihre über die Jahrhunderte angesammelten Erfahrungen mit über die Alpen. Wälder wurden gerodet, Land wurde urbar gemacht. Leider verschwanden südliche Farbenpracht und üppige Pflanzenvielfalt mit dem Untergang des Römischen Reichs. Es blieben nur noch einige verwilderte Pflanzen als Erinnerung zurück.

Im frühen Mittelalter übernahmen die Benediktinerklöster eine führende Rolle in der Gartenkultur. Die Mönche kannten das griechische und römische Schrifttum gut, zum Teil auch Überlieferungen aus dem arabischen Raum, schrieben Anleitungen ab und übersetzten sie. Aus ihren südlichen Klöstern brachten sie Samen und Stecklinge mit, die sie mit Pflegehinweisen auch an die Bäuerinnen weitergaben; die Gartenkultur wurde wiederbelebt. Im berühmten „Capitulare de Villis", der um 800 erlassenen Landgüterverordnung Karls des Großen, werden viele der typischen Gemüse- und Kräuterpflanzen aufgeführt, die auch heute noch in den Bauerngärten wachsen. Karl der Große machte diese gesammelten Erkenntnisse zum Allgemeingut. Im überlieferten St. Gallener Gartenplan von 816, der noch heute in der dortigen Stiftsbibliothek aufbewahrt wird, hatten in den geometrisch angelegten Beeten die Pflanzen des Capitulare Platz: Zwiebeln und Schalotten, Lauch, Sellerie, Rettiche, Kohl und Rote Bete, Salate und Kräuter. Dieser Plan wurde zwar nie im Original ausgeführt, beeinflußte jedoch jahrhundertelang die Gestaltung der Kloster-, Schloß- und Bauerngärten in Deutschland.

Elemente der Gartengestaltung

Die Einteilung der Beete und Wege in Kreuzform war ein wichtiges Merkmal der Klostergärten. In ihrem Schnittpunkt befand sich eine Sonnenuhr oder ein Brunnen. Vorbilder dieser Urform klassischer Gartengestaltung finden sich in den alten arabischen Paradiesgärten, in griechischen und römischen Gartenhöfen. Sie leben noch heute in den Bauerngartenstrukturen weiter.

Das klare geometrische Ordnungsprinzip machte es leicht, die Gärten zu bewirtschaften. Die Beete waren nicht breiter als 1,20 Meter, so konnten die Pflanzen von allen Seiten leicht erreicht werden. Die Aufteilung des Gartens in vier gleiche Teile war einfach und übersicht-

lich und erleichterte den Fruchtwechsel. Die Grundform ließ sich unendlich variieren, aneinanderreihen und durch halbrunde Elemente anreichern, so daß eine erstaunliche Formenvielfalt möglich war.

Auch die landschaftlichen Unterschiede, die Fruchtbarkeit des Bodens und die Frage, ob der Garten zu einem kleinen Kötter- oder zu einem reichen Bauernhof gehörte, hatten natürlich Einfluß auf das Aussehen der Gärten.

Besonders prachtvolle Bauerngärten gab es in Norddeutschland und in Westfalen. Wohlhabende Bauern gestalteten nach dem Vorbild des Adels barocke Gärten mit kunstvoll geschnittenen Eibenfiguren, umgeben von Eibenhecken, die vor Wind schützten. Barocke Gartenelemente fanden ihren Weg auch in die kleinsten Bauerngärten: beschnittene Buchskugeln oder -pyramiden, bunte Rosenkugeln, ein mit Blumen bepflanztes Rondell als Mittelpunkt der Anlage.

Eine Besonderheit bildeten die Pfarr- und Lehrergärten, die Elemente der Gärten des Adels und des gebildeten Bürgertums, aber auch der Bauerngärten in sich vereinten. Sie wiesen einige herrschaftliche Attribute auf, wie Rosenbeete, Springbrunnen, Lauben oder sogar einen Gartenpavillon, in dem am 1. Mai traditionell die Waldmeisterbowle getrunken wurde. Außerdem wuchsen hier veredelte

Münsterländer Bauerngärten zeigen oftmals barocke Elemente der Gartenkunst. Spiralig geschnittener Buchsbaum, strenggeformte Eiben und ornamentale Beeteinfassungen geben den üppig wachsenden Gemüsepflanzen und den Blumen Struktur. Die Rosenkugel im Mittelpunkt spiegelt den wohlgeordneten Garten in Miniatur wider.

Die klassische jahrhundertealte Anordnung im Bauerngarten: Ein Wegekreuz unterteilt die Anlage in vier Quadrate. Kräuter, Gemüse und Blumen gruppieren sich um eine kompakte Buchskugel. Im Frühjahr säumen Akelei, Iris und Vergißmeinnicht die buchsumrandeten Beete.

Rosen, Obstbäume und an der Hauswand Weintrauben. Der Vorbildcharakter dieser Anlagen war für die ländlichen Gärten sehr wichtig.

Bauerngärten der Neuzeit

Im 16. Jahrhundert kamen neuartige Gemüsearten aus der Neuen Welt in die heimischen Gärten. Dazu gehörten Kartoffeln, Bohnen, Tomaten, Mais, aber auch Kapuzinerkresse und Sonnenblumen. Die Bauerngärten waren zwar immer ein Reservoir alter Kulturpflanzen, aber gleichzeitig stets offen für interessante Neuigkeiten. Über die Jahrhunderte versammelten sich so Pflanzen aus aller Welt in ihnen. Wenn sie robust und ertragreich waren, wurden sie in das Repertoire aufgenommen. Glücklicherweise blieb es so nicht nur bei Kohl und Rüben – welch eine Vielfalt im Vergleich zur Kost der gärtnerischen Frühzeit!

Die Farbwahl im Bauerngarten ist naiv und fröhlich. Es paßt dort sogar zusammen, was farblich eigentlich nicht zueinander paßt. Diese unbekümmerten Farbmischungen sind durch die berühmten Malergärten von Emil Nolde an der deutsch-dänischen Grenze und Claude Monet in Frankreich „salonfähig" geworden. Die im Sommer überquellende Blumen- und Kräuterpracht wird durch die grüne Geometrie gemildert. Einige Kräuter und Blumen wie Oregano und Fenchel, Ringelblumen und Boretsch samen sich auch selbst aus; dadurch entstehen Zufallskombinationen von eigenem Reiz. In manchen Bauerngärten jedoch geht es durchaus reihenweise geordnet zu. Blumen und Kräuter stehen dann in den Randbeeten, die den Gemüsegarten kranzförmig umgeben. Sie haben nicht nur die Aufgabe, Farbe und Schönheit in den Garten zu bringen, sondern helfen durch ihre Duftstoffe, die Schädlinge abzuwehren, und ziehen zugleich Bienen und Hummeln an, die zum Bestäuben des Gemüses wichtig sind.

Noch heute wächst in den Bauerngärten alles, was sich leicht ziehen und vermehren läßt. Wie früher werden die Samen und Stecklinge über den Zaun gereicht, werden Stauden geteilt und mit guten Ratschlägen verschenkt – in der guten alten Tradition der Mönche …

Die nützliche Petersilie und das „nur" dekorative Löwenmäulchen, in einem schönen Ensemble vereint.

Bohne
Phaseolus

Alle Bohnen sind mehr oder weniger wärmebedürftig. Ihre Heimat ist Amerika; in Mexiko werden sie schon seit Jahrhunderten als Kulturpflanzen genutzt. Von dort brachten sie spanische Eroberer im 17. Jahrhundert zusammen mit den ebenfalls wärmeliebenden Tomaten nach Europa. Bohnen dürfen erst Mitte Mai in warme lockere Erde ausgelegt werden. Das Beet braucht dabei keine zusätzliche Düngung, da die Bohnen zu den Schwachzehrern gehören. Kompostgaben im Herbst und eine Mulchabdeckung bis zur Aussaat halten den Boden in gutem und humosem Zustand.

Bohnen sind Stickstoffsammler: An den Wurzeln bilden sich Knöllchen, die von den Stickstoffbakterien gebildet werden. Wenn die Wurzeln nach der Ernte im Boden belassen werden, bleibt er für eine Nachfrucht noch im guten Zustand. Versetzte Aussaaten bis in die zweite Julihälfte garantieren Bohnenernten bis in den Oktober. Aber Achtung: Rohe Bohnen enthalten den Giftstoff Phasin, weshalb man dieses Gemüse nur gekocht verzehren darf!

In den bäuerlichen Haushalten wurden die Bohnen früher für den Wintervorrat eingesalzen. Sie wurden dazu in Stücke gebrochen oder „geschnibbelt", in Salzwasser abgekocht und in einen Steintopf gefüllt, wo man sie mit einem Leinentuch abdeckte und mit Steinen beschwerte, so daß die Lake über den Bohnen stand. Ein altes englisches Rezept empfiehlt alternativ, die frischen Bohnen der Septemberernte in ein Steingutgefäß zu geben und lagenweise mit Salz zu bedecken. Für den Gebrauch im Winter sollen sie dann in Wasser eingeweicht werden, um das Salz zu entfernen. Im Zeitalter der Tiefkühltruhen allerdings sind alte Lagermethoden für Gemüse fast vergessen.

Buschbohne
Phaseolus vulgaris var. *nanus*

In den Samenkatalogen finden sich heute viele interessante Sorten der Buschbohnen. 'Triomphe de Farcy' ist eine alte Feinschmeckersorte mit violetten Streifen. 'Purple Teepee' entwickelt die tiefblauen Bohnenschoten über den Blättern, das verleiht der Pflanze die Form eines Indianerzelts (Teepee), im Deutschen weniger exotisch als Gluckentyp bezeichnet. Das Pflücken wird dadurch erleichtert und die Anfälligkeit für Schadpilze vermindert. Beim Kochen werden jedoch alle Varianten grün. Ihre auffällige Schönheit ist nur für den Garten bestimmt! Die französische Filetbohne 'Delinel' wird zart und jung geerntet. Die gelbe Wachsbohne 'Wachs Beste von Allen' schmeckt im Bohnensalat.

Feuerbohne
Phaseolus coccineus

Die Feuer- oder Prunkbohnen mit ihren auffälligen roten Schmetterlingsblüten wirken fast extravagant, sind aber im Bauerngarten beliebt, da sie schnellwüchsig und unkompliziert sind. Sie vertragen auch etwas rauheres und kühleres Klima, dafür kann allerdings in warmen Sommern der Fruchtansatz gering ausfallen. Damit sie üppig tragen, müssen sie stärker als andere Bohnenarten gedüngt werden. Man sollte Feuerbohnen möglichst jung pflücken, denn ihre Schoten bekommen schnell einen rauhen und wolligen Überzug, weshalb die Pflanze auch Wollbohne genannt wird. Der etwas derbe, aber intensive Bohnengeschmack kommt in Eintöpfen gut zur Geltung.

Puffbohne
Vicia faba

Die Puffbohne, auch Dicke Bohne oder Saubohne genannt, war im Mittelalter in Europa eine feldmäßig angebaute, bedeutende Gemüsepflanze. In Hungerzeiten wurden die getrockneten und gemahlenen Puffbohnen mit Getreidemehl zum Brotbacken vermengt. Die Pflanze wurde bereits um 800 im Capitulare de Villis, der Landgüterverordnung Karls des Großen, aufgeführt, aber schon die alten Ägypter kultivierten sie um 1800 v. Chr. Auch in griechischen und römischen Schriften wird sie erwähnt.

Ein großer Vorteil der Pflanze liegt in dem frühen Aussaattermin Ende Februar bis Anfang März. Bis spätestens zum 5. März sollte die Aussaat abgeschlossen sein. Die Puffbohne ist gut an das heimische Klima angepaßt und verträgt niedrige Temperaturen bis zu minus sechs Grad. Durch den frühen Aussaattermin entgeht sie den Blattläusen, die gerne an den zarten Triebspitzen sitzen, denn die Pflanze ist dann schon kräftig und widerstandsfähig, wenn die Schädlinge auftreten. Wird sie trotzdem von Läusen befallen, können die Triebspitzen ausgebrochen werden. Das regt nebenbei das Wachstum an und fördert die Ausbildung der Früchte.

Die bis zu einen Meter hoch werdende stattliche Pflanze wächst gut in sandigen bis lehmigen Böden, die ausreichend feucht sind. Als Düngung verträgt sie abgelagerten Mist. In einer Reihe werden die Saatbohnen mit einem Abstand von 40 bis 50 Zentimetern voneinander fünf bis zehn Zentimeter tief in die Erde gelegt. Puffbohnen stehen günstig als Randpflanzung oder als Zwischenfrucht, damit die Luft zwischen den Pflanzen besser zirkulieren kann. Sie sollten etwas angehäufelt werden, damit sie standfester sind.

Wie ihre fremdländischen Verwandten aus der großen Bohnenfamilie, die aus Mexiko stammt, können auch die Puffbohnen Stickstoff sammeln. Sie besitzen daher lockernde und nährstoffanreichernde Wirkung und fördern in Mischkulturen ihre Nachbarpflanzen. Ungünstige Nachbarn sind Lauch, Knoblauch, Zwiebeln und andere Hülsenfrüchte. Eine Spinatunterpflanzung hingegen hält die Feuchtigkeit im Boden, Bohnenkraut schützt vor Läusebefall.

'Con Amore' ist eine sehr frühe Sorte mit zartgrünem Korn. Die niedrige 'Suttons Dwarf' wird nur 40 Zentimeter hoch und trägt sehr reich. Halbreife, ausgepahlte Bohnen werden als Gemüse (delikat mit feingehackter Minze!), aber auch als Salatbeigabe serviert. Puffbohnen eignen sich außerdem zum Einfrieren und zum Trocknen.

Dicke Bohnen mit Speck gab es früher in Münsterländer Bauernhäusern als häufiges Winteressen. Beide Zutaten waren auf dem Lande zu jeder Zeit zur Hand und sättigten gut. Lange Zeit wurde dies Gericht seither als Arme-Leute-Küche verschmäht. Ihr hoher Gehalt an Proteinen, Eisen und B-Vitaminen macht die Puffbohne heute jedoch für die gesunde Küche interessant. Auch die Besinnung auf hiesige Regionalküchen führt dazu, daß sie in verfeinerter Form wieder auf den Tisch kommt.

Stangenbohne
Phaseolus vulgaris var. *vulgaris*

Neben den etwas anspruchsloseren Buschbohnen wachsen in vielen Bauerngärten die für das fruchtbare Gesamtbild so wichtigen Stangenbohnen: Drei bis vier Meter lange Stangen werden dabei in Reih und Glied gekreuzt aufgestellt und mit einer langen Querlatte stabilisiert. Stangenbohnen tragen reiche Ernte und werden deshalb im Bauerngarten bevorzugt. Der Boden sollte tiefgründig und nahrhaft sein, dann gedeihen die Bohnen unproblematisch. Für die Aussaat wird rings um jede Stange eine tellerartige Vertiefung für jeweils fünf Bohnen angelegt, die dann nur um das Doppelte ihrer eigenen Stärke mit Erde bedeckt werden. Bohnen dürfen nicht zu tief gelegt werden, sie sollen „die Glocken läuten hören"! Wenn weniger Platz zu Verfügung steht, können anstatt der Reihen auch einzelne Gruppen mit drei bis vier Stangen gebildet werden.

Auch bei den Stangenbohnen gibt es gelbe Wachsbohnen und die lilablaue Sorte 'Blauhilde' mit sehr gutem Geschmack. Die Sorte 'Borlotto lingua du fuoco' hat dekorative Streifen (Feuerzungen). Sie wird in Italien wegen der Bohnenkerne angebaut, die, mit Kräutern gewürzt, als Gemüse, im Salat oder in Suppen gegessen werden.

Ungewöhnliche Partner am Spalier sind Bohnen und Birnen. Auch auf dem Teller können sie in dem typisch norddeutschen Gericht „Birnen, Bohnen und Speck" eine Liaison eingehen.

Erdbeere
Fragaria ananassa

Die Gartenerdbeere ist keine Weiterentwicklung der heimischen Walderdbeere; ihre Stammeltern sind vielmehr großfrüchtige Arten aus Amerika. Holländische Kreuzungen im 18. Jahrhundert führten zu den heutigen Gartensorten. Erst damit wurden die Erdbeeren für den Bauerngarten interessant, denn die Walderdbeeren konnte man ja in der freien Natur sammeln.

Die flachwurzelnden Erdbeerstauden brauchen Licht, Wärme und ausreichende Feuchtigkeit. Der Boden sollte eher sauer als zu kalkhaltig sein. Als ehemalige Waldbewohner lieben sie gut gemulchte Böden mit einer Häckselschicht aus Farnkraut, Fichten- oder Tannennadeln. Sobald sie Früchte ansetzen, ist auch eine Strohabdeckung sinnvoll, die die Feuchtigkeit im Boden, aber gleichzeitig die Beeren trockenhält. Etwas Lavagranulat, um die Pflanzen gestreut, vertreibt die Schnecken. Gedüngt werden sollte mit Kompost und Hornmehl, jedoch nicht zu reichlich.

Gepflanzt werden die Erdbeeren im Juli/August, dann ist im nächsten Jahr schon eine volle Ernte zu erwarten. Auf einem Beet von 1,20 Meter Breite werden nur zwei Reihen gesetzt, der Abstand zwischen den Pflanzen beträgt 20 bis 25 Zentimeter. Als Zwischenkultur eignen sich im ersten Jahr noch Buschbohnen oder Salat, als Vorfrucht Erbsen. Pilzabwehrende Alliumgewächse wie Porree, Knoblauch oder Zwiebeln können in die Zwischenräume gesetzt werden. Diese Maßnahmen sind besonders in regnerischen Sommern wichtig, damit sich der gefürchtete Grauschimmel nicht ausbreitet und die Ernte beeinträchtigt. Nach drei bis vier Jahren werden die

Bestände gerodet und aus den Ausläufern herangezogene Jungpflanzen an eine andere Stelle gepflanzt.

Eine altbewährte reichtragende Sorte mit gutem Aroma ist 'Senga Sengana'. 'Ostara' trägt von Juni bis Oktober, so kann die Erdbeerernte verlängert werden. Die hocharomatische, dunkelrote alte Sorte 'Mieze Schindler' von 1925 ist leider nur noch schwer zu bekommen. Für eine bessere Bestäubung ist es günstig, mehrere Sorten zu pflanzen.

Sogar die kleinfrüchtigen Walderdbeeren kommen heute wieder zu Ehren. Eine Weiterzüchtung ist die aromatische Monatserdbeere *Fragaria vesca* var. *semperflorens*. Die rankenlose 'Rügen' eignet sich gut zur Beeteinfassung, die rankenden Sorten als Bodendecker unter Beerensträuchern. Eine neue Züchtung ist die rosablühende Ziererdbeere 'Pink Panda', eine Hybride von *Fragaria ananassa* und *Potentilla palustris* mit eßbaren Früchten. Sie blüht unermüdlich und trägt vom Sommer bis zum Frost Früchte. Der Standort kann sonnig oder halbschattig sein. Die ordentlichen frischgrünen Blätter und die hübschen Blüten machen sich überall gut, ob im Gemüsegarten, als Vorpflanzung im Blumengarten oder im Topf. Besonders schön ist 'Pink Panda' in einem Erdbeertopf mit seitlichen Taschen, in denen die Ausläufer wurzeln können.

Junge Erdbeerblätter ergeben einen blutreinigenden und kreislauffördernden Tee; Blüten und Blätter bereichern Salate. Die beliebten Beeren enthalten viel Vitamin C, Fruchtsäuren und viele verschiedene Mineralien. Sie wirken harntreibend und entschlackend. Manche Menschen jedoch müssen wegen einer Allergie leider auf diese leckeren, gesunden Früchte verzichten.

Johannisbeere
Ribes rubrum / Ribes nigrum

Alle Johannisbeersträucher mögen einen luftigen Standort mit leichtem Schatten. Die ein bis zwei Meter hohen, flachwurzelnden Sträucher sind von jeher in Nord- und Mitteleuropa zu Hause. Die modernen Züchtungen stammen aus Kreuzungen verschiedener Wildarten. Wie es den Verhältnissen in den heimischen Wäldern entspricht, benötigen sie kühle und humose, lehmige Böden, die immer dick mit Häcksel oder Stroh abgedeckt sein sollten. Der Pflanzabstand beträgt zwei bis zweieinhalb Meter, denn die Sträucher werden sehr breit.

Gegen Säulchenrost schützt eine Zwischenpflanzung von Wermut. Früher Blattfall kann durch je eine Brennesseljauchengabe zum Austrieb und nach der Ernte verhindert werden. Die Rückstände aus dem Jauchefaß dienen dann noch als Mulchdecke.

Johannisbeeren tragen am zwei- bis vierjährigen Holz, deshalb sollten sie regelmäßig verjüngt werden. Direkt nach der Ernte werden alte, borkige Zweige bis zum Boden entfernt; neun bis zwölf tragende Zweige genügen für einen luftigen Aufbau.

Johannisbeeren reifen zu Johanni, dem Tag der Sonnenwende am 24. Juni. Die Haupterntezeit liegt im Juli. Mit 'Heinemanns Roter Spätlese' verlängert sich die Ernte bis in den August. Eine besonders reichtragende Sorte mit langen, üppigen Trauben findet man überraschenderweise in einem Rosenkatalog: Der Rosenzüchter Kordes hat dieses 'Traubenwunder' entwickelt, und es trägt seinen Namen zu Recht! Diese Beeren sind sehr aromatisch und weniger säuerlich als andere Sorten. Die weißen Johannisbeeren sind zwar nicht so ertragreich, aber sie schmecken dafür sehr süß. Eine frühreifende Sorte ist 'Weiße aus Jüterbog'.

Die schwarzen Johannisbeeren hingegen enthalten unglaublich viel Vitamin C. Sie sind das wertvollste Beerenobst überhaupt, wenn auch geschmacklich nicht gerade jedermanns Sache. Die erfrischenden Fruchtsäuren wirken harntreibend und blutreinigend und regen den Appetit an. Die ganze Pflanze einschließlich der Blätter duftet zudem aromatisch. Eine Neuzüchtung mit besonders großen Beeren heißt 'Titania'. Die Blätter haben konservierende Wirkung und passen, jung gepflückt, gut zu eingelegten Gurken. Ihr herbes Aroma wird gerne zusammen mit Erdbeer-, Himbeer- und Brombeerblättern in Gartenmischtees verwendet.

Das gesunde, kalorienarme Beerenobst verlockt zum Naschen im Vorübergehen. Die Beeren schmecken frisch vom Strauch am besten, eignen sich aber auch gut zu Gelees und als Kuchenbelag. Wenn schwarze und rote Johannisbeeren zusammen entsaftet werden, gewinnt man ein besonders vitaminreiches, erfrischendes Getränk. Im Sommer kann es mit duftendem Holundersirup und Mineralwasser serviert werden: ein schön rosa gefärbter, alkoholfreier Aperitif!

Jostabeere
Ribes nidigrolaria

Eine Kreuzung zwischen Schwarzer Johannisbeere (Jo) und Stachelbeere (Sta) ist die großfrüchtige Jostabeere. Im äußeren Erscheinungsbild gleicht sie der Schwarzen Johannisbeere. Ihr Wuchs ist kräftig und ausladend. Nach der Ernte kann etwas ausgelichtet werden, damit Blätter und Beeren ausreichend Licht erhalten. Der Vitamin-C-Gehalt ist fast so hoch wie der der Schwarzen Johannisbeere. Ihr fruchtig-säuerlicher Geschmack macht sie zur idealen Marmeladenfrucht (siehe Seite 30), aber sie schmeckt auch gut als Kuchenbelag.

Kohlgemüse
Brassica oleracea

Die überraschend vielfältige Kohlfamilie vom eleganten Brokkoli bis zu den kräftigen, derb-bäuerlichen Kohlköpfen wie Weißkohl, Rotkohl und Wirsing hat einen gemeinsamen Urahn: den europäischen Wildkohl. Er wächst noch heute an den Mittelmeer- und Nordseeküsten wie auch am Atlantik in Nordspanien und Westfrankreich. Sein Vorkommen auf den kreidigen Klippen Englands und auf Helgoland zeigt seine Vorliebe für kalkhaltige Böden, die alle Nachfahren dieser weitverzweigten Familie beibehalten haben. Ein blühender Brokkoli oder ein geschossener Grünkohl im Frühling können die Verwandtschaft mit dem gelbblühenden Urkohl nicht leugnen.

Angebaut wird dieses Gemüse schon seit 3 000 Jahren. Aus der Wildart sind durch Kreuzung und Selektion viele erstaunlich eigenständige Gemüsearten entstanden. Schon die Griechen und die Römer schätzten den Kohl. Im Mittelalter galt er wegen seines hohen Mineralstoff- und Schwefelgehalts als wichtige Medizin.

Die kraftstrotzenden Kohlreihen im Bauerngarten bedeuteten Glück und Wohlergehen. Der Kohl war dort jedoch nur vertreten, wenn er nicht als Feldfrucht angebaut wurde.

Seine Vielfalt entwickelte dieses Gemüse im Laufe des Mittelalters bis in unsere Zeit hinein. Sie reicht von der Sprossenknolle (Kohlrabi), die im 15. Jahrhundert entstanden ist, bis zum Blumenkohl, der im 16. Jahrhundert als 'Floricauleriae' aus Genua eingeführt wurde, und zur neuen limonengrünen Kopfbrokkolizüchtung 'Romanesco Minaret', die heute Märkte und Gärten schmückt. Diese genetisch erstaunliche Vielfalt läßt vermuten, daß ein Ende seiner Karriere noch nicht abzusehen ist. Neue Züchtungen sind auch die Miniblumenkohle – für die immer kleiner werdenden Familien und Single-Haushalte sehr praktisch. Der auffallend gefärbte und gerüschte Zierkohl hingegen ist schon seit dem 17. Jahrhundert bekannt. Er ist ebenso eßbar wie seine Verwandten.

Alle Kohlarten sind Starkzehrer. Sie brauchen nährstoffreiche, tiefgründige Böden in sonniger Lage mit ausreichendem Kalkgehalt. Auch ein gut mit Kompost versorgter Boden benötigt noch zusätzliche Düngung mit Horn-, Blut- und Knochenmehl und mit organischem Flüssigdünger oder Pflanzenjauche als Kopfdüngung. Wird der Kohl zu stark mit Mist gedüngt, entwickelt er einen strengen Geruch und verliert seine kulinarischen Qualitäten.

Gemeinsam ist der Kohlfamilie, daß alle Sorten als Sämlinge mit Vorkultur angepflanzt werden. Die weiten Pflanzabstände können gut durch eine Mischkultur mit Bohnen oder Salat genutzt werden. Günstig sind auch Dill und Boretsch, sie fördern das Wachstum; und die Doldenblüten des Gewürzfenchels locken Schwebfliegen an, die ihre Eier in die gefräßigen Weißkohlraupen ablegen. Durch regelmäßigen Fruchtwechsel kann sogar die gefürchtete Kohlhernie, eine Pilzkrankheit, die die Wurzeln deformiert, verhindert werden. Kohl ist sehr reich an lebenswichtigen Mineralstoffen wie Eisen, Magnesium und Kalzium. An Vitaminen sind besonders A, C und K sowie Folsäure enthalten; und seine Ballaststoffe sind wichtig für einen gesunden, funktionierenden Darm. All diese Vitalstoffe bleiben am besten erhalten, wenn Kohl als Rohkost, in Form von Sauerkraut oder möglichst knapp gegart serviert wird.

Blumenkohl
Brassica oleracea var. *botrytis*

Der Blumenkohl ist die Primadonna unter den Kohlgemüsen: Er ist recht anspruchsvoll und braucht viel Aufmerksamkeit. Die Pflanze benötigt mehr Kalk im Boden als ihre Verwandten, der Stickstoffgehalt sollte jedoch nicht so hoch sein. Wassermangel führt zu deformierten und zu kleinen Köpfen. Nachdüngen ist bei allen Blumenkohlsorten notwendig, sonst bleiben die Köpfe klein. Ausgesät wird ab März, ausgepflanzt im Abstand von 50 mal 50 Zentimetern. Sobald sich die Blüten ausbilden, werden sie durch leicht umgeknickte Blätter vor Verfärbungen geschützt. 'Alverda', eine hellgrüne Sorte, und die violette Variante 'Purple Queen' reifen im Herbst, wenn sie bis Mitte Mai ausgesät werden. Weiße, grüne und violette Blumenkohlröschen mit flüssiger Butter und frischen Kräutern zusammen serviert: eine neue Variante des altbekannten Gemüses.

Brokkoli
Brassica oleracea var. *italica*

Brokkoli ist so gesund wie unproblematisch und in der Kultur nicht so anspruchsvoll wie der Blumenkohl. Nach der Ernte der Mittelblüte wachsen aus den Blattachseln immer wieder Sprossen nach. Im April wird ausgesät, Ende Mai/Anfang Juni im Abstand von 50 mal 50 Zentimetern ausgepflanzt. Die grüne Sorte 'Romanesco Minaret' mit ihren dekorativen pagodenförmigen Röschen, die eher wie ein Blumenkohl aussieht, wird erst ab Juni/Juli ausgesät und nach fünf Wochen verpflanzt, der Pflanzabstand beträgt bei ihr 60 mal 60 Zentimeter. Geerntet wird ab September. Brokkoli verträgt leichten Frost und kann auch in milden Wintern noch geerntet werden. Ob mit Butter und gebräunten Mandeln oder in einer Sherrysauce serviert, ob als Suppe oder als Gratin: Brokkoli ist ein vielseitiges Gemüse.

Grünkohl
Brassica oleracea var. *acephala*

Grünkohl ist ideal als Nachkultur, einfach im Anbau und ungewöhnlich winterhart. Als Starkzehrer profitiert er von einer Vorkultur mit stickstoffsammelnden Bohnen oder Erbsen. Er hat noch mehr Inhaltsstoffe als andere Kohlgemüse und ist weniger anfällig für Krankheiten. Pflanzzeit ist von Juli bis Ende August, der Pflanzabstand beträgt 50 mal 60 Zentimeter. Für die Mischkultur eignen sich späte Gemüsearten wie Zuckerhut, Radiccio oder Rote Bete.

Geerntet wird erst nach dem ersten Frost, zuerst die unteren Blätter und zum Schluß das Herz. Im Frühjahr bilden sich oft nochmals zarte Sprossen, die noch eine Mahlzeit liefern, und sogar die Blüte mitsamt den Stielen kann Verwendung finden! Empfehlenswert sind die halbhohen 'Lerchenzungen' mit ihren schmalen, feingekrausten Blättern. Aus der Winterküche unserer Vorfahren war dieses herzhafte Gemüse nicht wegzudenken, doch es gewinnt auch bei uns langsam wieder an Beliebtheit.

Kohlrabi
Brassica oleracea var. *gongylodes*

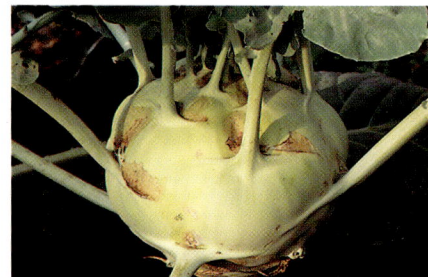

Kohlrabi liebt es kühl, er kann schon im zeitigen Frühjahr und noch im Herbst ausgesät werden. Die Sorte 'Delikateß', in Weiß und Blau zu bekommen, ist für den frühen und mittelfrühen Anbau geeignet, im Sommer und Herbst wählt man den kräftigen Kohlrabi 'Blauer Speck'. Kohlrabi sollte tennisballgroß geerntet werden, dann ist das Aroma zart und nussig und verführt zum Rohessen. Rekordgrößen, etwa von dem hochgelobten Kohlrabi 'Superschmelz', sind nicht unbedingt das Ziel im Liebhabergarten; es geht schließlich nicht mehr wie früher darum, eine große Familie und landwirtschaftliche Helfer zu beköstigen. Ziel ist vielmehr, eine bessere Qualität zu erhalten.

Eine Mischkultur mit Salat schützt vor Erdflöhen. Kohlrabi stellt nur geringe Ansprüche an die Düngung und den Standort, er nimmt auch mit Halbschatten vorlieb. So können die Setzlinge überall dazwischen gepflanzt werden und brauchen nicht unbedingt ein eigenes Beet.

Die Blätter haben weitaus mehr Vitamine als die Knolle selbst. Sie weisen etwa 25 Prozent mehr Vitamin C, 30 Prozent mehr Carotin und 60 Prozent mehr Eiweiß auf. Deshalb sollten sie möglichst mitverwendet werden. Die zarten Herzblättchen werden dazu fein gehackt auf das fertige Gemüse gestreut, die größeren Blätter müssen kurz angedünstet werden. Das dekorative Blattwerk der blauen Sorten kann außerdem eine schöne Unterlage für ein Käsesortiment bilden.

Kopfkohl
Brassica oleracea var. *capitata*

Die gut lagerfähigen Rotkohl- und Weißkohlköpfe spielten schon immer eine wichtige Rolle bei der Ernährung der Bevölkerung im Winter. Um große, fest geschlossene Köpfe zu erhalten, muß der Boden gut gedüngt sein, weshalb eine Vorkultur nicht sinnvoll ist. Rotkohl hat sogar noch einen größeren Nährstoffbedarf als Weißkohl. Während Weißkohl sich bei Nährstoffmangel rötlich verfärbt, bleibt Rotkohl flattrig und bildet keine Köpfe. Als Nachkultur eignet sich Feldsalat. Eine Mulchdecke hält die benötigte Feuchtigkeit im Boden. Gute Nachbarn sind Kartoffeln, Tomaten, Sellerie, Spinat, Lauch und Erbsen; Kräuter wie Kamille und Kümmel verbessern das Aroma. Für den kleinen Garten eignet sich 'Minicole': Diese neue Sorte bleibt klein und kompakt und benötigt nur einen Abstand von 20 mal 20 Zentimetern. Die anderen Kohlsorten sollten im Abstand von 60 mal 60 Zentimetern gepflanzt werden.

Wirsing hat dekorative bläulich-grüne, blasig aufgetriebene Blätter. Frühe Wirsingsorten sind feiner im Geschmack als der würzige Herbstwirsing mit seinem typischen Kohlaroma. Der seltenere Butterkohl ist eine Wintersorte, er bildet kleine, lockere Köpfe. Die Ernte ist in milden Gegenden auch im Winter möglich.

Die vielseitigen Kohlköpfe werden heute von der Gourmetküche entdeckt; Weißkohl schmeckt man sogar mit Riesling oder Sekt ab, Rotkohl hingegen verträgt ungewöhnliche Gewürze wie Muskat, Ingwer und Zimt und wird fruchtiger durch die Kombination mit Äpfeln, Birnen, Preiselbeeren oder Johannisbeeren. Er behält beim Kochen seine schöne rote Farbe, wenn gleich zu Beginn Essig oder Zitronensaft zugefügt wird. Zu Rohkostsalaten passen Nüsse, Orangen und als besondere Würze fein abgeriebene Orangenschalen.

Ein noch heute beliebtes ländliches Gericht sind die herzhaften Kohlrouladen, eine moderne, leichtere Version davon in Brühe gegarte Wirsingbeutel (Rezept siehe Seite 34).

Biedere Kohlköpfe? Keine Spur! Dieses vielseitige Gemüse bleibt sicherlich auch im nächsten Jahrtausend aktuell.

Rosenkohl
Brassica oleracea var. *gemmifera*

Rosenkohl ist die jüngste Spielart in der Kohlfamilie. Er verlangt eine zeitige Aussaat im April / Mai und wird Mitte Juli im Abstand von 75 mal 60 Zentimetern auf ein gut gedüngtes Beet ausgepflanzt. Als Vorkultur eignen sich Kartoffeln oder Erbsen. Gerade bei dem frostharten Rosenkohl lohnt sich der Eigenanbau, denn nur aus dem eigenen Garten schmeckt dieses beliebte Wintergemüse so zart und so wenig „kohlig". Die Ernte erfolgt von November bis Februar. Die alte Sorte 'Noisette' ermöglicht eine lange Erntezeit. Das schöne Rot von 'Rubine' wird beim Kochen zu Grün. Diese seltene dunkelrote Sorte ist sehr dekorativ im Garten und hat einen delikaten nußartigen Geschmack.

Kürbis
Cucurbita maxima

Der so typisch bäuerlich wirkende 'Gelbe Zentner' kommt aus dem tropischen Mexiko und ist erst seit dem 16. Jahrhundert bei uns heimisch. Diese gigantischen Kugeln, die zu den größten Früchten des Pflanzenreichs gehören, aber botanisch gesehen eigentlich Beeren sind, erregten damals große Bewunderung. Da der Platzbedarf für das rankende tropische Gewächs sehr groß ist, verschwindet es heute aber langsam aus unseren Gärten, um seinen Vettern aus der Zucchinifamilie Platz zu machen. Da Kürbisse bis zu 50 Kilogramm schwer werden können, brauchen sie einen guten, humusreichen Boden; ideal stehen sie am Fuß eines Komposthaufens. Hier erhält die Pflanze die durch Regen aus dem Kompost gespülten Nährstoffe und schützt diesen gleichzeitig mit ihren großen dekorativen Blättern vor dem Austrocknen. Die Samen werden im April in Töpfe gesät, um nach den Eisheiligen Mitte Mai schon kräftige Jungpflanzen zur Verfügung zu haben. Damit diese gut anwachsen, empfiehlt es sich, sie in eine kleine kompostgefüllte Grube zu setzen und zusätzlich mit Kompost aufzufüllen. Kürbisgewächse sind mit sich selbst unverträglich und gedeihen daher auch schlecht nach Melonen, Gurken oder Zucchini, mit denen sie ja nah verwandt sind. Regelmäßiges Wässern vom Beginn der Blüte bis zur Reife läßt sie besonders gut geraten, und zwischendurch vertragen sie auch mal einen Guß Brennesseljauche.

Im September und Oktober ist Erntezeit. Vor den ersten Frösten sollten die Kürbisse ins Haus geholt werden. Wenn sie mit ausreichendem, etwa zehn Zentimeter langem Stengelansatz geerntet werden, halten sie sich in

Schwarzwurzeln
und Dill wachsen
gut in Mischkultur.

Unentbehrliche
Arbeitswerkzeuge
im Bauerngarten:
Spaten, Forke und
Hacke an der
Hauswand.

Der Erntesegen im
Herbst eignet sich
zunächst für schöne
Dekorationen im
Haus und später für
winterliche Genüs-
se. Formen und
Farben gibt es bei
der großen Kürbis-
familie *Cucurbita
maxima* in Hülle
und Fülle: von
winzig bis riesen-
groß, in vielen
Farbnuancen von
Orange, Gelb,
Steingrau und
Grün, mit geripp-
ter, glatter oder
narbiger Ober-
fläche, einfarbig,
gestreift oder
gefleckt.

kühlen Räumen bis in den Januar. Kürbisse sind kalorienarm, aber mit ihrem hohen Carotin-Gehalt, reichlich Vitaminen und Mineralstoffen sehr gesund. Ihre Kerne wirken bei Blasenleiden und Prostatabeschwerden heilend.

Diese alte Kulturpflanze hat eine Fülle von Formen und Farben hervorgebracht. Mit allen Nebenzweigen umfaßt die Familie etwa 850 Sorten von riesengroß bis miniklein und in Farbschattierungen von hellgelb über blaugrau bis knallorange. Sie haben glattschalige, genetzte, rauhe oder narbige Oberflächen – eine illustre, vielseitige Verwandtschaft des bodenständigen 'Gelben Zentners'.

Der Ölkürbis 'Comet', der etwa 30 Zentimeter im Durchmesser mißt, wird eigens wegen seiner hüllenlosen Samen angebaut. Getrocknet können sie, wie im ganzen Orient üblich, wie Nüsse geknabbert werden. In der Pfanne leicht angeröstet, intensiviert sich ihr Aroma noch. Sie schmecken auch sehr gut, wenn man sie kurz ankeimen läßt; gesunder Nebeneffekt: Dabei vervielfältigen sich die Inhaltsstoffe. Die großen gelben Blüten sind wie bei den Zucchini eßbar.

Ein beliebtes altes Rezept ist die milde cremige Kürbissuppe, mit Milch oder Sahne verfeinert; neu allerdings ist es, die Suppe im ausgehöhlten Kürbis zu servieren! Auch das süßsaure Kürbiskompott ist noch immer sehr beliebt. Wenn das Fruchtfleisch aus dem Kürbis verwertet ist, kann man zur Freude der Kinder noch ein Gesicht in die Hülle schneiden. Dazu eignet sich besonders gut der Riesenkürbis 'Big Max'. Von Kerzen erhellt, ist er eine leicht gruselige Herbstdekoration vor den Fenstern.

Die beliebten Zierkürbisse werden gern als Herbstschmuck im Haus verwendet. In der Küche jedoch sind sie nicht zu gebrauchen: Sie verholzen stark und sind nicht genießbar. Ausgehöhlt können sie jedoch gut als Behälter für Salate und Blumen verwendet werden.

Möhre
Daucus carota ssp. *sativus*

Die eßbare Wurzel der wilden Möhre wird schon seit Jahrtausenden in Europa angebaut: Vermutlich war es eine durch Selektion geringfügig verbesserte Wildmöhre, deren Samen am Rand der Pfahlbauten der Jungsteinzeit in den Ablagerungen gefunden wurden. Auch im Capitulare Karls des Großen wird sie aufgeführt.

Die heutigen zarten, kulinarisch so wichtigen Sorten sind erst in den letzten 300 Jahren entstanden. Damals gab es auch weiße, gelbe und violette Züchtungen, die aber nahezu völlig verschwunden sind. Lediglich die 'Lobbericher Gelbe' ist noch als Futtermöhre auf dem Markt. Übrigens: Nur die kleinen runden Formen dürfen sich Karotten nennen, alle anderen sind einfach Möhren.

Die sehr feinen Samen werden bei der Aussaat besser mit etwas Sand vermischt. Untergemischter Dillsamen hält die Möhrenfliege fern. Auch Radieschensamen wird häufig als Markiersaat mit ausgesät, denn es dauert drei bis vier Wochen, bis Möhrensamen keimt. So können die Reihen schon mal unkrautfrei gehalten werden.

Die frühen Karotten, beispielsweise 'Pariser Markt', werden ab März ausgesät, die späten Möhren, etwa 'Nantaise', ab Mitte Mai bis Anfang Juli. Der Reihenabstand beträgt 25 bis 30 Zentimeter, verzogen wird in der Reihe mit einem Abstand von zwei bis drei Zentimetern. Danach sollte man die Sämlinge sofort mit Wasser angießen, weil sonst die Möhrenfliege angelockt wird. Der Boden sollte humos, lehmig und tief gelockert sein; bei schweren Böden ist es sinnvoll, Sand einzuarbeiten. Durch eine Mischkultur mit Zwiebeln, Porree oder Knoblauch wird die Eiablage der

Möhrenfliege behindert, auch Kamille irritiert das Insekt durch ihren intensiven Duft. Frühe oder sehr späte Aussaaten wirken vorbeugend, weil so die Zeit der Eiablage umgangen wird. Gute Nachbarn der Möhre sind Erbsen, Tomaten, Mangold und Salat. Eine Mulchschicht mit kalihaltigen Beinwellblättern hält die Feuchtigkeit im Boden und sorgt gleichzeitig für eine Zusatzdüngung. Bei der Möhrenernte schließlich muß erst die Reife der Wurzeln abgewartet werden: Ganz jungen Möhren fehlt noch der ausreichende Zuckergehalt, sie schmecken seifig und streng. Da kann man sich noch vorstellen, wie die Möhren zur Jungsteinzeit geschmeckt haben mögen!

Die carotinreichen Möhren sind so vielseitig wie gesund. Schon 50 Gramm Möhren versorgen den Erwachsenen mit dem Tagesbedarf an Carotin, Vorstufe des Vitamins A. Besonders viel Carotin enthalten die „Gesundheitsmöhren" 'Rotin' und 'Juwarot'.

Im bäuerlichen Westfalen war der Wurzeleintopf mit Kartoffeln und Mettwurst ein regelmäßiges, gut sättigendes Essen, und an den Sonntagen gehörte die Möhre mit Porree und Sellerie in die „Frische Suppe". Apfel-Möhren-Rohkost hingegen war besonders bei den Kindern beliebt, und zusammen mit Spargel, Zuckerschoten und Petersilie spielt die Wurzel noch heute eine wichtige Rolle als Frühlingsgemüse. Überhaupt gehört sie zu den weltweit beliebtesten Gemüsearten: Ein saftiger Möhrenkuchen mit Sahne, verziert mit kleinen Marzipanmöhrchen, ist in allen deutschsprachigen Ländern bekannt. Die Chinesen bereiten sie im Wok zu, die Japaner schnitzen Kunstwerke daraus, und die Araber essen sie im Couscous, einem Grießeintopf mit Hammelfleisch. Mit Kräutern lassen sich Möhren immer wieder anders würzen. Estragon, Kerbel und Basilikum passen besonders gut. Mit Chili und Koriander gewürzt, ist die Verwandlungskünstlerin wieder eine ganz andere! Ob roh oder gekocht serviert, es sollte immer etwas Fett hinzugegeben werden, damit das Carotin vom Körper besser verwertet wird.

Radieschen
Raphanus sativus var. *sativus*

Die appetitanregenden Radieschen wachsen in allen Gemüsegärten. Sie lieben einen kühlen, feuchten Standort. Das Geheimnis der erfolgreichen Kultur heißt: gleichmäßige Wassergaben, eine nicht zu dichte Aussaat (Samen in fünf Zentimeter Abstand „stupfen") und eine geringe Saattiefe von einem halben bis einem Zentimeter. In trockenen Zeiten werden sie holzig und unerträglich scharf, deshalb müssen sie regelmäßig gegossen werden. Sie werden sonst auch oft von Erdflöhen befallen, die trockene Wärme lieben. Bei Befall stäubt man mit Steinmehl, das auch schon mit in die Saatrillen gegeben werden kann. Zudem entwickeln sich Radieschen dann zarter und schmecken mild. Frischer Mist bekommt ihnen nicht, sie werden davon leicht madig. Für frühe Aussaaten ab Anfang März eignen sich die Sorten 'Saxa', 'Sperlings Parat' und 'Cherry Belle'. Von der Aussaat bis zur Ernte vergehen nur drei bis vier Wochen. Diese kurze Wachstumsdauer trug dem Radieschen früher auch den Namen „Monatsrettich" ein. Noch schneller geht es mit dem französischen 'Radis de 18 jours'!

Die frühen, kurzlaubigen Sorten sollte man früh ernten, da sie schnell pelzig werden. Die üppiger belaubten Sommerradieschen können ohne Qualitätsverlust länger im Beet stehenbleiben.

Eine problemlose und schnellwachsende Sorte ist 'Riesenbutter' mit butterzartem Fleisch, das nicht pelzig wird. Folgesaaten im Abstand von ein bis zwei Wochen garantieren immer frische und zarte Radieschen vom Frühjahr bis zum Herbst.

Ein Platz für Radieschen findet sich in jedem Garten. Sie wachsen als Vorkultur vor Bohnen, Sellerie, Tomaten und Kartoffeln und als Zwischensaat zu Kohl, Roter Bete und Kopfsalat. Wegen der kurzen Keimdauer von nur fünf bis zehn Tagen eignen sie sich gut als Markiersaat in Petersilie- und Möhrenreihen; ein paar Körnchen genügen, damit die Reihen schneller sichtbar sind. Ungünstige Nachbarschaften sind Gurken und Zwiebeln, wachstumsfördernd wirkt Kerbel.

Wie im Garten sind die Radieschen auch in der Küche vielseitig einsetzbar. Im Frühjahr sind sie zum Beispiel in Scheiben geschnitten auf dem Butterbrot mit Schnittlauch begehrt. Aber versuchen Sie doch auch mal, sie – wie unsere französischen Nachbarn – wie Rübchen in Butter als Gemüse kurz zu dünsten! Als schnelles Amuse gueule mit grobgemahlenem Meersalz und Kräuterbutter zu Partybrötchen wirken sie vor einem Frühlingsmenü appetitanregend. Ein kleiner Strunkanteil sollte dabei zum Anfassen an den Radieschen belassen werden. Besonders gut eignet sich die schmackhafte farbige Besonderheit 'Easter Egg' in Weiß, Lilarot, Rot und Rosa.

Aber auch die Radieschenblätter sind verwertbar! Sie ergeben feingeschnitten und kurz mit einer Schalotte angedünstet eine leckere Suppe (Rezept siehe Seite 32) und bereichern Kräuterquark und Salate. Und im Winter sind Radieschen, als Keimsprossen auf der Fensterbank angezogen, eine würzige, vitaminreiche Zutat zu Wintersalaten.

Rettich
Raphanus sativus var. *niger*

Schon die Ägypter kultivierten um 3200 v. Chr. Rettich. Die Griechen und Römer nutzten ihn als Heilmittel gegen Husten. Auch bei uns waren seine Heilkräfte früher geschätzt. Im Gegensatz zu den leichtgewichtigen Radieschen werden Rettiche bis zu 500 Gramm schwer. Sie werden im Prinzip wie Radieschen angebaut. Der Boden muß jedoch tief und gründlich gelockert werden und zudem humos und durchlässig sein. Für die frühen Rettiche 'Ostergruß' (rosa) und 'Hilds Neckarruhm' (rot oder weiß) ist März und April die richtige Saatzeit, im Sommer wird der weiße Rettich 'Münchner Bier' ausgesät, im Juli die Herbst- und Winterrettiche. Der schwarze oder weiße Rettich 'Münchner Bier' macht schon im Namen seine Verwendung deutlich: ideal zur Bayerischen Vesper! In der Mischkultur stehen sie alle gut neben Bohnen und Roter Bete. Der Pflanzabstand beträgt 20 mal 25 Zentimeter, wenn man schöne große Exemplare erzielen möchte.

Auch die Samenschoten können frisch oder eingelegt für Salat oder kalte Platten verwendet werden. Von überwinterten Rettichen, die im Frühjahr zur Blüte kommen, kann man eine erstaunliche Anzahl von Schoten ernten. In Indien wird eine Rettichsorte kultiviert, die bis zu 60 cm lange Schoten trägt, sie wird sehr treffend Rattenschwanz-Rettich genannt. In China und Japan werden Rettiche als Gemüse und zu Suppen verwendet, und man schnitzt wundervolle Blumen und Schmetterlinge für Dekorationen aus ihnen. Auch hierzulande kennt man immerhin den Trick, den Rettich spiralig geschnitten zu einer dekorativen Rundung anzuordnen!

Rhabarber
Rheum rhabarbarum

Die Chinesen kannten den Rhabarber schon 2 700 v. Chr., sie nutzten ihn jedoch nur als Heilpflanze. Die Droge wird aus der pulverisierten Wurzel hergestellt und wirkt stark abführend. Man verwendet dafür *Rheum officinale* und *Rheum palmatum*, letzteren findet man bei uns häufig als Zierpflanze. Erst im 18. Jahrhundert erkannte man auch den kulinarischen Wert der säuerlich-aromatischen Stengel.

Nach dem langen Winter ist der frische Rhabarber das früheste Kompottobst aus dem Garten. Obwohl er botanisch eigentlich zum Gemüse zählt, wird er fast nur wie Obst mit Zucker zubereitet und für Kuchen, Kompott und andere Dessertvariationen genutzt.

Rhabarber ist eine robuste und ertragreiche mehrjährige Staude. Er braucht einen sonnigen Platz und einen tiefgründigen humosen Boden, der gut die Feuchtigkeit hält. Vor der Pflanzung der starkzehrenden Staude sollte der Boden gut mit verrottetem Mist oder Kompost gedüngt werden. Im ersten Jahr der Pflanzung verzichtet man auf die Ernte, um die Pflanze nicht zu schwächen. Ab dem zweiten Standjahr kann mäßig bis Ende Juni geerntet werden. Danach nimmt der Oxalgehalt – vor Johanni für gesunde Menschen unbedenklich – so zu, daß der Genuß nicht mehr zu empfehlen ist. Die Blätter sind zwar ungenießbar; noch nicht ganz entfaltet sind sie aber als ungewöhnlicher Vasenschmuck attraktiv.

Bei der Ernte werden die Stengel nicht geschnitten, sondern vorsichtig am Ansatz herausgedreht. In den meisten Gartenbüchern wird empfohlen, den schönen cremeweißen Blütentrieb auszubrechen, um die Pflanze nicht zu schwächen. Wenn man jedoch mehrere Stauden hat (ein bis zwei genügen in der Regel für eine vierköpfige Familie, außer sie ist besonders rhabarberbegeistert!), kann man diesen dekorativen Effekt ruhig belassen. Die riesigen, schön gewellten Blätter sind aber auch ohne Blüten ein Schmuckstück im Gemüsegarten. Im Frühjahr heben sich besonders gut rote oder lachsfarbene Tulpen vor diesem jetzt schon üppig grünen Hintergrund ab.

Durch übergestülpte Tontöpfe, sogenannte Forcer, kann die Ernte auf Februar / März vorgezogen werden. Da es die in England üblichen dekorativen Rhabarbertöpfe bei uns nicht gibt, nimmt man dazu einen Plastikeimer, bei dem der Boden entfernt wird.

Rotstielige Sorten sind milder und daher grünstieligen Sorten vorzuziehen; sie heißen 'Holsteiner Blut' und 'Vierländer Blut'. Rhabarberkompott schmeckt mit Erdbeeren besonders gut. Durch Sahne und Milch wird die Säure gemildert. Auch eine Baiserschicht über dem Rhabarberkuchen bricht der Säure die Spitze. Kompott oder Marmelade mit feingehackten Angelikablättchen (alternativ Süßdolde) zu kochen, hat den gleichen Effekt. Feine Gewürze dazu sind Ingwer, Zimt und Vanilleschote.

Dekorative Geschenke und Anregungen

Für aufwendige Blumensträuße im Haus hatte die Bäuerin nie viel Zeit. Ein paar Töpfe mit Geranien (Pelargonien) und Fleißigen Lieschen standen vielleicht auf der Fensterbank, auch die unverwüstliche Zitronenpelargonie gedieh in manchen Wohnküchen. Schnittblumen wurden nur an kirchlichen und familiären Festtagen ins Haus geholt. Die gute Stube wurde ja auch nur dann benutzt.

Das bäuerliche Erntedankfest fand in seiner barocken Vielfalt hauptsächlich in der Kirche statt – für die ländliche Bevölkerung der wichtigste Feiertag im Kirchenjahr. An diesem Tag brachte jeder seine schönsten Gemüse, Früchte und Blumen an den Altar.

Vom Überfluß des Eingemachten bekamen liebe Besucher aus der Stadt ihren Teil ab: eingelegte Gurken und eingemachte Pflaumen, aromatische Erdbeermarmelade und köstlichen selbstgemachten Himbeersaft – Schätze, die besonders in den Nachkriegszeiten Leib und Seele erfreuten. Den Stadtkindern wurde zur Erholung oft Landluft verordnet. Und wer eben konnte, ging in den Ferien aufs Land in die Sommerfrische, trank warme Milch direkt von der Kuh und naschte Obst frisch vom Baum. Der Abschied am Ende der Ferien schließlich wurde mit dem leckeren Eingemachten zum Mitnehmen etwas versüßt.

Diese Zeiten sind vorbei. Auch auf dem Land wird kaum noch eingemacht. Die tüchtigen Hilfskräfte von einst wie Omas, Tanten und Mägde stehen nicht mehr zur Verfügung. Und die Bäuerin selbst möchte ihre Freizeit genießen wie alle anderen auch.

Aber die Sehnsucht nach dem einfachen Landleben und den guten hausgemachten Produkten bleibt. Heute sind es die jungen Frauen, die alte Traditionen von neuem aufleben lassen. Nach der konfektionierten Kost aus den Supermärkten wissen es viele wieder zu schätzen, wenn das „Essen wie früher schmeckt …" Selbstgemachtes wird wieder zum begehrten Geschenk und die eigene Gemüseernte zur schönsten Erntedankdekoration.

Erntedankkorb

Als überraschendes Geschenk wird die eigene Ernte im Korb angerichtet. Kürbisse, Rote Bete, Kohlrabi und Zucchini, pralle Salatköpfe und würzig duftende Kräuter dazu – diese knackig frischen Produkte erfreuen die Gastgeber auch nach dem Fest.

Kohl mit Radieschen

Ein Wirsing wird mit dem Messer so weit ausgehöhlt, daß eine tiefe Mulde entsteht. Nun mit Zwiebeln, Radieschen, Lauchstangen und Bohnen – ganz nach Wahl und danach, was der Garten gerade hergibt – füllen. In die Zwischenräume werden Kräuter, Sonnenblumen, Dahlien und Hopfenranken gesteckt, und das Ganze wird mit Bast und Hopfenranken dekorativ zusammengebunden.

In dem schönen Fruchtkorb sind leuchtendgelbe Sonnenblumen, rote Dahlien, blaue und grüne Weintrauben, Schalotten und rote Zwiebeln sowie ein Lollo-Rosso-Salat mit Zitronen, Salbei und rankenden Hopfenblüten zu einem frühherbstlichen Arrangement vereint.

Jostabeerenmarmelade

1 kg Jostabeeren
1 kg Gelierzucker

Den Blütenansatz und die Stiele der Jostabeeren entfernen. Die Beeren mit dem Mixstab
etwas zermusen und den Gelierzucker zufügen. Unter Rühren aufkochen und vier Minuten sprudelnd kochen lassen. In vorbereitete
Gläser füllen und fünf Minuten auf den Kopf
stellen, mit einem dekorativen Etikett versehen
und den Deckel mit einem schönen Stoffstück
bespannen.

Tip: Noch fruchtig-säuerlicher schmeckt diese
Marmelade mit zuckerreduziertem Gelierzucker.

Möhren im Topf

Für die mit naiven Möhrenmotiven bemalten
Töpfe sind natürlich Möhren eine passende
Ergänzung. Kräuter, wie hier zum Beispiel
Liebstöckel und Boretsch, sowie Sonnenblu-
men lockern den Gemüsestrauß auf. Schön als
Tischdekoration für ein ländliches Essen, aber
auch als originelles Geschenk.

Für den Wintervorrat eingelegt: Tomaten mit Kräutern, Kürbis süß-sauer, Mixed Pickles und Schwarzwurzeln. Beim Einlegen sind der Phantasie keine Grenzen gesetzt!

Prinzeßbohnen süß-sauer

300 g kleine Bohnen
1/4 l Weinessig
1/2 l Wasser
1 El Salz
100 g Zucker
1/2 Tl Senfkörner
4–5 Pfefferkörner
Bohnenkraut

Die geputzten Bohnen 6–8 Minuten in kochendem Salzwasser garen. Mit kaltem Wasser abschrecken. Essig, Wasser und Gewürze aufkochen, über die Bohnen gießen. Am nächsten Tag den Essig nochmals aufkochen und die Gläser wie bei den Mixed Pickles verzieren.

Tip: Zur besseren Haltbarkeit können die Gläser auch sterilisiert werden. Dann entfällt das abermalige Erhitzen am nächsten Tag. Sauerkonserven sollten einige Zeit durchziehen, ehe sie probiert werden.

Mixed Pickles

250 g Zucchini
250 g Blumenkohl
250 g Möhren
1/4 l Weinessig
1/2 l Wasser
100–150 g brauner Zucker
1 El Salz
Thymian-und Rosmarinzweige

Zucchini und Möhren in ca. 1 cm breite und 10 cm lange Streifen schneiden, Blumenkohl in Röschen zerteilen. Das Gemüse in kochendem Salzwasser 5 Minuten garen. Mit kaltem Wasser überbrausen und in Gläser füllen. Den Essig mit dem Wasser und den Gewürzen aufkochen und über das Gemüse geben. Den Essig am nächsten Tag noch einmal aufkochen, Gläser gut verschließen. Ein kariertes, gestreiftes oder einfarbiges Stück Stoff dekorativ um den Deckel binden und ein schönes Etikett zum Beschriften aufkleben.

Kürbissuppe im Kürbis mit verschiedenen Saucen

400 g Kürbisfruchtfleisch
200 g Kartoffeln
2 El Butter
3/4 l Gemüsebrühe
1/4 l Milch oder Sahne

Von einem mittelgroßen Kürbis einen Deckel abschneiden. Den Kürbis mit einem Löffel vorsichtig aushöhlen, dabei einen ausreichenden Rand stehenlassen, damit er stabil bleibt. In den Deckel eine Kerbe für den Suppenlöffel schneiden. Das feste Fruchtfleisch würfeln (etwas davon für die Kürbisrohkost aufheben), zusammen mit den gewürfelten Kartoffeln in der Butter kurz andünsten. Mit Brühe und Milch auffüllen, ca. 15 Minuten köcheln lassen. Mit dem Pürierstab pürieren, mit Salz und Pfeffer abschmecken und in den Kürbis füllen (Abbildung siehe rechte Seite). Keinesfalls den Kürbis zum Warmhalten in den Backofen stellen, dort wird er weich. Die Suppe bleibt im Kürbis längere Zeit erstaunlich heiß!
Nach Wunsch können verschiedene Beilagen und Saucen in die Suppe gerührt werden:

Beilagen und Saucen

Für die Gremolata:
1 Bund glatte Petersilie
2 Knoblauchzehen
1 Zitrone
Salz
Für die Thymian-Crème-fraîche:
1 Becher Crème fraîche
4 Thymianzweige
Für den Minzjoghurt:
1 Becher Sahnejoghurt
2 El Zitronensaft
1 El Zitronenschale
2 El gehackte Minze
Salz, Pfeffer
Für die Rosmarin-Croutons:
4 Scheiben Graubrot
1–2 Knoblauchzehen
2 Rosmarinzweige
Öl
Für die gedünsteten Radieschenblätter:
1 Bund Radieschenblätter
1–2 Schalotten
1 El Butter

Salz, Pfeffer
Für die Radieschen- und Kürbisjulienne:
1 Bund Radieschen
1 Stück Kürbisfruchtfleisch
Beilagen:
Aalstückchen
Krabben
Lachsstreifen
Lachsschinken
Forellenkaviar
in der trockenen Pfanne geröstete Kürbiskerne

Gremolata: Die Petersilie und die Knoblauchzehen fein hacken. Die Zitronenschale abreiben und dazugeben. Mit grobgemahlenem Meersalz würzen.

Thymian-Crème-fraîche: Thymian von den Zweigen ribbeln und mit der Crème fraîche verrühren. Auch gut mit anderen Kräutern wie Dill oder Fenchel.

Minzjoghurt: Den Joghurt mit Zitronensaft und Zitronenschale cremig rühren. Die Minze zufügen und mit Salz und Pfeffer abschmecken.

Rosmarin-Croutons: Die Brote würfeln und in dem heißen Fett knusprig braten. Die gehackten Knoblauchzehen und die abgestreiften Rosmarinnadeln zufügen. Die Hitze etwas reduzieren, da der Knoblauch sonst leicht zu braun und bitter wird.

Gedünstete Radieschenblätter: Die feingehackten Schalotten mit den gehackten Radieschenblättern in der Butter kurz andünsten. Mit Salz und Pfeffer würzen.

Radieschen- und Kürbisjulienne: Die Radieschen und das Kürbisfruchtfleisch in feine Scheiben schneiden.

Beilagen: Die restlichen Zutaten können so in die Suppe gerührt werden.

Tip: Den Kürbis und die Zutaten auf Kürbisblättern und -ranken anrichten, mit Dill- oder Fencheldolden umlegen. Besonders dekorativ ist es, wenn die Saucen in kleine, ausgehöhlte Zierkürbisse gefüllt werden.

Radieschenblättersuppe

1 Bund Radieschen
300 g Kartoffeln
20 g Butter
1/2 l Brühe
1 Becher Crème fraîche
Salz, Pfeffer
Kresse

Die Kartoffeln grob würfeln, in der Butter andünsten und mit der Fleischbrühe auffüllen, 15 Minuten köcheln lassen. Radieschengrün kleinhacken, kurz in der Brühe mitkochen, dann die Suppe pürieren. Die Crème fraîche in die Suppe geben und mit Salz und Pfeffer abschmecken. Radieschen in Scheiben schneiden und in der Suppe heiß werden lassen. Mit Kresse bestreuen.

Mandel-Möhrenbrot

150 g Möhren
100 g gekochte Kartoffeln
500 g Mehl
1 Päckchen Trockenhefe
100 g Mandelstifte
50 g Butter
1/4 l Wasser
1 Tl Honig
1 Tl Salz
Semmelbrösel

Die Möhren grob raspeln, die gekochten Kartoffeln durch eine Presse drücken. Mehl mit der Trockenhefe vermischen, Butter erwärmen und

Die cremige Kür-
bissuppe, im Kürbis
serviert, eignet sich
mit den vielen ver-
schiedenen Saucen
und Beilagen gut
als gemütliches
Essen für Gäste.

mit dem warmen Wasser und den anderen Zutaten vermischen. Gut durchkneten und an einem warmen Ort gehen lassen, bis sich das Volumen verdoppelt hat. Nochmals gut durchkneten und in eine gefettete und mit Semmelbröseln ausgestreute Backform geben. Weitere 20 Minuten gehen lassen. Mit Wasser bestreichen und im vorgeheizten Backofen bei 220 °C 50–60 Minuten backen.

Tip: Mit Sülze, Crème fraîche und Kräutern als Amuse gueule reichen.

Möhrenbrot mit Sülze

4 Scheiben Möhrenbrot
4 Scheiben Sülze
1/2 Becher Crème fraîche
1 Kästchen Kresse
1 Apfel (möglichst rotschalig)
Butter
Zitronensaft

Brotscheiben mit Butter bestreichen, halbieren und mit Sülze belegen. Den Apfel in Scheiben schneiden, sofort mit Zitronensaft beträufeln. Auf jede Brothälfte einen Klecks Crème fraîche geben, mit Kresse und einer Apfelspalte garnieren.

Grünkohl mit Birnen

2,5 kg Grünkohl
2 große Zwiebeln
40 g Gänseschmalz
1/2 l Brühe
500 g Kasseler
4 Kohlwürste
4 Winterbirnen
Salz, Pfeffer, Zucker

Grünkohl putzen, die festen Rippen ausschneiden, gründlich waschen. In kochendem Wasser portionsweise blanchieren, ausdrücken und in Streifen schneiden. Schmalz erhitzen, die in Streifen geschnittenen Zwiebeln und den Grünkohl kurz andünsten. Mit Brühe auffüllen und würzen. Nach einer 3/4 Stunde Garzeit die Kohlwürste, das Kasseler und die geschälten, halbierten Winterbirnen dazugeben. Nochmals eine 3/4 Stunde garen. Mit den Gewürzen abschmecken.

Tip: Dazu passen mit Puderzucker überstäubte und in der Pfanne geröstete kleine Kartoffeln.

Wirsingbeutel auf Estragon-Tomatensauce

1 Wirsing
8 Winterheckenstengel
250 g Hackfleisch
1 l Gemüsebrühe
1–2 Schalotten
Ysop, Weinraute, Salbei, Petersilie
Für die Sauce:
500 g Tomaten
1–2 Schalotten
Estragonzweige
Öl
Garnitur: Estragonblättchen

Die inneren Wirsingblätter und die Winterhecke blanchieren und gut ausdrücken. Die Blätter halbieren und mit dem mit Schalotten und Kräutern gewürzten Hackfleisch füllen. Die kleinen Beutel mit der Winterhecke zubinden. In der Gemüsebrühe 10–15 Minuten köcheln lassen.
Für die Sauce die Tomaten heiß überbrühen, dann die Haut abziehen, die Tomaten würfeln und mit der kleingehackten Schalotte in Öl andünsten. 2–3 Estragonzweige zufügen. Einige Zeit köcheln lassen, dann durchpassieren. Beim Anrichten auf jeden Teller einen Saucenspiegel gießen und die Wirsingbeutel darauf legen, mit ein paar Estragonblättchen garnieren. Dazu Baguette reichen.

Rhabarberkompott mit kandierten Frühlingsblüten

300 g Rhabarber
250 g Erdbeeren
80 g Zucker
1/8 l Wasser
Garnitur: flüssige Sahne, kandierte Erdbeer- oder Apfelblüten oder Gänseblümchen (Blüten kandieren: siehe Rezept „Kandierte Rosen" auf Seite 199)

Rhabarber zusammen mit den Erdbeeren im Wasser kurz dünsten, zuckern. Gut durchkühlen lassen. Mit flüssiger Sahne und kandierten Gänseblümchen, Erdbeer- oder Apfelblüten servieren.

Gugelhupf „Katrin" mit Johannisbeeren

250 g Zucker
250 g Butter
5 Eier
250 g Mehl
1 Tüte Backpulver
1 Prise Salz
Butter, Paniermehl
Garnitur: Puderzucker, Johannisbeerrispen und -blätter, Schlagsahne

Butter und Zucker schaumig rühren, danach die Eier, das Mehl mit dem Backpulver und das Salz dazugeben. Den Kuchenteig in eine gut ausgefettete, mit Paniermehl ausgestreute Gugelhupfform füllen. Bei 180 °C ca. 60 Minuten backen.
Den ausgekühlten Kuchen dick mit Puderzucker bestäuben. Mit ganzen Johannisbeerrispen und kleinen Johannisbeerblättern garnieren. Dazu Schlagsahne mit abgezupften Johannisbeeren servieren.

Ein ländlicher
Gugelhupf einmal
anders: mit einer
Taglilie garniert
und mit Schlagsah-
ne und Johannis-
beeren serviert.

Die 'Rote Stern-
renette', unver-
kennbar durch ihre
rostfarbenen Scha-
lenpunkte, ist der
„Nikolausapfel"
früherer Zeiten.
Der malerische
Baum mit dem
vollen Fruchtbe-
hang ist jedoch nur
noch auf alten
Obstwiesen zu fin-
den. Die ersten
Herbststürme sor-
gen für einen
frühen Obstabfall,
deshalb sollten
die Äpfel zeitig
gepflückt werden.
Die festfleischige,
leicht parfümiert
schmeckende
Frucht ist jedoch
nicht druckemp-
findlich und kann
sogar als Fallobst
noch gelagert wer-
den.

Der Obstgarten

Die alten Obstbäume, die wie Apfel- und Birnenhochstämme mehrere Generationen überdauerten, sind den kurzlebigen Buschbäumen gewichen, und mit ihnen auch viele köstliche Obstsorten wie die Birnen 'Diels Butterbirne', 'Clapps Liebling' oder die Äpfel 'Champagner Renette' oder 'Schöner von Herrnhausen'. Obstbäume, schön anzusehen und von praktischem Nutzen, prägten früher das Aussehen von Gärten, Landstraßen und Siedlungen. Sie standen in Schloß- und Bauerngärten, in den Siedlungen der Bergarbeiter und in den Schrebergärten der Stadtbewohner, aber auch in grasbewachsenen Obstgärten oder als dominanter Hausbaum direkt vor der Tür, manchmal erstaunlich nah. Und auch die Wirtschaftswege und Landstraßen wurden früher häufig von Apfel- und Pflaumenbäumen gesäumt. Zur Erntezeit führten dann Ausflüge per Rad oder zu Fuß zu den kostenlosen Früchten, die Hunger und Durst auf angenehme Weise stillten.

Obst war, frisch oder als Kompott, auf dem Land und in der Stadt für die Selbstversorgung wichtig, aber es war auch für den Obstler unentbehrlich, den schlicht als „Wasser" bezeichneten Schnaps. Als Kirsch- und Zwetschenwasser oder als die berühmte „Williamsbirne" wärmten die „geistig" veredelten Obstarten in kalten Wintern. Heute sind sie als Digestif oder zum Aromatisieren von Kuchen und Desserts sehr beliebt. Die Franzosen nennen ihre Obstwasser „Eau de vie": Dieses „Lebenswasser" oder „Lebenselixier" wird nur aus besonders aromatischen Früchten hergestellt und hat seinen Preis!

Die Römer brachten viele der uns heute so selbstverständlichen Obstarten mit, und die Mönche aus den Benediktinerklöstern lieferten dazu die Kunst der Veredelung. Die wärmeliebenden, empfindlichen Obstarten wie Aprikosen und Pfirsiche wurden zuerst lediglich auf den Landgütern und in den Schloßgärten gezogen, da nur der Adel und das begüterte Bürgertum Zeit und Geld in erforderlichem Umfang investieren konnten, um sie zu pflegen. In den Obstwiesen und Obsthöfen der

Bauern hingegen standen die unempfindlicheren Arten wie Äpfel und Pflaumen, die auch ohne Pflege große Erträge brachten.

Die Obstwiesen sind heute so selten geworden, daß inzwischen ein Förderungsprogramm für Neuanpflanzungen von alten Obstbäumen entwickelt wurde. Wo es sie aber zwischen Kuhweiden, Hecken, Feldern und Bauernhäusern noch gibt, da rühren die klaren Ordnungsstrukturen des Städters Herz. Diese wohlgeordneten Kulturlandschaften, die trotzdem ihre Natürlichkeit bewahrt haben, locken im Frühjahr Scharen von Radfahrern und Spaziergängern an, die die Obstbaumblüte bewundern. Weißblühender Wiesenkerbel, goldgelber Löwenzahn und der zarte Schleier des Wiesenschaumkrautes bilden dabei den passenden Teppich für die blühenden Obstbäume.

Im Alten Land vor den Toren Hamburgs ist die Obstbaumblüte zu einer wahren Touristenattraktion geworden. Auch in Süddeutschland zieht dieses Ereignis Jahr für Jahr mehr Urlauber an. Im sanft hügeligen Markgräflerland findet man noch erstaunlich viele Obstwiesen mit nostalgischem Reiz. Am schönsten sind sie, wenn sie nur mit einer Obstart bepflanzt sind: Die gleichförmigen Strukturen vermitteln Harmonie.

Obstanbau im Wandel der Zeiten

Altehrwürdige knorrige Obstbäume sind ein Symbol der Vergangenheit, denn auch der Obstgarten hat im Wandel der Zeiten sein Gesicht verändert. Im Erwerbsobstanbau werden sie durch Busch- und Spindelformen ersetzt, die eine Ernte ohne Leiter ermöglichen. Auch die in Monokulturen wohl unvermeidlichen massiven Schnitt- und Spritzmaßnahmen sind so leichter durchzuführen. Im Hausgarten schließlich erlauben die platzsparenden Buschformen mehr Obstarten und -sorten auf beschränktem Raum.

Blüte, Reife und Ernte können wir im eigenen Garten ganz nah erleben. Warum nicht wie früher statt eines Zierbaums einen Obstbaum in Hausnähe pflanzen? Die praktischen Vorteile, ungespritztes Obst genießen und besondere, nicht überall erhältliche Früchte anbauen zu können, verbinden sich mit dem schönen Anblick. Der Baum ist rund ums Jahr attraktiv, ob man nun die frühe Blüte im Frühjahr, die reifenden Früchte im Herbst oder auch die klaren Strukturen im Winter betrachtet. Auch der noch immer lebendige schöne alte Brauch, bei der Geburt eines Kindes einen Obstbaum zu pflanzen, der dann mit dem Kind wächst und gedeiht, stellt einen Bezug zwischen Mensch und Natur her, der unseren Vorfahren noch selbstverständlich war. Der Wechsel der Jahreszeiten wird auf diese Weise intensiver erlebt als bei einer Bepflanzung des Gartens mit immergrünen Tannen und Fichten, die stets einen gleichbleibenden Anblick bieten.

Als Hausbaum ist ein Halb- oder Hochstamm ideal, unter dem man noch hindurchgehen kann und der im Hochsommer Schatten spendet. Aber wer einen großen Garten besitzt, sollte sich zudem eine durch Hecken vom übrigen Garten getrennte Obstwiese leisten, deren besonderer Charakter selbst dann überrascht, wenn sie nicht sehr groß ist: Man fühlt sich fast wie in einer anderen Welt! Der ganz eigene Zauber kann noch durch am Zaun wachsende Wildrosen unterstrichen werden, die im Herbst mit ihren lackroten Hagebutten den fruchttragenden Aspekt unterstreichen.

Dekorativ und platzsparend: Obst am Spalier

Wärmebedürftige Aprikosen, Pfirsiche und Birnen sind als Spalierfrucht an einer warmen Haus- oder Garagenwand ideal aufgehoben. Spaliere mit den unempfindlicheren Äpfeln bieten andere Möglichkeiten: Sie können freistehend im Garten als Trennung zwischen Gemüse- und Ziergarten dienen oder am Zaun zum Nachbarn plaziert werden. In England sieht man auch Laubengänge, die mit Apfel- oder Birnensorten bepflanzt wurden. Die strukturgebenden Spaliere zaubern Licht und Schatten auf den Weg und sehen selbst im Winter noch dekorativ aus. Bei wenig Platz aber kann schon ein einzelner Torbogen mit

Spalierobst einen Akzent setzen. Einen Tafelobst-Kräutergarten gestaltete Patricia van Roosmalen in ihrem Garten in Rekem/Belgien, der einmal im Jahr an einem „Tag der offenen Tür" auch besichtigt werden kann. In einem von einer hohen Mauer geschützten Garten zieht sie freistehende Obstspaliere, die den Kräutern nicht zuviel Platz wegnehmen und außerdem wenig Schatten werfen.

Üblich ist ein symmetrisch aufgebautes Spalier, bei dem die Seitenzweige vom Haupttrieb aus waagerecht nach rechts und links gezogen werden. Sehr dekorativ ist auch die Palmette, die ein doppeltes U bildet und schon einige Kunstfertigkeit erfordert. In Form gebrachtes Spalierobst kann aber auch vom Gartenhandel bezogen werden, allerdings ist es dann nicht gerade billig. Der Erhaltensschnitt ist bei ihm jedoch leicht. Aber die sogenannte Erziehung von Obstbäumen kann ja auch eine spannende Sache sein, mit der ambitionierte Gärtner schon vor unserer Zeit gerne ihre Fähigkeiten unter Beweis stellten. Besonders beliebt war der Formschnitt im Frankreich des 17. Jahrhunderts, aber diese Schnittweise hat auch in England und Deutschland Tradition. Gerade in den heutigen kleinen Gärten könnten die klassischen Formen des Spalierobstes zu neuen Ehren kommen. Und wer noch weniger Platz hat, versucht es mit den kleinbleibenden Züchtungen im Topf: Die säulenförmigen Ballerina-Apfelbäumchen werden maximal zwei bis drei Meter hoch und 30 Zentimeter breit. Besonders schön sehen sie rechts und links von einer Eingangstür aus. Wie im Garten und auf der Wiese wird die Wirkung auch hier durch Symmetrie erzielt!

Die spät zu ernten-
de, reichtragende
und würzige Birne
'Gräfin von Paris'
reift im Schutz der
Mauer an einem
Spalier besonders
gut aus.

Niedrige Busch-
bäume machen die
Apfelernte leicht,
bei den Halb- und
Hochstämmen geht
es nicht ohne Lei-
ter. Ein weiterer
Vorzug der niedrig
bleibenden Apfel-
büsche ist der frühe
Ertrag und der
geringe Platzbedarf,
sie werden jedoch
nur 15 bis 30
Jahre alt.

Apfelhochstämme
sind robuster und
können ein höheres
Alter erreichen, ein
nennenswerter
Ertrag ist jedoch
erst nach zehn Jah-
ren zu erwarten.
Die wunderschöne
Blüte der Apfelbäu-
me im späten Früh-
jahr aber gehört auf
jeden Fall zu den
Höhepunkten des
Jahreslaufs im
Obstgarten.

Apfel
Malus domestica

Die Sortenfülle der Äpfel ist unüberschaubar. Und dennoch finden sich in den Supermärkten nur einige gängige Sorten, perfekte „Kunstprodukte", die man fast nicht mehr Äpfel nennen möchte. Marktgerecht und lagerfähig sind die Schlagworte des Handels, die alten, aromatischen Äpfel aus früheren Zeiten findet man hauptsächlich beim heute nicht umsonst so beliebten „Einkaufen auf dem Bauernhof" und in privaten Gärten.

Es gibt etwa tausend verschiedene Apfelsorten, von denen viele jedoch nur regionale Bedeutung haben. Vom Holzapfel *Malus sylvestris* ssp. *sylvestris* der Steinzeitmenschen bis zur Sortenvielfalt des 19. Jahrhunderts war es ein weiter Weg: Die Äpfel heimischer Wildobstarten wurden mit asiatischen Formen gekreuzt, oder aber zufällig in Gärten gefundene Sämlinge stellten interessante Varianten dar. Die Stammeltern vieler alter Apfelsorten lassen sich daher oftmals nicht mehr entschlüsseln. Sogar aus den Schriften der Griechen und Römer sind schon Namensbezeichnungen überliefert. Die Römer führten ihre Kultursorten in Germanien ein und schufen so den Grundstock vieler europäischer Apfelsorten.

Äpfel sind die bekanntesten und beliebtesten Früchte in Europa, ein gesundes Obst mit zum Teil hohem Vitamingehalt. „An apple a day keeps the doctor away", dieses englische Sprichwort muß nach dem heutigen Wissensstand allerdings etwas korrigiert werden! Da die Inhaltsstoffe je nach Sorte variieren, sollten es schon zwei bis drei Äpfel täglich sein, will man den Doktor fernhalten. Von dem an Vitamin C armen Golden Delicious, der so gerne fabrikmäßig als Kuchenbelag verwendet wird, da er bei der Verarbeitung schön hell bleibt, müßte man sogar bis zu zehn Äpfel essen! Viel Vitamin C enthalten hingegen 'Ontario', 'Berlepsch' und die 'Ananasrenette'. Aber auch andere Inhaltsstoffe sollte man nicht vergessen, etwa das sogar noch wichtigere Pektin, das den Cholesterinspiegel senkt und das Immunsystem stärkt, und das blutdrucksenkende Kalium. Bei einer geschickten Sortenwahl und einem größeren Garten könnte man auch heute noch Selbstversorger in bezug auf Äpfel sein. Die frühesten Sorten wie der 'Weiße Klarapfel' reifen schon im Juli, der oben abgebildete 'Pfirsichrote Sommerapfel' im August, die am längsten haltbaren Lageräpfel wie 'Ontario' halten bei guten Lagerbedingungen – kühl und feucht bei nicht weniger als vier Grad – bis April/Mai. Natürlich sind die letzten Lageräpfel aus dem eigenen Keller oder vom Dachboden schon welk und geschrumpft, aber ihr Aroma haben sie behalten! Auch die Falläpfel, die heute allerdings kaum noch jemand aufhebt, verlängern die Saison, denn sie sind weit vor der eigentlichen Erntezeit zu nutzen.

Für einen kleinen Garten sind schwach oder mittelstark wachsende Buschäpfel angebracht. Wenn man jedoch Platz für einen Halb- oder Hochstamm hat, sollte man beides kombinieren: Buschbäume tragen früh, werden aber nur 15 bis 30 Jahre alt, Apfelhochstämme hingegen sind robuster und erreichen ein hohes Alter, ein nennenswerter Ertrag ist aber erst nach zehn Jahren zu erwarten. Wenn sich nicht in direkter Nachbarschaft zu gleicher Zeit blühende Obstbäume befinden, muß ein Pollenspender mit passender Blütezeit dazugepflanzt werden, da Apfelbäume nicht selbstfruchtbar sind. Gute Pollenspender sind der 'Glockenapfel', 'Jonathan' und 'Ontario'. Die attraktiven Zieräpfel mit den schönen Blüten und den eßbaren Früchten sind auch für viele Apfelsorten als Pollenspender geeignet. Auch ein sogenannter Duobaum, ein Baum mit zwei verschiedenen Obstsorten, löst in kleinen Gärten das Befruchtungsproblem auf platzsparende Weise.

Der Apfelbaum ist heute wie früher Nummer eins im Hausgarten, denn er ist dem mitteleuropäischen Klima besonders gut angepaßt. Er gedeiht auch noch in rauhen Lagen, wo wärmeliebende Aprikosen, Pfirsiche oder Birnen keine guten Erträge bringen. Äpfel lieben lehmige, feuchte Böden ohne Staunässe und eine sonnige, windgeschützte Lage. Zur Bodenverbesserung sollte regelmäßig Kompost gegeben werden. In regenreichen Jahren sind manche Sorten schorfanfällig, auch Baumkrebs und Spitzendürre kommen vor. Zu starke Schnittmaßnahmen, Kalziummangel oder zu hoher Stickstoffgehalt begünstigen Krankheiten noch; daher hat es auch hier Priorität, einen günstigen Standort auszuwählen. Aber für fast jeden Standort gibt es den geeigneten Apfelbaum, und auch die heute weniger gebräuchlichen aromatischen alten Sorten sind im Fachhandel noch zu beziehen.

Zwischen 'Altländer Pfannkuchenapfel' und dem 'Zuccalmaglio' finden wir dabei so klangvolle Namen wie 'Kaiser Wilhelm', 'Freiherr von Berlepsch', 'Schöner von Herrnhut' und 'Prinzessin Luise'. Sie alle gibt es noch, wenn auch häufig mit sehr verkürzten Namen: In der früheren DDR nämlich wurde den klangvollen Namen kurzerhand das Adelsprädikat gestrichen. Nun heißen die aromatischen Sorten nur noch 'Wilhelmsapfel' oder 'Luisenapfel'. Auch dem 'Freiherr von Berlepsch' kam der Adelstitel abhanden, er heißt schlicht 'Berlepsch'.

Die kulinarische Bandbreite der Äpfel ist enorm. Wie bei der Bezeichnung von Weinaromen lesen wir in Katalogen so differenzierte Beschreibungen wie „harmonisch süßweinig", „saftig bei verhaltener Süße", „ausgewogenes Zucker-Säure-Verhältnis", „leicht parfümiert" oder „edelaromatisch". Wem läuft da nicht das Wasser im Mund zusammen! Versuchen Sie es doch zum Beispiel einmal mit 'Kaiser Wilhelm', der 1864 in Deutschland als Sämling gefunden wurde: Sein Fruchtfleisch ist fest und würzig mit weinsäuerlichem Geschmack.

Die Grundfarbe der Äpfel variiert von weißlichgrün bis grünlichgelb, die Deckfarbe zaubert wie Rouge hellorange, rote oder violettrote Bäckchen auf die Äpfel, am schönsten ausgebildet auf der Sonnenseite. Die Deckfärbung kann dabei die Grundfarbe ganz überdecken oder marmoriert, gesprenkelt und gestreift sein. Nach der duftigen rosaweißen Apfelblüte Anfang Mai sind die leuchtenden Früchte im Herbst ein zweiter Blickfang im Obstgarten. Wer knackig-säuerliche Äpfel bevorzugt, für den sind sie frisch vom Baum gepflückt am besten. Für die Genußreife bei voll entwickeltem Geschmack benötigen manche Sorten aber eine gewisse Lagerzeit.

Schiller brachte sich mit einem reifenden Apfel in Dichterlaune. Der typische Apfelduft ist am reinsten bei dem 'Gravensteiner' festzustellen, der einen ganzen Raum parfümieren kann. Eine Schale mit Äpfeln aus dem eigenen Garten, die täglich wieder aufgefüllt wird, ist nicht nur gesund; der Duft reifender Äpfel wird sicher für viele die Kindertage mit den Entdeckungen in der Natur und – vielleicht – in Nachbars Garten heraufbeschwören. Und vielleicht regen sie ja sogar den einen oder anderen zum Dichten an!

Auch die 'Rote Sternrenette', unverwechselbar mit ihren winzigen Sternchen in der Schale, spielt eine Rolle in vielen Kindheitserinnerungen, war sie doch als traditioneller „Nikolausapfel" bekannt, als den Kindern Apfel, Nuß und Mandelkern auf dem „Bunten Teller" noch genügten. Auch der Bratapfel früherer Tage war einfacher Art: Er wurde nur mit Zucker und Butter in der Röhre gebacken. Wie bei vielen Dingen hängt die Qualität nicht von der komplizierten Zubereitung ab, sondern von der Wahl des richtigen Apfels! 'Cox Orange' oder die 'Wintergoldparmäne' haben lockeres aromatisches Fruchtfleisch und sind nicht zu hartschalig. Am besten schmeckte der Bratapfel der Kindertage, wenn man durchgefroren und mit roten Apfelbacken vom Rodeln kam.

Die Zahl der Apfelgerichte ist fast noch höher als die der Apfelsorten. Nach wie vor gehört der Apfelkuchen als typisch deutsches Gebäck zu fast jedem Kaffeeklatsch – mit Zimt, Zucker und Schlagsahne eine köstliche Sache! Aber auch unsere französischen Nachbarn haben wunderbare Apfelkuchenrezepte aufzuweisen. Überhaupt haben Äpfel in Frankreich eine ebenso große Bedeutung wie bei uns. Den Nachbarn über den Zaun geschaut, entdecken wir in der Normandie auf der berühmten „Route du Calvados", die durch Fachwerkdörfchen und an urwüchsigen Obstwiesen vorbeiführt, in den Restaurants die wunderbare, aromaverstärkende Verbindung von Apfelgerichten und Calvados. Auch den nicht pasteurisierten Cidre der Normandie oder den deutschen Apfelmost sollte man keinesfalls vergessen. Apfelgelee und Apfelkompott, Apfeltee oder Apfelschmalz – Apfelrezepte und kein Ende! Und sollte morgen die Welt untergehen, würden wir wie Luther heute noch ein Apfelbäumchen pflanzen.

Aprikose
Prunus armeniaca

Empfindliche Früchte wie die Aprikose waren in früheren Zeiten dem Adel vorbehalten, der Zeit, Geld und Gärtner hatte, um die delikaten Früchte zu pflegen. Zudem waren die ummauerten Schloßgärten ideal für die wärmebedürftige Aprikose, die häufig wie der Pfirsich als Spalierobst gezogen wurde. Besonders elegant und praktisch erscheinen uns heute die in Bögen gezogenen „Schlangenmauern": In jeder so entstandenen Rundung war hier Platz für ein schutzbedürftiges Obstgehölz.

Die Aprikose stammt wie der Pfirsich aus China. Konfuzius soll unter einem Aprikosenbaum meditiert haben, und am Ort seiner Geburt befindet sich heute ein Aprikosenbaum-Altar. Über Armenien, das den botanischen Namen lieferte, brachte Alexander der Große die Aprikose nach Europa. Sie wurde dort zuerst von den Mauren in Spanien angebaut, aber schon um 1570 gab es auch im nördlichen Europa Aprikosenbäume.

Wer keine Schloßmauer zur Verfügung hat, sollte der frostempfindlichen Aprikose einen Platz an der warmen Hauswand anbieten. Um überhaupt in den Genuß der Früchte zu kommen, gibt es einen – allerdings aufwendigen – Trick: Wenn Frostgefahr besteht, sollte man vom Zeit-

Der 'Glockenapfel'
hat eine unge-
wöhnliche länglich-
ovale Form. Der
gut lagerfähige
Apfel schmeckt
angenehm säuer-
lich.

Auf Hochglanz
polierte „Niko-
lausäpfel", mit
einem Ilexzweig
dekoriert, sind ein
einfacher, aber ein-
drucksvoller
Adventsschmuck.

Zur Erntezeit
verlocken die Äpfel
zu vielen Dekora-
tionen. Zusammen
mit etwas Moos im
Korb arrangiert,
sind sie wie diese
'Wintergoldparmä-
nen' auch ein
willkommenes
Geschenk.

punkt der Knospenfärbung an jeden Abend Netze oder ein Abdeckvlies über den Baum legen, bis die Frostgefahr vorbei ist. Die Mühe ist es wert, denn wenn die Aprikose im Juli ihre malerischen Früchte in dem delikaten rotgoldenen Farbton trägt, sieht sie aus wie ein Märchenbaum aus 1001 Nacht. Für die schöne weiß- bis rosafarbene Blüte im März/April sind allerdings nicht nur die Spätfröste ein Hindernis: Oftmals bleiben wegen des frühen Zeitpunkts auch die bestäubenden Insekten aus. Dann hilft ein weicher Pinsel, mit dem alle zwei bis drei Tage die Bestäubung eigenhändig vorgenommen wird. Nachdem die Früchte angesetzt haben, droht aber immer noch Gefahr: der vorzeitige Fruchtabfall. Der Wurzelbereich des flachwurzelnden Baums darf nicht austrocknen, in regenarmen Frühjahren muß unbedingt gewässert werden. Auch eine Mulchschicht schützt vor dem Austrocknen.

Als Düngermaßnahme wirken Hornspäne im Frühjahr günstig, im Herbst sollte Kaliumsulfat gegeben werden. Weiche, lange Triebe, wie sie bei zu hoher Stickstoffdüngung entstehen, müssen vermieden werden: Einen zu starken Schnitt verträgt die Aprikose nicht. Nach dem Kronenaufbau sollen nur noch zu dicht stehende Äste ausgelichtet werden, große Schnittwunden sind zu vermeiden.

Die sonnenliebenden Früchte kommen leider nur selten völlig ausgereift in den Handel, da sie dann sehr druckempfindlich sind. Erntet man hingegen vom eigenen Baum, so kann man den richtigen Erntezeitpunkt selbst bestimmen und so erst in den Genuß des vollen Aromas kommen. Die würzig-süße Frucht hat viele Mineralstoffe und Spurenelemente zu bieten. Der hohe Eisengehalt und der reichliche Anteil an Carotin (150 Gramm Früchte decken schon den Tagesbedarf), das jetzt als Krebsschutzvitamin propagiert wird und außerdem gut für Haut, Schleimhäute und Sehkraft ist, machen sie für die Ernährung so wertvoll.

Für das hiesige Klima kommen dabei nur robuste Sorten in Frage. Dazu zählen die 'Nancy-Aprikose' und die 'Ungarische Beste'. Wenn die Frühjahrshindernisse gut genommen sind,

trägt die Aprikose reich, und dann können all die vielen leckeren Aprikosenrezepte ausprobiert werden. Eine österreichische Spezialität sind die süßen Marillenknödel und die Kombination von Aprikosenkompott und Kaiserschmarrn. Zum Frühstück ist in Deutschland die Aprikosenmarmelade sehr beliebt: Nach der Erdbeermarmelade ist sie die Nummer zwei auf den Frühstückstischen. Die Konditoren „aprikotieren" mit ihr gerne Obsttorten und Schokoladenkuchen. Zum Sonntagskaffee beliebt ist auch der „Spiegeleierkuchen", bei dem Vanillecreme die Rolle des Eiweißes übernimmt und die Aprikosen als Eidotter dienen. Die Früchte sind gekocht aromatischer als roh: Kurz gedünstet entwickeln sie erst ihr volles Aroma, das noch mit etwas Aprikosengeist verstärkt werden kann. Und wenn es mit dem Fruchtansatz nicht klappt, tröstet man sich statt dessen mit der schönen frühen Blüte im Frühjahr und mit den glänzenden Blättern im Sommer.

Birne
Pyrus communis

Die heutigen Kultursorten stammen von der europäischen Holzbirne *Pyrus pyraster* und von Wildformen aus Kleinasien ab. In der Antike waren schon etwa 40 Sorten bekannt, und Homer besang die „balsamische Birne". Planmäßige Züchtungen fanden jedoch erst im 18. und 19. Jahrhundert statt, hauptsächlich in Frankreich und Belgien.

Die Birne braucht mehr Wärme als der Apfel. Ein Spalier an einer Südwand ist für sie optimal, es fehlt sonst vor allen Dingen den spätreifenden Sorten an Aroma. Daher sind für rauhe Lagen frühreifende Birnen wie die 'Frühe von Trevoux' sinnvoll. Die Pflanzen brauchen tiefgründige, warme Böden. Kühle Sommer fördern die Steinzellenbildung rund um das Kerngehäuse. Die oben gezeigte 'Diels Butterbirne' braucht eine gute Lage. Sie sollte daher als Spalierfrucht gezogen werden.

Die schöne üppige und weiße Birnenblüte ist stärker durch Fröste gefährdet als die Apfelblüte, da sie zehn Tage früher einsetzt. Feuerbrand, Rostpilz und Schorf sind Krankheiten, die Birnen auf schlechten Böden befallen können. Kaum anfällig für Schorf ist aber die 'Conference', benannt nach der Britischen Birnenkonferenz von 1885, die geringe

Ansprüche an Boden und Klima hat. Sie ist ein guter Pollenspender. Da Birnen selbstunfruchtbar sind, muß eine passende Bestäubersorte dazugesetzt werden. Die Ansiedlung mehrerer Sorten im Garten fördert den Ertrag.

Birnbäume können bis zu 200 Jahre alt werden. An alten Bauernhäusern sieht man manchmal altehrwürdige Exemplare, die schon viele Generationen mit Birnen versorgt haben. Die alten Sorten sind noch heute auf dem Markt. Die beliebte 'Williams Christ' aus England ist seit 1797 bekannt und wird gern zu Birnengeist verarbeitet. Auch die 'Gute Luise' kennt man schon seit 1778. Und die 'Winterbirne' ist eine sehr alte Kochbirne unbekannter Herkunft.

Reife Birnen gelten als gut bekömmlich und leicht verdaulich. Zucker, Säure und Aromastoffe stehen dann in einem ausgewogenen Verhältnis zueinander. Die Frucht enthält zudem viel Carotin, B-Vitamine, Vitamin C, Magnesium, Kalium, Kalzium, Mangan, Kupfer, Jod und hormonähnliche Substanzen – eine beachtliche Palette! Durch ihren hohen Kaliumgehalt entwässert sie und schwemmt Ödeme aus. Sie stärkt die Nieren und ist gut gegen Bluthochdruck. Die Gerbsäuren wirken sich günstig auf Entzündungen im Magen- und Darmbereich aus. Wegen des hohen Kiesel- und Phosphorsäuregehaltes gilt sie überdies als Gehirn- und Nervenspeise. Unreife, noch harte Birnen jedoch belasten die Verdauungsorgane, sie sollten lieber gedünstet werden oder bei Zimmertemperatur nachreifen. Die Heilige Hildegard von Bingen, Verfasserin der „Physika", fand im 11. Jahrhundert, daß „Birnen nützlicher und wertvoller als Gold" sind. Das würden wir heute, nachdem wir genaue wissenschaftliche Analysen über die Inhaltsstoffe kennen, kaum bestreiten!

Die Sortenvielfalt bei den Birnen ist sehr viel geringer als beim Apfel. Das liegt vielleicht daran, daß die Birne weniger lagerfähig ist und als Wirtschaftsfrucht kaum in Frage kommt. Nur wenige Sorten lassen sich lagern, dazu gehört die reichtragende 'Gräfin von Paris'. Im allgemeinen schmecken die Früchte vollreif geerntet am besten und bleiben nur kurze Zeit genußreif.

Die milde Süße der Birnen macht sie für Kuchen und Desserts, aber auch für herzhafte Gerichte geeignet. Birnenmost, Birnengeist und Birnensaft sind aromatische Getränke für verschiedene Anlässe. Mit Birnendicksaft wird in der Vollwertküche gesüßt, reife Birnen passen zu Käse und Walnüssen, Birnengratin und Birnenpie mit Vanilleeis sind leckere Desserts. Leicht zuzubereiten ist die „Birne Hélène", ein köstlicher Nachtisch mit Schokoladensauce, der bei Kindern sehr beliebt ist (Rezept siehe Seite 59). Aber probieren Sie auch einmal gedünstete Birnen zu Grünkohl (Rezept siehe Seite 34) oder das norddeutsche Rezept Birnen, Bohnen und Speck. Auf dem Teller sind die Früchte mit den melodischen Namen wie 'Williams Christ', 'Clapps Liebling' oder 'Gute Luise' sehr anpassungsfähig – leider fehlt ihnen diese Eigenschaft im Garten!

Kirsche
Prunus avium / Prunus cerasus

Die knackig-frischen Früchte der Süßkirsche *Prunus avium* wurden von dem römischen Feldherrn Lukullus, der als Genießer einen guten Blick für Qualität hatte, im 1. Jahrhundert aus Kleinasien nach Rom mitgebracht. Und wie fast alle obstbaulichen Kostbarkeiten kamen auch sie durch die Römer nach Mitteleuropa und in unsere Gärten. Sie ersetzten dort die Wild- oder Vogelkirschen, die man schon in Keltensiedlungen finden konnte.

Die auf Grundlage der Vogelkirsche veredelten Kirschen wachsen gerne in den Himmel und brauchen viel Platz. In einem alten, früher weitverbreiteten Gartenbuch, das 1922 bereits in der 15. Auflage erschien, findet sich der lapidare Satz: „Fünf Süßkirschbäume auf die fünf Wochen der Kirschenreifezeit richtig verteilt sind genügend", und „wer nur einen Kirschbaum pflanzen kann, sollte 'Königin Hortensie', die köstlichste aller Kirschen, wählen." Leider sind beide Vorschläge nicht mehr zu verwirklichen: Die „Königin Hortensie" ist kaum noch zu finden, und fünf Kirschbäume kann sich kaum jemand noch im Garten leisten, denn immerhin benötigt ein ausgewachsener Baum einen Platz von 100 Quadratmetern. Die wuchskräftigen Bäume können aber durch Schnitt kleingehalten werden. Das hat auch den positiven Nebeneffekt, daß kein Kirschen pflückender Gärtner mehr von der Leiter zu fallen braucht, weil die schönsten Früchte immer an den entlegensten Stellen hängen! Zur Verkleinerung der Kirschbäume geht man folgendermaßen vor: Direkt nach der Ernte wird die Krone im ersten Jahr um etwa zwei Meter zurückgesetzt; im nachfolgenden Jahr wird die

Behandlung nochmals wiederholt. Jedesmal werden die starken oberen Äste bis auf einen schwachen Nebenast entfernt.

Neuerdings werden aber auch Versuche mit schwachwachsenden Unterlagen gemacht. Diese Unterlage wurde 'Gisela' genannt, abgeleitet von Giessener Selektion, und ist mit allen bekannten Sorten verträglich. Die Bäume werden nicht größer als drei bis dreieinhalb Meter, und sie tragen früher als Hochstämme.

Alle Kirschen benötigen sehr durchlässige lehmhaltige Böden mit guter Durchlüftung ohne Staunässe. Die Süßkirschen sind zudem selbstunfruchtbar, es muß sich also in der Nachbarschaft innerhalb von 20 bis 30 Metern ein passender Pollenspender befinden. Bekannte Sorten sind die 'Große Schwarze Knorpelkirsche' und 'Hedelfinger Riesen'.

Sauerkirschen *Prunus cerasus* brauchen weniger Platz und sind in der Regel selbstfruchtbar. Die Sorte 'Morellenfeuer' ist relativ unempfindlich gegen die gefürchtete Kirschkrankheit Monilia, durch die Früchte und Äste eintrocknen. Sie wird daher gern als Ersatz für die sehr oft stark befallene 'Schattenmorelle' empfohlen.

Die Sauerkirsche blüht und fruchtet am einjährigen Holz, deshalb ist ein jährlicher scharfer Schnitt wichtig. Sonst entstehen die bekannten Peitschentriebe, lange Zweige ohne Knospen- und Fruchtansatz. Die Neuzüchtung 'Succassa' neigt nicht zu verkahlenden Zweigen, die Früchte haben zudem ein gutes Aroma.

Die Kirschblüte gehört zu den schönsten Obstblüten im Frühjahr, wenn sich die Bäume als schneeweißer, üppiger Blütentraum vom blauen Frühjahrshimmel abheben. Die etwas spätere Sauerkirschenblüte ist ein ebenso bezaubernder Anblick und wirkt besonders idyllisch auf einer Obstwiese mit dem zu gleicher Zeit blühenden Wiesenschaumkraut.

Die Früchte des Sommers sind bei Kindern und Erwachsenen, aber leider auch bei den Vögeln beliebt, denen man mit der Ernte zuvorkommen muß. Schließlich sind sie mehr als schmackhaft: Zur Kirschenzeit gilt es als gute Kur, täglich ein halbes Pfund der leckeren Früchte zu essen.

Eine angenehme Art, den Harnsäurespiegel zu senken, die Bauchspeicheldrüse anzuregen und den Körper zu entwässern! Carotin, B-Vitamine und Vitamin C gehören zu den wertvollen Inhaltsstoffen, aber auch Kalium, Kalzium, Eisen, Magnesium und Kieselsäure. Die Sauerkirschen enthalten noch mehr reinigende Pflanzensäuren als die süßen Kirschen, sie wirken durch Vitamin B 12, Kobalt und den hohen Eisengehalt blutbildend. Die Kirschen wurden früher praktisch mit Stumpf und Stiel verwendet: Aus den Kirschenstielen brühte man einen entwässernden Tee, und sogar die Kirschkerne sind noch nützlich! Gewaschen und getrocknet in ein Leinensäckchen gefüllt, werden sie im Backofen gewärmt und als wärmespendendes, schmerzlinderndes Kissen gebraucht.

Die süßwürzigen prallen Kirschen, ganz gleich ob von hellroter oder schwarzroter Färbung, sind zum Rohessen ein Genuß. Obwohl sie auch als Kompott je nach Sorte gut schmecken, ist die eigentliche Einmachfrucht doch die Sauerkirsche, weil vielseitiger verwendbar: für herzhafte Kirschkuchen in vielen Variationen – die berühmteste ist die Schwarzwälder Kirschtorte –, als heiße Sauce zu Vanilleeis, für Marmelade und als fruchtiges Kirscheis. Sie gehört zu der beliebten Roten Grütze und paßt in eine erfrischende Kaltschale. Auch getrocknet ist sie zum Knabbern lecker: Nicht entstielt und nicht entsteint, werden die Früchte bei 50 Grad im Backofen getrocknet. Das Kirschenentsteinen gehört zu den mühseligen Angelegenheiten. Früher wurden die Kerne mit aufgebogenen Haarnadeln, wie sie jede Frau besaß, herausgeholt. Aber nicht alle Hausfrauen waren so geduldig, und daher gab es einen Teil der Gläser schon mal mit den sogenannten „Spuckkirschen", die nur im Familienkreis gegessen wurden. Der mechanische Kirschenentsteiner ist heute zwar eine Hilfe, aber die Kirschen verlieren bei dieser Methode viel Saft. Kleidung und Küche sollten gut abgedeckt werden! Die „Zwillingskirschen" jedoch sind noch heute, ob süß oder sauer, den Kindern vorbehalten: als kurzlebige Ohrringe.

Pfirsich
Prunus persica

Der wärmeliebende Pfirsich stammt nicht etwa aus Persien, wie der Name vermuten ließe, sondern aus China, wo er seit einigen tausend Jahren angebaut wird. Persien war vermutlich nur eine Zwischenstation auf dem Weg nach Europa. Alexander der Große war es schließlich, der ihn mit von seinen Feldzügen in den griechisch-römischen Raum mitbrachte. Von dort nahmen die Römer vor 2 000 Jahren die prallen Früchte mit der samtigen Haut in ihre Provinzen mit. Damals galt der Pfirsich als Frucht der Venus und als Aphrodisiakum. Auf alten Fresken und Gemälden sieht man, daß sich das Aussehen der schönen Früchte seither kaum verändert hat.

Wie die Aprikosen sind Pfirsiche eigentlich nur für das Weinbauklima zu empfehlen. In weniger begünstigten Gegenden müssen sie gehegt und gepflegt werden, um zu gedeihen. Kalte Winter, nasse Böden und Spätfröste können zum Absterben des kurzlebigen Baums führen, der ohnehin nur eine Lebenserwartung von 25 Jahren hat. Aber gerade Schwierigkeiten haben Gärtner zu allen Zeiten animiert, es trotzdem zu versuchen! Wegen der frühen, frostempfindlichen Blüte in der Farbskala von Hellrosa bis Rot im März/April ist der Pfirsich als Spalierfrucht an der warmen Hauswand gut aufgehoben. An geschützten Plätzen gedeiht er jedoch auch als Baum.

Geeignet für rauhes Klima ist der 'Rote Ellerstädter', auch 'Kernechter vom Vorgebirge' genannt. Diese Sorte mit den weißfleischigen, im September reifenden aromatischen Früchten entstand im Vorgebirge bei Bonn. Da sie samenecht ist, kann sie selbst aus Pfirsichkernen herangezogen werden.

Der Pfirsichbaum paßt auch gut in kleine Gärten. Durch scharfen Rückschnitt, der der vorzeitigen Vergreisung vorbeugt, kann er verhältnismäßig klein gehalten werden.

Der Pfirsich blüht am vorjährigen Holz. Die sogenannten „falschen Fruchttriebe", die nur mit einzelnen Blütenknospen besetzt sind, sollten dabei entfernt werden. Die „wahren Fruchttriebe", die eine gute Ernte verheißen, werden um ein Drittel eingekürzt. Das Obstgehölz benötigt einen warmen, durchlässigen und humosen Boden. Mulchen und Wässern beugen einem frühen Fruchtabfall vor. Vorbeugend gegen die Kräuselkrankheit der Blätter kann ein Versuch mit Meerrettich, Kapuzinerkresse und Knoblauch, die man im Wurzelbereich des Baums pflanzt, gemacht werden. Gar nicht erst für die Krankheit anfällig sind die Sorten 'Rekord aus Alfter' und 'Früher Roter Ingelheimer', deren Früchte schon im Juli reifen. Die glattschalige Nektarine *Prunus persica* var. *nucipersica* wird nur selten in Baumschulen angeboten, ihr Wärmebedarf ist nämlich noch höher als der des Pfirsichs.

In guten, warmen Jahren fällt die Ernte üppig aus. Die gesunden Früchte sind reich an den Vitaminen A, B und C, an Kalium, Kalzium, Magnesium, Eisen und Zink. Sie regen die Nieren an, wirken harntreibend und durch die milden Fruchtsäuren appetitanregend. Außerdem enthalten sie reichlich Carotin und Bioflavone; beide gelten heute als günstig zur Stärkung des Herzens und zur Vorbeugung gegen Krebs.

Eine kulinarisch besonders wertvolle alte Sorte ist der aromatische 'Rote Weinbergpfirsich' mit dem roten Fruchtfleisch, der leider selten geworden ist. Aber auch die weißfleischigen Sorten, die im kühlen Klima besser als die rot- und gelbfleischigen gedeihen, sind würzig-aromatisch und eignen sich gut zum Einmachen und sogar zum Einfrieren. Eine Portion roher Pfirsichspalten, gemischt mit einigen Herbsthimbeeren, ist im Winter eine ideale Zugabe zu einem Pfirsichsekt-Aperitif. Der berühmte „Bellini" in Harry's Bar in Venedig etwa, bei Prominenten beliebt, wird mit weißem Pfirsichmark, schwarzem Johannis-

beerlikör und Sekt aufgegossen. Unzählige Dessertvariationen und Obsttorten lassen sich mit den aromatischen Früchten zaubern. Das bekannteste Dessert heißt „Pfirsich Melba" und besteht aus Vanilleeis, gedünsteten Pfirsichen und Himbeermark; erfunden wurde es 1893 von Auguste Escoffier in London aus Anlaß einer Lohengrin-Inszenierung und zu Ehren einer Sängerin mit dem Künstlernamen „Melba". Eine ungewöhnliche Kombination sind Pfirsichspalten mit Johannisbeeren, zu einer Salatplatte zusammengestellt und mit eßbaren Blüten garniert. Auch die Pfirsichblätter kann man nutzen, nicht nur als schöne Dekoration für Kuchenplatten und Desserts, sondern auch zum Aromatisieren von Cremespeisen, wie es früher üblich war. Die Blätter mit dem feinen Bittermandelaroma läßt man wie Vanilleschoten in warmer Milch ziehen und bereitet dann die Creme wie üblich zu. Wie auch bei den Duftpelargonien stecken in den Pfirsichblättern Aromastoffe, die besser als die sogenannten „naturidentischen" genutzt werden können!

Pflaume
Prunus domestica

Wildformen der Pflaume sind auf der nördlichen Halbkugel heimisch. Unsere heutigen Kulturpflaumen sind aber eine Kreuzung aus *Prunus spinosa*, der Schlehe, und der asiatischen Art *Prunus cerasifera*. Vermutlich brachte Alexander der Große die Pflaume von seinen Kriegszügen mit. Damaskus wurde das Zentrum des Pflaumenhandels – der Name Zwetsche könnte eine Verballhornung von „Damaszener" sein. Über die Römer kamen sie nach Mitteleuropa. Heute gibt es zahlreiche optisch recht verschiedene, aber dennoch eng miteinander verwandte Pflaumensorten, die in Form und Farbe von kirschgroß (Mirabellen) bis zu länglich-eiförmig (Zwetschen) und rundlich (Eierpflaumen), von gelblichgrün und goldgelb bis zu blaubereift und rotviolett variieren.

Keine der vielen verschiedenen Pflaumensorten ist besonders anspruchsvoll, sie alle bevorzugen aber sonnige Standorte und warme Lagen. Alle Pflaumen werden in der Regel als Halbstamm gepflanzt, es gibt inzwischen aber auch niedrig bleibende Buschformen. Der Boden sollte humos und nicht zu trocken, braucht aber nicht sehr tiefgründig zu sein. Außerdem muß man beachten, daß es selbstunfruchtbare, teilfruchtbare und selbstfruchtbare Sorten gibt. Zuverlässig selbstfruchtbar sind die 'Bühler Frühzwetsche', die 'Hauszwetsche', die 'Mirabelle von Nancy', 'The Czar' und 'Ouillins Reneklode', für andere Pflaumensorten müssen passende Befruchtersorten in der Nähe sein! Die beliebte Blutpflaume *Prunus cerasifera* mit purpurroten Blättern, die in so vielen Gärten als Zierbaum gepflanzt wird, eignet sich auch als Pollenspender. Ihre pflaumenähnlichen Früchte sind eßbar!

Die Hauszwetsche ist seit dem 17. Jahrhundert bekannt; es gibt von ihr verschiedene Varietäten. Dieser robuste und reichtragende Baum war die Einmachpflaume der vergangenen Generationen schlechthin: Ganze Batterien von Pflaumenkompott warteten mit Zimt gewürzt im Keller auf ihren Einsatz im obstlosen Winter.

Die Reneklode *Prunus domestica* ssp. *italica* liefert wohlschmeckende, saftige Früchte mit grünlichgelber oder blauroter Färbung. Sie eignen sich gut zum Einmachen, lösen sich aber schlecht vom Stein.

Pflaumen enthalten B-Vitamine, Carotin, reichlich Eisen, Kalzium, Magnesium und pektinartige Substanzen. Sie fördern die Verdauung und entgiften dadurch. Dörrpflaumen sind ein ideales natürliches Abführmittel. Aus all diesen Gründen steht die Pflaume auf der US-Liste der Lebensmittel, die zur Krebsvorsorge häufig gegessen werden sollen. Zuviel rohe Pflaumen sollte man allerdings nicht essen, und auf keinen Fall darf man danach Wasser oder Saft trinken: Sie können dann Gärungen im Darm verursachen.

Die süßen goldenen Mirabellen mit den orangefarbenen Punkten, die an Sommersprossen erinnern, werden seltener angepflanzt, obwohl auch sie problemlos gedeihen und roh oder gekocht von gutem Geschmack sind. Das finden aber auch die Wespen, die auf den reifen Früchten sitzen und sie regelrecht aushöhlen. Überreife abgefallene Früchte sind sogar scharenweise mit Wespen besetzt. Deshalb sollte man den Mirabellenbaum nicht unbedingt in Terrassennähe pflanzen! Wenn die ersten Pflaumenkuchen in den Bäckereien verkauft werden, ist der Herbst nah. Aber Achtung: Pflau-

menkuchenzeit ist Wespenzeit! Eine mit ein wenig Fruchtsaft gefüllte Flasche rettet aber gemütliche Kaffeestunden auf der Terrasse.

Pflaumenkuchen und Pflaumenmus, Pflaumensorbet und Pflaumenkompott, Pflaumengeist und Pflaumensaft – die Pflaume und ihre Verwandten sind vielseitig einzusetzen und auch untereinander austauschbar. Pflaumenknödel schmecken mit Mirabellen gefüllt ebensogut, und auch ein mit Zimt und Zucker bestreuter Pflaumenpfannkuchen ist mit Mirabellen genauso lecker. In Frankreich werden Kaninchen gerne mit Backpflaumen zubereitet, und natürlich gehören in das früher so beliebte, weil lange haltbare Backobst Pflaumen. Versuchen Sie es statt dessen mal mit getrockneten Mirabellen, sie schmecken besonders gut, auch in einer Knabbermischung mit Apfelringen, Mandeln und Nüssen.

Und natürlich sind alle Pflaumen, noch sonnenwarm vom Baum gepflückt, auch ohne jede weitere Zubereitung zum Reinbeißen lecker!

Quitte
Cydonia oblonga

Die porzellanartigen weißen, rötlich angehauchten großen Blüten sind eine späte Überraschung im Obstgarten: Die Quitte blüht als letztes Obstgehölz, erst im Mai/Juni, und trägt daher auch in frostgefährdeten Lagen üppig. Mit ihren im Oktober weithin leuchtenden, goldgelben Früchten ist sie ebenso nützlich wie zierend.

Sie wird nunmehr seit 4 000 Jahren angebaut und stammt ursprünglich aus Persien und Syrien. Von dort kam sie nach Griechenland, wo sie nach einer Stadt auf Kreta, von der die schönsten Früchte stammten, „Apfel von Kydonia" genannt wurde. Der goldene „Apfel" aus dem Orient gelangte von hier zu den alten Römern, die ihn, wie so viele andere Pflanzen auch, den Germanen brachten. Hier wurden die fremdländischen Früchte „Kütten" oder „Quitten" genannt. Schon im Capitulare Karls des Großen wird der drei bis sechs Meter hohe, reichtragende strauchartige Baum aufgeführt.

Die barock geformten, goldgelben Früchte mit dem herbaromatischen Duft galten in früheren Zeiten als Symbol der Schönheit, Fruchtbarkeit und Liebe. Vermutlich war der Schönheitspreis, den Paris Aphrodite reichte, kein Apfel, sondern eine Quitte! Mit Honig gekocht waren die Früchte im antiken Griechenland als Süßspeise beliebt. Ein Tee aus frischen Quittenblüten wurde gegen Husten, Schlaflosigkeit und Nervosität getrunken, die gedünsteten Früchte gegen Durchfall und bei Entzündungen der Magen- und Darmschleimhaut eingesetzt. Reizmildernder Schleim, Emulsin, Amygdalin und Gerbstoffe gehören zu den wirksamen Inhaltsstoffen der schönen Früchte. Ein Extrakt aus den Samen wird noch heute gelegentlich als Hustenmittel verabreicht.

Der malerisch wachsende kleine Baum eignet sich auch für kleine Gärten und ist ideal als Solitärgehölz in Terrassennähe. Ein sonniger, warmer Platz läßt das Fruchtholz gut ausreifen. Das Holz der Quitte ist empfindlich gegen Frost, Jungtriebe können in kalten Wintern zurückfrieren. Sehr empfehlenswert für das hiesige Klima ist die 'Konstantinopler Apfelquitte'. Die starkwüchsige Birnenquitte 'Vranja' ist frostempfindlicher, und auch die 'Portugiesische Birnenquitte' ist eher für warme Lagen geeignet. Geschnitten werden die kleinen, flachwurzelnden Bäume wenig, gelegentlich sollten aber zu dichte Kronen ausgelichtet werden. Das ansonsten robuste Gehölz braucht einen humosen, gut durchlüfteten Boden. Ein zu hoher Stickstoffgehalt im Boden fördert jedoch die Stippigkeit der Früchte, sie halten dann nicht sehr lange und faulen. Gesunde Früchte können bis Dezember gelagert werden und ihren wunderbaren Duft in Wohnräumen oder Diele verbreiten. Diesen genossen auch schon die Römer: Sie legten die duftenden Früchte in die „Empfangsräume der Männer". Im Zeitalter der Emanzipation dürfen jetzt auch die gemeinschaftlich genutzten Räume damit geschmückt werden!

In bernsteinfarbenes Quittengelee verwandelt, schmücken sie aber auch den Frühstückstisch. Das köstliche, seltene Gelee muß man jedoch selbst herstellen. Damit das besondere Aroma erhalten bleibt, wird der pelzige Flaum der Früchte nur mit einem Tuch abgerieben, sie dürfen keinesfalls geschält werden. Die roh ungenießbaren, sehr harten Früchte erfordern etwas Kraft beim Zerteilen! Wenn sie vor der Verarbeitung geviertelt wer-

den, geht die weitere Zubereitung aber leichter vonstatten. Ob als kühlender Saft oder appetitanregender, verdauungsfördernder Likör, Aroma und Geschmack sind immer ungewöhnlich. Und auch das altmodische „Quittenbrot" (Rezept siehe Seite 55), eine kleine Leckerei zu einem Espresso nach einem gemütlichen Wintermenü, ist noch heute beliebt.

Weinrebe
Vitis vinifera

Schon vor 6 000 Jahren wurde im alten Ägypten die Weinrebe angebaut; sie zählt somit zu den ältesten Kulturpflanzen. Griechen und Römer entwickelten die Kunst des Weinanbaus, führten ihn in ihren Kolonien ein und schmückten Pergolen und Lauben mit den zierenden und nützlichen Reben. Rund um das Mittelmeer sind nach wie vor lauschige, von Reben beschattete Terrassen beliebte Plätze für ausgedehnte Mahlzeiten im Freien.

„Vinum delectat cor hominum", der Wein erfreut der Menschen Herz, heißt es schon in der Bibel. In Maßen genossen, gilt Wein als gesundes Getränk. Er enthält wertvolle Mineralstoffe, Spurenelemente und Vitamine, wirkt blutdruckausgleichend, krampflösend und infarktmindernd. Die Gerbstoffe im Rotwein haben bei bakteriellen Darminfektionen außerdem keimtötende Wirkung. Das wußten auch schon die Römer, die ihren Soldaten eine tägliche Ration von einem, bei Feldzügen sogar zwei Litern Wein gegen Infektionen zuteilten. Der Grieche Plutarch (46–125 n. Chr.) faßte die Vorteile in dem bedeutungsvollen Satz zusammen: „Der Wein ist unter den Getränken das Nützlichste, unter den Arzneien die Schmackhafteste, unter den Nahrungsmitteln das Angenehmste." Aber auch die roh genossenen Trauben galten schon früh als Gesundheitsmittel. Der griechische Arzt Hippokrates etwa verordnete seinen Patienten Traubenkuren. Entschlacken und Abnehmen mit den köstlichen Trauben wird zur Zeit der Traubenlese empfohlen: Die gesunden Früchte fördern die Verdauung und die Nierentätigkeit und wirken entwässernd. Sie helfen Leber und Galle zu regenerieren und bei Rheuma und Gicht Harnsäure abzubauen. Der Farbstoff Anthozyan in blauen Trauben fördert die Durchblutung und kräftigt Venen und Kapillare. Weitere Inhaltsstoffe sind Carotin, Pektine, Fruchtsäuren, Eisen, Kupfer, viel Kalium und Enzyme. Auch in getrockneter Form, als Rosinen, sind die Trauben überall auf der Welt beliebt. Bei uns kennt man sie zum Beispiel als Energieschub im „Studentenfutter", im gehaltvollen Rosinenkuchen und sogar zum Rheinischen Sauerbraten.

Ein günstiges Mikroklima läßt die Reben auch im Norden gut wachsen. Hier eignen sie sich allerdings nicht für freistehende Pergolen und Lauben; sie brauchen eine warme Südwand im Windschatten von Mauern. Dort speichert das Mauerwerk tagsüber die Sonnenwärme und gibt sie in der Nacht ab. Die Rebstöcke lieben locker-humosen Boden und vertragen keine Staunässe. Im Herbst sollte mit Kompost gedüngt werden, und im Frühjahr ist eine zusätzliche Gabe von Horn- und Knochenmehl günstig. Ein strenger Schnitt, wie er im Weinbau üblich ist, um gehaltvolle Trauben zu erzielen, ist im Privatgarten hingegen nicht notwendig, denn der wüchsige Kletterer mit dem schönen Blattwerk hat ja auch eine dekorative Funktion!

Im frühen Frühjahr sollten alle Seitentriebe auf zwei bis drei Augen (Triebknospen) zurückgeschnitten werden. Da die Reben leider schnell unter Pilzkrankheiten wie Mehltau leiden, ist es sinnvoll, gleich beim Kauf resistente Pflanzen auszuwählen. Dazu gehört die abgebildete Sorte 'Boskoop Glory' mit blauen, süß schmeckenden Trauben, die aus einer Kreuzung mit der robusten amerikanischen Rebe *Vitis labrusca* entstand.

Sie kommt völlig ohne Pflanzenschutzmittel aus, da sie weder für Krankheiten noch für Schädlinge anfällig ist. Sie verträgt mehr als 25 Grad minus und erfreut zudem im Herbst mit einer schönen roten Blattfärbung. Ganz neu auf dem Markt ist die Züchtung 'Boskoop Glory Gelb' mit den gleichen guten Eigenschaften.

Andere pilzresistente Neuzüchtungen sind 'Phoenix' mit gelben und 'Muscat Bleu' mit blauen Trauben. Beide sind, wie auch 'Boskoop Glory', starkwüchsige Kletterer. Eine klassische, ebenfalls robuste Sorte ist der 'Gutedel', eine schmackhafte gelbgrüne Traube, die hauptsächlich im Markgräfler Land einen fruchtigen, herben Wein liefert. Weinreben sind selbstfruchtbar, daher genügt es, nur ein Exemplar zu pflanzen.

Die bis zu zehn Meter langen Triebe lassen sich in alle gewünschten Richtungen ziehen. Besonders schön lassen sich damit Fenster umranken, in die dann im Herbst malerisch die Trauben hängen. Im Süden Deutschlands, in den fast mediterran wirkenden Weindörfern, wird an jedem Haus ein Weinstock gezogen. Mit Wein bewachsene Laubenbögen überspannen die Gassen von Haus zu Haus, an dekorativen Eisengestellen beschatten sie Eingänge. Rebstöcke können sehr alt werden, und so sieht man an manchen Bauernhäusern knorrige alte Exemplare.

Die eigenen Trauben lassen sich natürlich auch zu Wein keltern, der allerdings in nördlicheren Breiten nicht allzu befriedigend ausfallen wird. Aber es gibt ja noch mehr Möglichkeiten, die Trauben zu verwenden: Sie können zu Traubensaft und Traubengelee werden, auch zu einer Traubensauce, die eine Zitronencreme begleitet; oder man reicht sie einfach zu Obst- und zu Käseplatten. Auch ein gebratenes Perlhuhn mit Weintraubensauce und Rieslingsauerkraut findet sicherlich den Beifall der Familie und der Gäste! Im herbstlichen Obstsalat mit weißen Pfirsichen und den letzten Herbsthimbeeren oder einfach solo und gut gekühlt serviert, sind sie ein guter und gesunder Abschluß eines Herbstmenüs. Die schönen Weinblätter sind als Unterlagen zum Anrichten sehr dekorativ, sie können aber auch im jungen Zustand blanchiert und wie die griechischen Dolmades mit gewürztem Reis gefüllt werden. Gründe genug, den gar nicht so heiklen Weinanbau auch einmal im Norden zu probieren!

Apfel- und Birnen-
quitten verströmen
einen wundervollen
Duft im Haus. Spä-
ter werden sie zu
aromatischem Gelee
und zu Quitten-
brot nach Groß-
mutterart ver-
arbeitet.

Der ländlich wirkende Apfelkranz wird mit Hagebutten und Efeu gebunden. Die Früchte werden dazu angedrahtet und zusammen mit Efeu und Hagebutten um einen Stroh- oder Weidenkranz gewunden.

Dekorative Geschenke und Anregungen

Ein mit Früchten des Gartens gefüllter Obstkorb ist ein schnell dekorierter, nützlicher Schmuck im Haus, der Appetit macht auf die gesunden Leckerbissen. Wie bei unseren italienischen und französischen Nachbarn kann frisches Obst aber auch als leichtes Dessert nach einem sommerlichen oder herbstlichen Menü serviert werden, am schönsten mit den passenden Blättern vom Baum garniert. Im Laden sind bezeichnenderweise Clementinen mit Blättern am beliebtesten, die wie gerade frisch vom Baum gepflückt aussehen! Mit blaugrauen Hostablättern, auch ohne Wasser erstaunlich lange haltbar, sehen Aprikosen, Pfirsiche und Weintrauben kostbar aus. Und auch für andere Kombinationen gilt: Blätter und Obst sind immer ganz natürlich aussehende, schnell gezauberte Dekorationen.

Etwas mehr Mühe macht die gezuckerte Obstschale, dafür ist sie aber auch ein besonders appetitlicher Anblick und für festliche Menüs ein schöner Tischschmuck. Die wie mit Reif überzogenen Früchte schmecken zudem ungewöhnlich delikat. Die feste, dünne Zuckerschicht bildet beim Essen einen interessanten Gegensatz zu dem weichen Fruchtfleisch.

Mit ihren üppigen, barocken Formen ist die goldgelbe Apfel- oder Birnenquitte eine fast orientalisch wirkende, duftende Dekoration, die so recht zu Kerzen, Brokatstoffen und herbstlichen Dahlien in warmen Farben paßt. Apfelpyramiden, die auf einem Styroporkegel gesteckt werden, oder Apfelkränze sind etwas für geduldige Bastler. Sie eignen sich auch als originelles Geschenk. Wer nicht so viel Muße hat: Auch die roten Sternrenetten – auf Hochglanz poliert – sind mit Ilexzweigen in einer Holzschale eine schöne Dekoration in der Weihnachtszeit.
Und warum sollte man die schönen rotbackigen Äpfel nur einkellern oder verarbeiten? In Körben gepflückt statt in einfachen Plastikeimern, schmücken sie als Blickfang erst einmal Wohnräume oder Küche und erfüllen sie mit

ihrem Duft. Und die goldenen Mirabellen mit den orangefarbenen Punkten sehen zum Anbeißen aus, wenn man sie üppig in eine ovale Silberschale häuft und einen Sonnenblumenstrauß dazu dekoriert.

Die spätsommerliche und herbstliche Fülle ist die Belohnung für geduldige Pflege, ohne die unser Kulturobst nicht auskommt – ein Grund mehr, die Früchte nicht nur zu essen, sondern sich vorher noch eine Weile an ihrer Schönheit zu freuen!

Kirschlikör

500 g süße Kirschen
200 g Zucker
1 Vanillestange
1 Flasche Korn

Die Kirschen entkernen und in eine schöne Flasche geben (diese sollte etwa zu zwei Dritteln gefüllt sein), den Zucker und die aufgeschlitzte Vanilleschote zugeben und mit dem Korn auffüllen. An einem sonnigen Platz 2–3 Wochen stehen lassen.

Tip: Die Kirschen schmecken gut als Beilage zu Eis, der Likör kann zum Aromatisieren von Süßspeisen und Kuchen verwendet, aber auch solo serviert werden.

Quittenbrot

600 Quittenmus
(Restbestände vom Quittengelee, siehe nächste Seite)
200 g Zucker

Das Quittenmus durch ein Sieb passieren. Unter Rühren erhitzen und den Zucker zugeben. Auf kleiner Flamme so lange weiterrühren, bis die Flüssigkeit verdampft ist. Fingerdick auf ein geöltes Backblech streichen. Im Backofen auf niedrigster Stufe über Nacht trocknen lassen (Kochlöffel zwischen die Backofentür klemmen, damit die Feuchtigkeit entweichen kann). Dann in Rauten schneiden und in feinkörnigem Zucker wenden. Nochmals trocknen lassen. In einer gut verschließbaren Dose zwischen Lagen von Wachspapier aufbewahren.

Tip: In der Adventszeit eine delikate Überraschung für Kaffeegäste, aber auch als Mitbringsel gern gesehen.

Mirabellen süß-sauer

11/2 kg Mirabellen
1/2 l Weinessig
1/2 l Wasser
1 kg Zucker
4 Nelken
1 Zimtstange
1 Vanillestange
10 Pimentkörner

Mirabellen mit Stein in Einmachgläser schichten. Den Essig mit dem Wasser, dem Zucker und den Gewürzen aufkochen lassen und köcheln lassen, bis sich der Zucker gelöst hat. Den Sud über die Mirabellen gießen und die Gläser mit Gummiringen und Einmachklammern verschließen. Im Einkochkessel bei 75 °C 30 Minuten sterilisieren. Zu Wild- oder Schweinebraten servieren.

Quittengelee

750 g Quitten
1/4 l Wasser
1/8 l Wein
Gelierzucker

Den Flaum der Quitten mit einem Tuch gut abreiben. Die Früchte vierteln, Blütenansatz und Stiele entfernen.
Mit den Flüssigkeiten in einen Topf geben und ca. 30 Minuten köcheln lassen. Auf einem Sieb abtropfen lassen. Den Saft abmessen und mit Gelierzucker im Verhältnis 1:1 4 Minuten sprudelnd kochen lassen. In saubere Gläser füllen und gut verschließen.

Tip: Die abgesiebten Quitten können noch zu einem leckeren Quittenbrot nach Großmutterart verarbeitet werden (siehe vorige Seite).

Quitten-Apfel-Gelee

1 kg Quitten
1 kg Äpfel
Gelierzucker
Pfefferminzblätter

Den Flaum der Quitten mit einem Tuch gut abreiben. Äpfel und Quitten vierteln, Blütenansatz und Stiele entfernen. Im Entsafter oder Dampfkochtopf entsaften. Den Saft aufkochen und mit Gelierzucker im Verhältnis 1 : 1 vier Minuten sprudelnd kochen lassen. In saubere Gläser füllen, kurz vor dem Gelieren feingeschnittene Pfefferminzblättchen unterrühren. Die Gläser gut verschließen und hübsch dekorieren.

Quittenlikör

500 g Quitten
1 nußgroßes Stück Ingwer
Zitronenschale
1 l Weinbrand
300 g Zucker

Die Quitten mit einem Tuch abreiben, um den Flaum zu entfernen, dann in grobe Stücke schneiden. In eine schöne weithalsige Flasche füllen. Mit dem Weinbrand (möglichst eine gute, milde Sorte wählen) auffüllen, den Ingwer und die Zitronenschale zugeben. 1–2 Wochen ziehen lassen, dann abfiltern und den Zucker zugeben.

Wie mit winterlichem Rauhreif überzogen wirken die verzuckerten Früchte im Obstkorb: Äpfel, Birnen, Trauben, Pfirsiche und eine Zitrone. Hagebutten und Rosen im Zuckermantel runden das dekorative Arrangement ab.

Verzuckerte Früchte

Früchte nach Wahl, z. B. Weintrauben, Birnen, Pfirsiche, Pflaumen, Äpfel
1 Eiweiß
Feinkörniger Zucker

Das Eiweiß mit einer Gabel leicht verrühren. Die nicht zu reifen Früchte (sie dürfen keine Druckstellen aufweisen) mit einem Pinsel gleichmäßig mit Eiweiß bestreichen. Mit dem Zucker bestreuen und auf einem Kuchenrost 1–2 Tage an einem warmen Ort trocknen lassen. In eine schöne Schale legen. Zu Käse oder als Dessert mit Espresso reichen.

Tip: Auch Lychees, Zitronen, Mangos und Nüsse in der Schale lassen sich verzuckern und wirken dadurch ganz ungewöhnlich. Als dekorativer Mittelpunkt sind sie besonders festlich für einen Weihnachtstisch.

Apfel-Aperitif

0,4 l Apfelsaft
4 cl Calvados
1 Apfel
1/2 Zitrone
Zucker

Die Glasränder mit einer aufgeschnittenen Zitronenhälfte befeuchten, dann in Zucker tauchen. In jedes Glas 0,1 l Apfelsaft und 1 cl Calvados füllen. Den Apfel in Scheiben schneiden und diese sofort mit etwas Zitronensaft beträufeln, damit sie nicht braun werden. Die Scheiben einkerben und jeweils ein bis zwei an den Rand der Gläser stecken. Mit Eiswürfeln servieren.

Zwetschen mit Käsecreme

500 g Zwetschen
1 Stück Roquefort
1 Paket Philadelphia-Frischkäse
2 El Sahne
1 El Pflaumenwein (japanischer Aperitif)
Garnitur: Minzeblättchen

Die Zwetschen halbieren und entsteinen. Den Roquefort mit etwas Frischkäse und 1 El Sahne zerdrücken und einen Teil der Früchte damit füllen. Den restlichen Frischkäse mit der Sahne und dem Pflaumenwein verrühren und in die Zwetschen füllen.

In jede gefüllte Frucht ein Minzeblättchen stecken.

Tip: Die gefüllten Pflaumen können als Käsedessert oder als Amuse gueule gereicht werden. Dazu paßt ein gut gekühlter japanischer Pflaumenaperitif.

Apfelklöße mit Zimtbutter und Speck-Zwiebelsauce

6 säuerliche Äpfel
1/2 Tasse Weißwein
250 g Mehl
3 El Semmelbrösel
1 El Zucker
3 Eier
50 g Rosinen
50 g Mandelstifte (oder Sonnenblumenkerne)
1/2 Tl Zimt
1 Prise Salz
Zitronenschale
150 g Butter
Zucker, Zimt
Für die Speck-Zwiebelsauce:
100 g fetter Speck
2 Zwiebeln
Öl

Die Äpfel schälen und in kleine Würfel schneiden. Sofort mit dem Weißwein begießen. Mehl, Semmelbrösel, Zucker und Eier zufügen und zu einem festen Teig verkneten. Rosinen, Mandeln und die Gewürze zugeben. Aus der Masse kleine Klöße formen und in kochendem Salzwasser ziehen lassen, bis sie hochsteigen. Die Butter zerlassen und über die Klöße geben, Zucker und Zimt nach Geschmack darüberstreuen. Für die Speck-Zwiebelsauce den Speck und die Zwiebeln ganz fein würfeln, mit etwas Öl in der Pfanne auslassen, bis beides glasig geworden ist.

Tip: Dazu nach ostpreußischer Art Pflaumenkompott, gewürzt mit Nelken und Zimtstange, reichen.

Aprikosenknödel mit Aprikosenkompott

500 g Magerquark
600 g Mehl
2 Eier
4 El flüssige Butter
Salz
etwa 20 Aprikosen
100 g Butter
Zucker, Zimt

Quark, Mehl und Eier vermischen, die flüssige Butter und das Salz zugeben. Mit nassen Händen zu einem Teig verarbeiten. Zu einer Rolle ausformen und mit dem Messer gleichgroße Stücke abschneiden. Die Teigstücke in der Hand abflachen und jeweils eine entkernte Aprikose hineinlegen. Den Teig um die Aprikose herumdrehen und gut verschließen. In siedendem Salzwasser ca. 10 Minuten ziehen lassen. Mit flüssiger Butter und Zucker und Zimt servieren. Dazu ein Aprikosenkompott reichen.

Tip: Mit Pflaumen oder Mirabellen sind die süßen Knödel auch sehr lecker.

Seezunge „Normandie"

500 g Äpfel
1/2 Zitrone
200 g Butter
2 El Calvados
Salz, Pfeffer
4 Seezungen

Garnitur: 8 Winterheckenstengel
oder 1 Bd Schnittlauch

Die Äpfel schälen und das Kerngehäuse entfernen, Äpfel in Scheiben
schneiden. In 1 El Butter in der Pfanne kurz andünsten, mit 1 El Calvados
löschen. Die restliche Butter in zwei
großen Pfannen erhitzen. Die mit
Zitronensaft beträufelten Seezungen
von beiden Seiten leicht bräunen und
garziehen lassen. Zum Schluß 1 El
Calvados zufügen und mit Salz und
Pfeffer würzen. Auf einer Platte
anrichten. Mit den Apfelscheiben
belegen und mit den in Streifen
geschnittenen Stengeln der Winterhecke garnieren. Dazu passen Petersi-
lienkartoffeln, ein grüner Salat und
ein trockener, kühler Weißwein.

Tip: Zur Seezunge und den gedünsteten Äpfeln passen auch sehr gut leicht
angebratene Salbeiblätter.

Apfelgrütze mit Krokant

3/4 l Apfelsaft
4 Äpfel
1–2 El Rosinen
2 El Ahornsirup
2 El Mondamin
Rum
Für den Krokant:
2 El Sonnenblumenkerne
2 El Zucker
Öl

Die Äpfel schälen, das Kerngehäuse
entfernen und die Früchte in Scheiben schneiden. In dem Apfelsaft kurz
dünsten, sie sollen nicht zerfallen. Die
Rosinen hinzufügen und mit Ahornsirup und Rum abschmecken. Das
Mondamin mit etwas kaltem Wasser
anrühren, in die Grütze geben und
kurz aufkochen lassen.
Den Zucker in einer kleinen Pfanne
unter ständigem Rühren karamelisie-
ren lassen, die Sonnenblumenkerne
zufügen. Die Masse auf ein geöltes
Backblech streichen. Nach dem
Abkühlen in kleine Stücke brechen.
Die gut gekühlte Grütze mit Schlagsahne und dem Krokant servieren.

Apfeltörtchen

8 Scheiben Blätterteig
je 1 Tl Mehl und Zucker
50 g Marzipan
Äpfel
Zitronensaft
2 El Rosinen
50 ml Calvados
Butter
Apfelgelee
Puderzucker

Rosinen in Calvados einweichen. Die
Blätterteigplatten ausrollen, dünn mit
dem Mehl-Zuckergemisch bestreuen,
dabei einen Rand freilassen. Jedes
Törtchen mit dünnen Marzipanschei-
ben belegen. Die geschälten, in Scheiben geschnittenen und mit Zitronensaft beträufelten Äpfel und die
abgetropften Rosinen in die Mitte
geben. Den Rand mit nassen Fingern
unregelmäßig andrücken – die Törtchen sollen rustikal handgeformt aussehen! Mit Butterflöckchen belegen.
Bei 200–220 °C 30 Minuten backen.
Apfelgelee mit 1 El Calvados verrühren und die Äpfel damit glasieren. Die
etwas abgekühlten Törtchen dick mit
Puderzucker bestäuben.

Beerenkaltschale mit Schneeklöß-
chen

500 g süße und saure Kirschen,
Johannisbeeren und Himbeeren
gemischt
1 l Wasser
1 Vanillestange
150 g Zucker
1 El Mondamin
2 Eiweiß
1 Tl Zucker
Zimt, Zucker

Die Kirschen entsteinen, Johannisbeeren von den Rispen streifen. Wasser
mit Vanillestange und Zucker erhit-

zen, Beeren zufügen und ein paar
Minuten köcheln lassen. Mondamin
mit etwas kaltem Wasser anrühren
und unter die vom Herd gezogene
Suppe ziehen. Noch einmal kurz aufkochen. Die Eiweiße sehr steif schlagen, zum Schluß den Zucker dazugeben. Mit einem Eßlöffel Klößchen
abstechen und auf der noch heißen
Suppe bei geschlossenem Deckel
garziehen lassen. Die Suppe mit den
Schneeklößchen kalt oder warm servieren, mit Zimt und Zucker bestreu-
en.

Birne „Hélène"

4 Birnen
1/2 Zitrone
2 El Zucker
2 Tafeln Halbbitterschokolade
4 El Sahne
8 Kugeln Vanilleeis

Birnen schälen und halbieren, das
Kerngehäuse entfernen und mit etwas
Zitronensaft beträufeln, damit sie
nicht braun werden. Mit dem Zucker
und ein wenig Wasser dünsten, bis sie
weich sind. Für die Schokoladensauce
die Schokolade mit der Sahne im
Wasserbad schmelzen. In die noch
warmen Birnenhälften jeweils 1 Vanil-
leeiskugel füllen. Die heiße Schokoladensauce über das Eis geben und
sofort servieren.

Birnen mit Frischkäse und Pim-
pinelle

4 Birnen
1/2 Zitrone
1 Paket Philadelphia-Frischkäse
2 El Sahne
1 El Birnengeist
Salz, Pfeffer
Garnitur: 1 El Sonnenblumenkerne,
1 Handvoll Pimpinelle

Die Birnen halbieren und das Kerngehäuse entfernen, mit etwas Zitronensaft beträufeln, damit sie nicht braun werden. Den Frischkäse mit Sahne und Birnengeist cremig rühren, mit Salz und frischgemahlenem Pfeffer würzen. In jede Birne etwas von der Käsecreme füllen und mit Pimpinellenblättchen kranzförmig verzieren. Mit Sonnenblumenkernen bestreuen und auf Pimpinellenzweigen anrichten.

Birnen mit Herbstgelee

4 Birnen
4 Tl Zucker
4 Tl Butter
4 Tl Herbstgelee (siehe Rezept für Herbstsaft Seite 150)
4 El Sahne

Die Birnen schälen, halbieren und entkernen. In eine feuerfeste Form geben, mit dem Zucker bestreuen und mit Butterflöckchen belegen. In jede Höhlung einen Teelöffel Herbstgelee füllen und die Sahne darübergeben. Die Birnen im Backofen bei 200 °C dünsten, bis sie weich sind, ab und zu mit der Flüssigkeit begießen.

Bratapfel „Normandie"

4 Äpfel
4 El Calvados
2 El Rosinen
Zucker
Butter
Vanilleeis

Rosinen einige Zeit vorher in Calvados einlegen. Mit einem Apfelausstecher das Kerngehäuse entfernen. Äpfel in eine feuerfeste Form geben, mit Zucker nach Geschmack, Butterflöckchen und den eingelegten Rosinen (Calvados mitverwenden) füllen. Bei 175 °C ca. 30 Minuten backen. Mit Vanilleeis servieren.

Tip: Bratäpfel schmecken auch sehr gut mit einer Weinschaumsauce (Rezept siehe Seite 153).

Zwetschenmus

1 kg reife Zwetschen
2 Zimtstangen
4–6 Nelken
Zucker nach Bedarf

Die Früchte entkernen, mit dem Pürierstab zermusen. Mit den Gewürzen in einem großen Topf zum Kochen bringen, auf kleiner Flamme unter Rühren eindicken lassen. Wenn die Zwetschen schon sehr reif sind, muß nicht zusätzlich gesüßt werden. Sonst nach Geschmack Zucker zufügen. Vom Feuer nehmen, sobald die Masse dicklich wird. Das Mus muß noch eine rötliche Farbe aufweisen, so schmeckt es sehr fruchtig.

Tip: Da der konservierende Zucker fehlt, hält das Mus sich nur kurze Zeit im Kühlschrank. Für die spätere Verwendung im Winter läßt es sich jedoch gut einfrieren.

Der weißfleischige
Pfirsich 'Kernechter
vom Vorgebirge'
gedeiht wie die
Weinrebe 'Boskoop
Glory' (hier im
Zuckermantel)
auch in kühleren
Lagen. Die maleri-
schen Früchte aus
dem Garten sind
auf den schon
herbstlich verfärb-
ten Weinblättern
angerichtet.

In Ineke Greves
schönem Gemüse-
garten in Holland
sind die sternförmig
angelegten Beete
praktisch und deko-
rativ zugleich. Die
schmalen gepfla-
sterten Wege erlau-
ben eine bequeme
Ernte und erleich-
tern die Pflege.
Wohlüberlegte
farbliche Komposi-
tionen zeigen, wie
dekorativ Gemüse
sein kann: In den
flächig bepflanzten
Beeten wachsen
lilablauer Rotkohl,
Rhabarber, Russi-
scher Kohl mit vio-
letten Stielen und
Röschen und farbi-
ge Salate. Den Hin-
tergrund prägen das
ornamentale Blatt-
werk der Cardy,
raumbildende
Apfelspaliere und
die auffallenden
Dolden der Angeli-
ka. Und wie schon
in den alten Klo-
stergärten wachsen
hier Lavendel und
Rosen.

Der Gourmetgarten

Einer der schönsten Gemüsegärten liegt in Frankreich, direkt vor den offiziellen Empfangsräumen des Renaissanceschlosses Villandry an der Loire. Der Gemüsegarten der Renaissance wurde als prunkvolles Schmuckstück konzipiert und befand sich deshalb immer in der Nähe des Schlosses. Nach der Entdeckung Amerikas im Jahre 1492 gelangten viele neue Gemüse und Pflanzen nach Europa. Die Schloßbesitzer wollten nun diese Raritäten persönlich überwachen, um zu sehen, ob sie sich an Boden und Klima gewöhnen würden. Stolz wie sie auf die Neuentdeckungen aus aller Welt waren, wollten die Schloßherren mit den exotischen Gemüsen und Tafelfrüchten ihren Reichtum demonstrieren. Der Küchengarten avancierte zum Prunkgarten.

Zu Beginn des 20. Jahrhunderts wurde der Renaissancegarten in Villandry nach alten Plänen neu angelegt. Er ist in Frankreich das einzige Beispiel für die Kunst der Gemüseanpflanzung im 16. und 17. Jahrhundert, das noch zu besichtigen ist.

Sein Grundriß besteht aus neun Quadraten, die mit geometrischen Figuren – jedes Quadrat ist anders angelegt – kunstvoll verziert sind. Die Beete sind mit Buchsbaum eingefaßt, und die Anlage ist durch Achsen, Wege und Laubengänge gegliedert. Die Brunnen, Laubengänge und Spaliere sind durch italienische Einflüsse geprägt; die Ideen dazu brachte der Besitzer von Italienreisen mit.

Der Entwurf ist inspiriert von alten Klosteranlagen und herrschaftlichen Schloßgärten in Rom und Florenz zur Zeit der Renaissance. Auch der päpstliche Gemüsegarten im Vatikan war auf diese kunstvolle Weise angelegt. Damals liebten Adel und Klerus die Kombination von Luxus, Genuß und Schönheit: Das besondere Gemüse wurde kunstvoll arrangiert auf den Tisch gebracht, und die Köche mußten sich jeden Tag ein neues Gericht ausdenken.

In dem Gemüsegarten war nun Schönheit und Nützlichkeit in idealer Weise vereint. Der Garten wurde als irdisches Paradies konzipiert, den persischen Gärten verwandt, die Natur zum Kunstwerk erhoben.

Im 17. Jahrhundert entstanden ähnlich raffiniert angelegte Gemüsegärten, im Französischen „Potagers" genannt, überall in den herrschaftlichen Gärten Europas. Auch der niedere Adel und das reiche Bürgertum gestalteten ihre Gärten nach den berühmten Vorbildern; aber nur wenige sind erhalten geblieben oder wie Villandry nach alten Plänen restauriert. Dort wurde ein eßbarer Teppich aus feinen Gemüsearten wohlüberlegt gepflanzt. Gemüse, Blumen und Früchte sind wie kunstvolle Stickmuster miteinander kombiniert. In jedem Winter werden die farblichen Kombinationen der Gemüsepflanzen neu zusammengestellt. Die Kunst besteht dabei darin, ästhetische Aspekte mit den Regeln der Mischkultur zu vereinbaren, denn nur gesundes Gemüse ist auch wirklich schön. Für jeden Besucher sichtbar sind die raffinierte Farbwirkung und das harmonische Zusammenspiel von Blattformen und Früchten: Frischgrünes Laub der Möhren wird mit dem blaugrauen Porree kombiniert, Rote Rüben mit goldgrünem Sellerie, roter Mangold mit roten Rosen, hochwachsende Gemüsearten wie Artischocken mit niedrigem Salat oder Sauerampfer; und die farbigen Muster der Beete sind mit blühenden Bordüren eingefaßt.

Moderne Potagers
nach dem Vorbild Villandrys

Rosemary Verey, eine prominente englische Gärtnerin und auch in Deutschland bekannte Gartenbuchautorin, ließ Inspirationen aus Villandry in ihren schön gestalteten Küchengarten im englischen Barnsley House einfließen. Ineke Greve legte in Holland einen der schönsten Gemüsegärten im Garten des ehemaligen Jagdschlößchens Karls des Großen an und erfüllt so noch in unserer Zeit die Bedingungen, die der Initiator des Capitulare de Villis an die Pächter seiner Landgüter stellte. Das Erbe seines Gedankengutes (oder vielleicht auch das seines Sohns Ludwig) ist heute nach 1200 Jahren noch so aktuell wie damals. Dort, wo Karl der Große auf die Jagd ging, wachsen heute

Gemüse, Kräuter und Früchte in Hülle und Fülle. Üppiger Rhabarber und Meerkohl, Cardy und Artischocke, Tomaten und farbige Salate, Birnenspaliere und beschnittene Buchsfiguren sind in dreieckigen Beeten in leicht zugänglicher Weise kunstvoll gruppiert. Ineke Greves sicherlich schönster Entwurf ist der „Rotkohlweg", der zu einer blaugrau gestrichenen Bank führt. Leider kann dieser Weg jedoch nicht von Dauer sein: Die notwendigen Mischkulturprinzipien lassen eine Kohlanpflanzung nur alle drei bis vier Jahre zu. Aber gerade der ständige Wechsel der Bepflanzung ist Anreiz für immer neue Ideen. Daß man in jedem Jahr etwas Neues ausprobieren kann, ist schließlich einer der größten Reize, die das Gärtnern bietet!

Rosemary Vereys und Ineke Greves Gärten: Diese modernen Varianten eines Renaissancegartens sind zu Vorbildern einer neuen Gartengeneration geworden. Der Gourmetgarten, wie der schöne Gemüsegarten mit seinen ausgesuchten Gemüsen heute auch genannt wird, ist ein Experimentierfeld für neue Gemüsezüchtungen, die immer farbiger werden. Der Reiz gelber Tomaten und roter Salate, grünen Blumenkohls und lilafarbener Bohnen, ihr Duft, ihr Geschmack und ihre Schönheit machen den heutigen Gourmetgarten zu einem lukullischen Paradies. Die Zutaten aus dem eßbaren Blumengarten, wie Boretschblüten, Ringelblumen, Veilchen, Kapuzinerkresse und Rosen, schmücken den Garten und den Salat.

Alte Gemüsesorten – neu entdeckt

Farbige Gemüsesorten sind durchaus nicht nur neue Züchtungsergebnisse, sondern waren noch Anfang des Jahrhunderts überall beliebt. Viele der ungewöhnlichen alten Gemüsesorten werden jetzt wiederentdeckt und vermehrt angeboten. Sie sind häufig aromatischer als neue Züchtungen, dafür aber nicht so ertragreich. Im Privatgarten spielt das jedoch keine Rolle, und dem Feinschmecker geht es schließlich zuallererst um Geschmack und Aroma und nicht um Ertrag. Und natürlich zählen auch die absolute

Frische im Kochtopf, die seltenen kulinarischen Genüsse, die man woanders nicht bekommt.

Fuchsschwanz und Guter Heinrich, Meerkohl und Rote Melde sind ungewöhnliche Gemüsearten, die fast in Vergessenheit geraten sind. Zusammen mit Zuckerschoten und farbigen Bohnensorten, mit goldgelben Zucchini und gestreiften Tomaten ergeben sie ein farbiges kulinarisches Bild. Der Reiz des schönen Gemüses im Garten ist noch zu entdecken. Im Zeitalter der Demokratie kann sich jeder sein Mini-Villandry gestalten!

Auch ein Hügelbeet, bepflanzt mit Kohlrabi, Zwiebeln und Salat und mit einer Umrandung aus Kresse versehen, kann dekorativ aussehen. Beschnittene Buchskugeln setzen zusätzliche Akzente.

Symphonie in Blau: die schöne blau-graue Bank korrespondiert in Form und Farbe mit dem Rotkohlweg.

Unter den form-schönen 'Forcern' wird der Meerkohl im frühen Frühjahr gebleicht. Die Triebe ergeben ein schmackhaftes, spargelähnliches Gemüse, eine fast vergessene Spezialität aus früheren Zeiten.

In der Bildmitte beherrscht ein rhombenförmiges Beet die Szene, dominiert von einer Sonnenuhr. Schalotten und Salat ergänzen sich hier auf schöne und platzsparende Weise. Sie sind gute Partner in der Mischkultur. Der üppige Rhabarber im Hintergrund wirkt wie eine Blattzierpflanze. Obstspaliere und eine dekorativ geformte Buchs-figur ergänzen das Bild.

Artischocke
Cynara scolymus

Die mehrjährige eindrucksvolle Pflanze mit den schönen silbergrauen, tiefeingeschnittenen Blättern wird hauptsächlich in Italien, Frankreich und Spanien angebaut. Bei uns ist sie wegen ihrer purpurroten oder violetten Blüten, die großen Disteln gleichen, und aufgrund der stattlichen Erscheinung auch als Zierpflanze beliebt. Man kennt sie hier allerdings erst seit dem Mittelalter. Das ungewöhnliche Gemüse, von dem die noch knospigen Blüten verzehrt werden, brachte Katharina de Medici von Italien nach Frankreich. Mit ihren Köchen, die sie bei der Eheschließung mitnahm, kamen viele Pflanzen und Rezepte nach Frankreich, denn Katharina hatte eine besondere Vorliebe für das Edelgemüse. Die Artischocke blieb lange Zeit ein exklusives Luxusgemüse, nur dem Adel und den Reichen vorbehalten. Erst jetzt wird sie auch in Deutschland bekannter.

Weit vor Katharinas Zeit war die Artischocke aber schon bei den Griechen und Römern beliebt. Auch die Ägypter kannten sie, denn sie kommt ursprünglich aus Nordafrika. Als Wildform ist sie jedoch nicht bekannt. Eng verwandt ist sie mit der Cardy *Cynara cardunculus*, auch Gemüseartischocke genannt. Von dieser nutzt man allerdings nicht die Blüten, sondern die Blattrippen, die durch das Zusammenbinden der großen, artischockenähnlichen Blätter gebleicht werden. Sie ist etwas unproblematischer im Anbau, hat aber insgesamt ähnliche Ansprüche.

Im März werden jeweils drei Samen der Artischocke in einen kleinen Blumentopf gesteckt, die bei 20 bis 24 Grad keimen. Erst nach den Eisheiligen dürfen sie im Abstand von 80 bis 100 Zentimetern ausgepflanzt werden. Die Artischocke benötigt einen sonnigen Stand und leichten, tief gelockerten nährstoffhaltigen Boden. Dadurch werden das Wachstum und der Ansatz der Blütenknospen gefördert. Als Mulchmaterial eignet sich Lavagranulat, das gleichzeitig düngend wirkt.

Besonders schön ist sie als Solitärpflanze im Kräutergarten, im Gemüse- oder auch im Blumenbeet. Erst im zweiten Jahr sollten die grünen, noch geschlossenen Blütenköpfe geerntet werden, zuerst der Hauptsproß und später die Seitentriebe. Artischocken können auch durch Neutriebe, die man mit einem Stück Wurzel im Mai schneidet, vermehrt werden. Für den Erstbestand ist es aber ratsam, Jungpflanzen zu kaufen.

Das kalorienarme Luxusgemüse aus dem Süden ist gleichzeitig ein Gesundheitsessen: Artischocken fördern den Gallenfluß, regen die Leber an und senken den Cholesterinspiegel. Hauptwirkstoff ist das bittere Cynarin, das für Arzneien aus Blättern und Wurzeln gewonnen wird. Es ist auch der Grundstoff in dem angenehm herben Artischockenaperitif „Cynar", der im Sommer mit Orangensaft und Eiswürfeln zu einem wohltuenden Longdrink wird. Auf einem mit den dekorativen ornamentalen Blättern ausgelegten Tablett serviert, zeigt man den Gästen gleich, woraus die Erfrischung hergestellt ist. Die Art, wie die Blütenknospen gegessen werden, ist genauso ungewöhnlich wie die Pflanze selbst. In Salzwasser werden sie mit etwas Zitronenwasser 30 bis 40 Minuten gekocht; wenn sich ein Blatt leicht herausziehen läßt, sind sie gar. Die Blütenblätter werden von außen nach innen entblättert und das untere, fleischige Ende in die Sauce (z. B. Aioli oder eine Vinaigrette) gedippt und mit den Zähnen abgestreift. Zum Schluß wird das „Heu" entfernt und der Blütenboden, das Beste an der Artischocke, gegessen.

Das Gemüse läßt sich aber auch füllen. Dazu werden die harten Blattspitzen gekappt, das Heu wird entfernt und die Artischocke mit einer Hackfleisch- oder Pilzfarce gefüllt. In Viertel geschnittene Artischockenböden können aber auch mit Schalotten oder Knoblauch in Butter gedünstet werden; hier gießt man noch etwas Weißwein zu und serviert das Ganze mit Petersilien- oder Korianderblättern. Bei all den verschiedenen Zubereitungsarten fällt es schwer, eine Entscheidung zu treffen. Und daneben gibt es ja auch noch die Möglichkeit, sie einfach blühen zu lassen und als Zierpflanze zu bewundern!

Brombeere
Rubus fruticosus

Die bei uns heimischen Brombeeren, die ihrer Stacheln wegen schon früh als Hecken um die Gärten gezogen wurden, verlocken im Herbst Spaziergänger und Radfahrer zum Naschen und Sammeln. An Wegrändern, am Waldesrand und auf sonnigen Lichtungen wachsen undurchdringliche Dickichte mit den süßen, herbaromatischen Beeren. Sie brauchen lockere, humose, lehmhaltige und feuchte Böden. Auf trockenen Böden dagegen entwickelt sich die Brombeergallmücke, die die Früchte daran hindert auszureifen. Deshalb sollte die Brombeere im Garten mit Stroh und Grobkompost gut gemulcht werden.
Ein regelmäßiger Schnitt sorgt dafür, daß der Fruchtansatz gefördert wird. Die abgetragenen Ruten werden nach der Ernte kurz über dem Boden abgeschnitten. Wichtig sind die Sommerschnittmaßnahmen, um Triebgewirr zu vermeiden. In den Blattachseln der Jungtriebe entstehen nämlich vorzeitige Triebe oder Geiztriebe, die bis auf zwei Augen zurückgeschnitten werden sollten.
Brombeeren benötigen ein festes Spalier. Im Gourmetgarten können sie aber auch eine Pergola oder einen Torbogen bekleiden. Dafür eignen sich die stachellosen Züchtungen besonders gut, etwa 'Thornless Ever-

green'. Sie hat schönes, geschlitztes Laub und treibt drei bis vier Meter lange Ranken. Die Früchte bilden sich am zweijährigen Holz. Die Beeren müssen ganz reif geerntet werden, sonst schmecken sie bitter. Die Vollreife ist erreicht, wenn sie sich leicht vom Blütenboden lösen. Die Sorte 'Black Satin' beispielsweise trägt früh und bringt hohe Erträge aromatischer Beeren. 'Theodor Reimers' ist eine altbekannte Sorte, die ihres guten Aromas wegen zu empfehlen ist. Die kletternden Beeren werden direkt nach der Pflanzung bis auf 15 Zentimeter zurückgeschnitten und dann mit einer Mulchschicht versehen. In der ersten Wachstumsphase bleiben die Ranken niederliegend, bis sie eine Länge von zweieinhalb Metern erreicht haben. Dann schneidet man die Spitzen, um die Triebe zur Verzweigung anzuregen, und bindet die Ranken auf. Eine Brombeerpergola oder ein Brombeerbogen laden als fruchttragende Eingänge zum Besuch im Gourmetgarten ein. Zur Reifezeit verlocken die glänzend schwarzen Früchte dann jeden, der hindurchgeht, zum Naschen.
Die reifen Beeren haben einen hohen Vitamin-A-Gehalt und sind reich an anderen Vitaminen und Mineralien. Brombeersaft wirkt günstig auf Magen, Darm und Blase. Die Heilwirkung der Brombeeren kannten schon die Römer: Beeren und Blätter wurden von ihnen zur Behandlung von Entzündungen der Mundschleimhaut und des Darms genutzt. Auch die Brombeerwurzel war früher als Mittel zum Austreiben von Nieren- und Blasensteinen bekannt. Die gesunden Brombeeren sind in der Küche vielseitig zu verwenden: für herbstliche Obstsalate mit den zur selben Zeit reifenden aromatischen weißfleischigen Pfirsichen, für Obsttorten, Gelee, Likör, Saft und für einen fruchtigen Essig. Auch die Blätter sind verwertbar. Sie werden vor der Blüte gepflückt und getrocknet und ergeben zusammen mit Himbeerblättern einen guten Haustee. Und die weißen Blüten im späten Frühjahr sowie die schöne Blattfärbung im Herbst sind weitere Attraktionen der vielseitigen Pflanze.

Erbse
Pisum sativum

Erbsen zählen zu den ältesten Kulturpflanzen der Menschheit. Sie stammen aus Kleinasien und gelangten über den Mittelmeerraum nach Deutschland. Man fand Erbsen bei den Ausgrabungen der Ruinen von Troja, der Schweizer Pfahlbauten und in den steinzeitlichen Siedlungen von Jericho, die ihre 6 000 Jahre alte Geschichte belegen. Kein Wunder: Erbsen sind nährstoffreich und lange haltbar. Getrocknet waren sie für viele Kulturen eine sichere Winternahrung. Die einfache Zubereitung und die reiche Ernte taten ein übriges, um sie überall beliebt zu machen.
Besonders die Markerbsen, die unreif geerntet werden, sind frisch aus dem Garten unübertroffen. Im ganz jungen Zustand können auch die Schoten gegessen werden.
Sehr attraktiv sind die oben abgebildeten blauen Kapuzinererbsen; sie werden erst im reifen Zustand verwertet. In Ostfriesland und Holland macht man aus ihnen ein deftiges Gericht mit Speck und Zwiebeln. Erbsen wachsen am besten in nährstoffreichen, aber leichten Böden ohne Staunässe. Zu große Trockenheit vertragen sie jedoch nicht, deshalb gelingen Folgesaaten im Sommer nicht immer. Die erste Aussaat erfolgt Mitte/Ende März, die frostempfindli-

chen Körner der Markerbsen sät man ab Mitte April, und eine letzte Aussaat kann noch im Juli mit einer schnell reifenden Sorte versucht werden. Der Reihenabstand beträgt bei niedrigen Sorten 40, bei höher werdenden 60 bis 80 Zentimeter. Anhäufeln erhöht die Standfestigkeit, ebenso eine Aussaattiefe von vier bis fünf Zentimetern, die zudem vor Vogelfraß schützt. Außerdem sollte regelmäßig durchgepflückt werden, damit die Pflanzen reichlich Blüten ansetzen.

Hülsenfrüchte gehören zu den Schwachzehrern, sie kommen mit wenig Dünger aus. Wie Bohnen und Puffbohnen haben Erbsen bodenverbessernde Eigenschaften. Im Herbst kann das welkende Laub mit dem Wurzelansatz (hier sitzen die stickstoffbildenden Knöllchenbakterien!) dann noch als Mulchmaterial für Beerenobststräucher verwendet werden. Und eine Reihe oder Doppelreihe Erbsen in der Mitte eines Beets läßt an den Rändern zudem noch Platz für Spinat, Radieschen, Salate und Kohlrabi. Sie gedeihen auch gut neben Dill, Fenchel und Möhren, neben Bohnen kümmern sie.

Auch im Gourmetgarten ist die Erbse von Bedeutung. Dabei sollten die Früchte unmittelbar nach dem Pflücken zubereitet werden, denn bei der Lagerung verlieren sie schnell ihren süßen Geschmack. Die sogenannten Kaiserschoten, ein begehrtes Feinschmeckergemüse, sind besonders zu empfehlen. Sie haben keine Pergamenthaut im Hülseninneren und bleiben daher zart. Man ißt sie im Ganzen, bevor sich die Erbsen ausbilden. Erbsen enthalten reichlich Vitamin B1, C und E, Carotin, Magnesium und Lezithin. Das gesunde Gemüse kann in vielen Variationen zubereitet werden: als feine Suppe aus grünen Erbsen mit Sahne und Minze, mit Schalotten und Kopfsalatherzen, auf französische Art gedünstet, aber auch als deftige Erbsensuppe mit Mettwürstchen oder als Erbsenpüree. Ob Feinschmecker- oder Hausmannskost, die Erbse bietet für jeden Geschmack etwas!

Fuchsschwanz
Amaranthus

Bereits die Azteken verwendeten die reifen Samen und die Blätter von Amarant, dem tropischen Gemüse, bei uns als „Fuchsschwanz" bekannt. Heute findet man die Samen in Reformhäusern: ein wertvolles Nahrungsmittel mit einer hohen Nährstoffdichte, ideal für die Vollwerternährung. Der Anbau des proteinhaltigen Getreides wurde in Mexiko von den spanischen Eroberern unterdrückt, um die Bevölkerung zu schwächen. Das gelang so gut, daß diese nahrhafte, gesunde Pflanze in Mexiko kaum noch angebaut wird.

Der bis zu zwei Meter hohe „Aztekenweizen" hat ovale bis herzförmige Blätter, die im Innern burgunderrot gefärbt sind; es gibt aber auch Arten mit grünen Blättern. Auch die Blüten- oder Samenstände variieren: Sie können aufrecht stehen oder elegant nach unten hängen. Die Blüten sind bei Schmetterlingen sehr beliebt. Amarant braucht feuchte Böden, aber viel Wärme und volle Sonne. Bei uns sind die Zierformen *Amaranthus caudatus* (oben abgebildet) und *Amaranthus cruentus* erhältlich. Sie werden erst Mitte Mai direkt an Ort und Stelle ausgesät und blühen dann von Juli bis Oktober. In nährstoffreichen Böden kommen sie ohne zusätzlichen Dün-

ger aus. Anhäufeln erhöht die Standfestigkeit.

Besonders schön ist eine Kombination mit Sonnenblumen, Königskerzen und Margeriten, wie sie so eindrucksvoll im Garten des Malers Emil Nolde an der dänischen Grenze zu sehen ist. Der Fuchsschwanz paßt aber auch zu dem üppigen Mangold und als Abschluß in ordentliche Rotkohlreihen.

Die jungen Blätter können als spinatähnliches Gemüse gedünstet, als Beigabe zu chinesischen Gerichten im Wok gerührt oder in den Salat gemischt werden.

Gartenmelde
Atriplex hortensis

Die einjährige Gartenmelde, die bis
zu zwei Meter hoch wird, ist wie der
Mangold ein spinatähnliches Gemüse
aus der Familie der Gänsefußgewäch-
se, das heute wiederentdeckt wird.
Schon die Griechen und Römer verwendeten die Gartenmelde in der
Küche; ursprünglich stammt sie aus
Zentralasien, in Europa ist sie nur
stellenweise eingebürgert. Das leicht
zu ziehende, robuste Gemüse eignet
sich für Standorte in der Sonne oder
im Halbschatten. Die Samen werden
von März bis Mai ausgesät, aber auch
eine Herbstsaat gelingt noch.
Es gibt grün-, rot- und gelbblättrige
Sorten. Auch hier ist es wieder die
rotblättrige Form *Atriplex hortensis
rubra*, die heute ihres Zierwerts wegen
besonders beliebt ist. Im Gegensatz zu
manch anderen farbigen Gemüesor-
ten verliert sie ihre Farbe auch beim
Kochen nicht. Alle Sorten ergeben
ein spinatähnliches Gemüse, und die
jungen Triebspitzen eignen sich auch
für Salate. Die Blätter sollten aber vor
der Blüte geerntet werden!
Die interessante Pflanze hat im
Gemüse- und Blumengarten auch
großen Zierwert und treibt im Sommer eine schmale, hohe Scheinähre
mit winzigen grünen Blüten. Wenn
der optische Effekt nicht so wichtig
ist, kann die Blüte aber auch entfernt
werden, um den Garten vor der eventuell lästigen Selbstaussaat zu schützen.

Guter Heinrich
Chenopodium bonus-henricus

Das problemlos wachsende, pflegeleichte Gemüse, das von den Römern
bei uns eingeführt wurde, teilt mit
dem Mangold und der Gartenmelde
das Schicksal, vom Spinat verdrängt
worden zu sein. Man findet den Guten Heinrich, der nah mit der Melde
verwandt ist, wildwachsend auf der
gesamten nördlichen Halbkugel. Das
auch Dorf-Gänsefuß genannte Kraut
gehörte früher zur Ruderalflur der
Dörfer, die sich an ungestörten,
brachliegenden Plätzen ausbreitete, ist
aber heute selten geworden.
Zwischen Anfang April und Ende
Mai oder im Spätsommer kann der
Gute Heinrich ausgesät werden. Er sät
sich aber auch selbst aus und verwildert leicht. Alternativ kann die mehrjährige Pflanze geteilt werden, der
Pflanzabstand beträgt dann 40 Zentimeter. In England werden die jungen
gebleichten Triebe des Guten Hein-
richs, der dort „Good King Henry"
heißt, schon im April als Spargelersatz
zubereitet. Und die Samen fand man
sogar schon im Magen des Tollund-
manns, der berühmten Moorleiche
aus Dänemark, der zur Eisenzeit im
4. Jahrhundert v. Chr. vor seinem Tod
eine reichliche Körnermahlzeit zu
sich genommen hatte.

Mangold
Beta vulgaris ssp. *vulgaris*

Mangold war in den vergangenen
Jahrhunderten als Gemüse sehr verbreitet. Er wurde vor 100 Jahren vom
Spinat verdrängt, erlebt jetzt aber, wie
so viele alte Gemüsearten, eine
Renaissance. Schon bei den Griechen
und Römern war das Gemüse sehr
beliebt; Aristoteles nennt sogar schon
eine rotstielige Sorte. Mangold hat
sich aus der Wildform von *Beta vulgaris* entwickelt, von der auch die
Zucker- und Runkelrüben sowie die
Rote, Weiße und Gelbe Bete abstammen.
Je nach Sorte werden die Blätter als
spinatähnliches Gemüse genutzt oder
die Stengel, etwa bei dem Stielmangold *Beta vulgaris* var. *flavescens*,
wie Spargel gedünstet. Die Stiele sind
ähnlich wie Stangensellerie roh
genießbar und können auch so verwendet werden: zum Dippen oder
mit Käsecreme gefüllt als kleine Vorspeise. Mangold hat ähnliche Inhaltsstoffe wie der Spinat, jedoch mehr
Eisen und weniger Oxalsäure. Außerdem enthält er Betain, eine Amino-
säure, die die Leber entlastet. Wie die
verwandte Rote Bete steht Mangold
in den USA auf der Liste der zum
Schutz vor Krebs empfohlenen Gemüse!
Die ein- bis zweijährige Pflanze wird
30 bis 40 Zentimeter hoch und hat je

nach Sorte unterschiedlich breite Stiele, gekrauste oder glatte Blätter, rote oder weiße Blattadern. Jung können die Blätter auch in den Salat gemischt werden. Sie eignen sich zudem gut als dekorative Unterlage für Sandwiches oder Käsehäppchen. An den Boden stellt Mangold keine großen Ansprüche; er wächst in der Sonne und in leichtem Schatten. Aussaattermin ist von April bis Juni, die Erntezeit erstreckt sich bis in den Herbst. Wenn es gelingt, ihn zu überwintern (in zu nassen Wintern fault er leicht), sichert er eine frühe Ernte im Frühjahr. Blütentriebe sollten dabei herausgebrochen werden. Die Herzblätter hingegen müssen natürlich geschont werden, wenn man lange ernten will. Als Mischkultur eignen sich Kohlarten, Möhren, Radieschen und alle Salate. Optisch paßt der gelbgrüne, gekrauste Salat Lollo Bionda besonders gut. Als Vorjahrskultur eignen sich Porree und Sellerie, aber weder Spinat noch Rote Bete. Der Reihenabstand beträgt zwischen 30 Zentimetern bei Blattmangold und 50 bei Stielmangold, innerhalb der Reihen zwischen 10 bis 20 und 40 Zentimetern.

In England machte der rotstielige Mangold Karriere als Zier- und Nutzpflanze in den Potagers und sogar in den Blumenbeeten. Besonders dekorativ sind die Sorten 'Feurio', 'Rhubarb chard' und 'Vulkan' mit rubinroten Stielen und grünen Blättern, die mit roten Blattadern durchzogen sind.

Für den dekorativen Küchengarten ist besonders der Rote Mangold ein „Hingucker". Im Blumengarten sind die Blätter ein raffinierter Hintergrund für rosa Monarden oder blaue Hornveilchen *Viola cornuta*. In Villandry wird der Rote Mangold sogar mit roten Rosen kombiniert! In einer Rabatte mit roten Blüten steigert er die Leuchtkraft. Aber auch in einem Topf auf der Terrasse ist er sehr dekorativ, besonders an einem Platz, an dem ihn die Nachmittagssonne von hinten durchleuchtet. Der Sortenname 'Feurio' ist da sehr treffend!

Meerkohl
Crambe maritima

Die robuste, widerstandsfähige Staude ist an fast allen europäischen Meeresküsten heimisch. Sie hat dekorative blaugraue Blätter, die an den Rändern leicht gewellt sind. In Deutschland steht das schon im Mittelalter genutzte Wildgemüse unter Naturschutz. Der Strand- oder Seekohl wächst auf sandigen oder lehmigen Böden. Er liebt kalkhaltige und feuchte Böden und hat einen hohen Nährstoffbedarf. Es ist einfacher, eine Jungpflanze zu kaufen, den Samen erhält man bei uns nur selten. Die Pflanze kann dann durch Wurzelstecklinge vermehrt werden. Mehrere Pflanzen sind wegen des Platzbedarfs nur in einem großen Garten möglich, aber auch eine einzelne Pflanze ist als Solitärstaude sehr eindrucksvoll und paßt durchaus ins Blumenbeet. Einen auffallenden Kontrast bildet die Kapuzinerkresse in kräftigen Farben, die zu Füßen der blaugrauen Blätter fast dramatisch wirkt.

Meerkohl liefert wie Spargel erst ab dem zweiten bis dritten Standjahr eine erste Ernte. Dann dürfen bis zu einem Zehntel der Sprossen genommen werden, ohne die Pflanze zu schwächen. Die Erntejahre decken sich mit der Lebenserwartung von Spargelpflanzen: Meerkohl wird etwa acht bis zehn Jahre alt. Er sollte aber

gut gedüngt werden, wenn man regelmäßig erntet. Vor der Pflanzung gibt man angerotteten Mist und während der Wachstumsphase noch zwei- bis dreimal Kompost. Ab und zu eine Handvoll Speisesalz verträgt die Meeresstrandpflanze gut. Das früher beliebte Gemüse wird bis zu 60 Zentimeter hoch und blüht mit weißen, nach Honig duftenden Blüten im Mai/Juni. Die jungen Blätter und Triebe können roh im Salat, die Triebe auch wie Stangensellerie gegessen werden. Sie haben einen spargelähnlichen, milden Geschmack und sind reich an Vitamin C. Die jungen, noch knospigen Blüten kann man wie Brokkoli gedünstet essen. Besonders in England sind die gebleichten Sprossen beliebt, die im April geerntet werden können. Die Pflanze wird dazu im März mit den sogenannten „Forcern" überdeckt, die einen Deckel zum Abnehmen haben, so daß man die Entwicklung der Sprossen beobachten kann. Hierzulande muß man sich so etwas selber töpfern oder die weniger schönen Kunststoffeimer benutzen. Die letzte Zubereitungsvariante schließlich ist vor allem für Spargelliebhaber verlockend: Schon vor dessen Zeit können sie die Wartezeit mit dem Meerkohl überbrücken. Das Strandgemüse schmeckt gut mit einer Hollandaise oder zerlassener Butter.

Salat
Lactuca sativa

Die uns heute bekannte breite Salatpalette entwickelte sich aus der Wildart *Lactuca serriola*, die in Asien, Nordafrika und Nordeuropa vorkommt. Salate bauten bereits die alten Ägypter und später die Römer an, die sie dann auch zu uns brachten. Im Capitulare Karls des Großen finden sich immerhin schon acht Salatsorten! Die Wildart ist durch die hohe Milchsaftkonzentration sehr bitter; auf unsere Salatsorten trifft das nur während der Blüte zu, wenn die Pflanze durch den nun höheren Anteil an Milchsaft für den Verzehr nicht geeignet ist. Auch in der Wurzel ist der Salatsaft enthalten, dessen Wirkung der Edinburgher Mediziner A. Duncan schon Anfang des 19. Jahrhunderts untersuchte. Das Ergebnis seiner Forschungen über den von ihm „lactucarium" genannten Saft veröffentlichte er in einer Schrift mit dem Titel: „Bericht über eine Methode zur Zubereitung einer einschläfernden Medizin durch das Eindicken des weißen Saftes vom gewöhnlichen Gartensalat". Salat enthält nämlich Lactucerol, einen opiatähnlichen Stoff, der beruhigend auf das Nervensystem wirkt. Salat sollte immer mit Öl angemacht werden, da Lactucerol fettlöslich ist. Die leicht beruhigende Wirkung eines großen Salattellers kann man abends ruhig einmal probieren!

Die außerdem enthaltenen Bitterstoffe stärken den Darm und das Immunsystem. Weitere Inhaltsstoffe sind Carotin, die Vitamine B1, B2 und C sowie reichlich Kalzium, Kalium, Eisen und Jod und die Spurenelemente Mangan, Zink und Selen; Gründe genug, um den vielseitigen Salaten einen Platz im Garten einzuräumen.

Die jungen Salatpflänzchen sind dort allerdings allerlei Gefahren ausgesetzt: Schnecken fressen die oberirdischen Blätter gern, Erdraupen nagen an den Wurzeln. Den Schaden stellt man erst fest, wenn die Setzlinge welken. Auch bei den Blattläusen sind die zarten Blätter sehr beliebt. Salate, die direkt ausgesät und an Ort und Stelle nur vereinzelt werden, sind allerdings, weil robuster, nicht so stark von den Blattläusen befallen wie umgesetzte. Und auch die heutige Vorliebe für alle rotblättrigen Salatsorten schützt erstaunlicherweise vor Blattläusen: Sie erkennen Salat besser, wenn er grün ist. Eine Mischkultur von roten und grünen Salaten, auch innerhalb der Reihen, bietet daher den grünen Sorten einen gewissen Schutz und sieht noch ausgesprochen dekorativ aus.

Salate können im Garten rund ums Jahr wachsen. Ständige Nachsaaten und die Vielzahl der Sorten lassen keine Lücken aufkommen. Sollten doch mal Salatpausen eintreten, so hilft der Schnittsalat über die Runden.

Zu den bewährten Kopfsalatsorten wie 'Maikönig' und 'Brauner Trotzkopf' haben sich viele neue Züchtungen gesellt. Beliebt sind heute vor allem die rötlichen Salate wie 'Malibu' und 'Lollo Rosso' und der rote Eichlaubsalat 'Red Salad Bowl'. Ganz neu ist eine Kreuzung zwischen Eichlaubsalat und Kopfsalat, der Krulsalat. Praktisch für kalte Gegenden ist der besonders frostfeste rot-grüne Salat 'Parella' aus Norditalien: Er hält bis zu minus 15 Grad Kälte aus. Wie Schnittsalat kann er mehrmals geschnitten werden. Für die Sommerkultur hingegen eignet sich der Romanasalat, ein steil aufrecht wachsender Salat mit dickrippigen Blättern. Diese knackige Sorte bietet sich besonders für herzhafte Salate an. Er ist vor allem in den südlichen Ländern beliebt, gedeiht aber auch bei uns gut, zum Beispiel 'Little Leprechaun', ein altbewährter Romanasalat mit festem rotblättrigen Kopf. In der Mischkultur paßt Salat zu Buschbohnen, allen Kohlarten, Möhren, Tomaten, Radieschen, Rettich, Spinat und Zwiebeln.

Der rundliche Salat in all seinen Spielarten läßt sich gut mit aufrechten Pflanzen kombinieren. Eine Kombi-nation von Lollo Rosso und blaugrünem Porree, den hellgrünen Schlotten der Winterhecke oder der Etagenzwiebel ist so schön wie platzsparend. Bei Platzmangel in den Gemüsebeeten können die Salatschönheiten auch im sonnigen Blumenbeet wachsen. Der maigrüne Lollo Bionda in abwechselnder Pflanzung mit Lollo Rosso bildet einen attraktiven Beetabschluß. Ein Problem gibt es nur, wenn geerntet wird: das Gesamtkunstwerk ist dann zerstört!

Zu den im Garten beliebten Salaten gehören auch die Chicoréesorten *Cichorium intybus* var. *foliosum*, die von der Wegwarte mit den wunderschönen Blüten abstammen. Eine Variante der Wegwarte baute man im vorigen Jahrhundert besonders im Nürnberger Raum an. Die Wurzeln wurden gemahlen und zur geschmacklichen Verbesserung von Malzkaffee verwendet; das Ergebnis ist als Zichorienkaffee geläufig.

Chicoréesalate werden ähnlich wie Kopfsalate angebaut. Man sät sie Mitte Mai bis Mitte Juni aus; Anfang November werden die Wurzeln dann vorsichtig ausgegraben und die Blätter drei Zentimeter oberhalb des Wurzelhalses abgeschnitten. Die in Erde eingeschlagene Wurzeln werden dann in einem dunklen Raum angetrieben. Neben den klassischen Sorten 'Brüsseler Witloof', 'Mitado' und 'Zoom' gibt es auch eine neue Sorte mit roten Blatträndern namens 'Rouge Carla'.

Der rote Radicchio ist eine ideale Ergänzung zu Wintersalaten. Der mild-bittere Salat ist vielseitig verwendbar. Er wird im März/April und Mai/Juni für die Herbst- und im Juli/August für die Frühjahrsernte ausgesät.

Zuckerhut ist ein vielseitiger, leicht bitterer Salat, der sich gut lagern läßt und roh oder gedünstet verwertet werden kann. Er wird ab Mitte Mai ausgesät und kann bis Ende November im Garten bleiben, da er leichte Frostgrade übersteht. Mit den Endiviensalaten im Herbst und dem Feldsalat, der den ganzen Winter über geerntet werden kann, schließt sich der Kreis im Salatjahr. Die durchgehende Ernte bis zum Frühjahr ist gesichert.

Tomate
Lycopersicon esculentum

Das Wort Tomate ist vom spanischen „Tomata" abgeleitet, das wiederum ursprünglich aus dem aztekischen „Tomatl" stammt. Wie so viele Gartengemüse kommt die überall beliebte Tomate nämlich aus Südamerika und wurde von den spanischen Eroberern nach Europa gebracht. In Mexiko wachsen noch immer wilde Tomaten mit kleinen Früchten, die an die heute so beliebten Cocktailtomaten erinnern. Das Nachtschattengewächs galt wie die Kartoffel lange Zeit als giftig und wurde nur als reine Zierpflanze gezogen. Die Italiener entdeckten schließlich, daß zwar die Blätter und die unreifen Früchte Giftstoffe enthalten, die reifen Tomaten jedoch nicht.

Wegen der langen Entwicklungszeit bis zur Reife der Früchte muß die Tomate im Februar/März im Haus vorgezogen werden. Erst Mitte Mai, nach den Eisheiligen, wird sie in den Garten gepflanzt. Tomaten brauchen einen nährstoffreichen, feuchten Boden, der nicht zu stickstoffhaltig sein sollte. In der Jugend benötigen sie Kalidünger, bei trüber Witterung steigt der Bedarf noch. Außerdem mögen sie torfangereicherte Böden. Da man heutzutage aber mit Torf vorsichtig umgeht, gibt es ein Geheimrezept: die Düngung mit Kaffeesatz!

An wärmespeichernden Südwänden stehen die Tomaten besonders gut. Sie können übrigens immer am selben Platz gepflanzt und müssen nicht in eine Mischkultur einbezogen werden. Das Tomatenlaub läßt sich sogar als düngende Jauche ansetzen, die die Pflanze nachher gut verträgt.

Tomaten sind in unserem Klima leider sehr krankheitsanfällig: Von der Bakterienwelke bis zu Braunfäule und dem Tomaten-Mosaikvirus gibt es viele Attacken auf die Gesundheit der Pflanze. Gleichmäßige Düngung, Wassergaben und ein sonniger Platz vermindern die Krankheitsanfälligkeit. Heute gibt es aber pilz- und virenresistente Züchtungen, z. B. die neue Balkontomate 'Tumbler F 1'; auch 'Sweet Cherry' soll weitgehend krankheitsresistent sein.

In der Mischkultur stehen Tomaten gut mit Basilikum, Petersilie, Kohlrabi und Porree, als Vorkultur eignet sich Spinat. Der Reihenabstand beträgt einen Meter, innerhalb der Reihen sollte ein Abstand von 50 bis 80 Zentimetern eingehalten werden. Eine Mulchdecke hält dabei die Feuchtigkeit im Boden.

In den Gemüsegarten bringen sie Farbe und Üppigkeit. Unterpflanzt mit Basilikum in Rot oder Grün oder mit der ebenso farbkräftigen Kapuzinerkresse, hat man die Pflanzen des tropischen Südens versammelt. Wenn man die Vielfalt der Tomatenzüchtungen ausprobieren möchte, muß man die Pflanzen allerdings selbst heranziehen; die Jungpflanzen im Gartenhandel sind eher Einheitsware wie die absolut geschmacksneutralen Supermarkttomaten aus Holland. Dabei müssen Tomaten nicht einmal immer rot sein! Es gibt gelbe, orangefarbene und sogar gestreifte Tomaten. Auch die Formen variieren von birnenförmig bis zu rundlich und herzförmig, von den kleinen Cocktail- bis zu den großen Fleischtomaten.

Einige empfehlenswerte Sorten aus der großen Auswahl: 'Tigerella' ist rotorange gestreift, die herzförmige italienische Tomate 'Grosso gigante cuor di bue' (Ochsenherz) fleischig und schnittfest, 'Golden Sunrise' ist eine frühreifende, gelbe Sorte und 'Sweet 100' eine aromatische Cock-

tailtomate. Und die Birntomate *Lycopersicon humboldii* mit ihren birnenförmigen Früchten ist nicht etwa eine raffinierte Neuzüchtung, sondern wurde in Deutschland schon vor 100 Jahren angebaut. Eindeutige Trendsetter aber sind die roten und gelben Minitomaten. Sie beanspruchen wenig Platz und schmecken aromatisch süß. In der Küche sind sie vielfältig zu verwenden, besonders gut eignen sie sich natürlich als Garnitur. Die vitamin- und mineralstoffreiche Tomate enthält natürliche Hormone, Kortisone und organische Säuren. Die kalorienarmen Früchte wirken entwässernd und blutdrucksenkend, sind heilsam für Herz und Nieren, auch bei Rheuma und Gicht. Den höchsten Vitamin-C-Gehalt haben die kleinen Cocktailtomaten.

Tomaten werden heute in der ganzen Welt kultiviert. Die romantisch als „Liebesäpfel" und „Pommes d'amour" bezeichneten Früchte galten früher als Aphrodisiakum. Heute nutzt man eher ihre kulinarischen Vorzüge: Die südliche Küche, besonders die italienische, ist ohne Tomaten nicht mehr denkbar. Sie hat auch die geschmacklich so perfekte Kombination mit Basilikum erfunden. Beliebt ist außerdem die Tomaten-Mozzarella-Vorspeise, inzwischen selbst in der deutschen Küche ein Klassiker. Und ohne Pasta und Tomatensaucen geht auch bei uns nichts mehr!

Zucchini/Gartenkürbis
Cucurbita pepo

Die schnellwachsenden, meist nicht rankenden Zucchini sind in den letzten Jahren zu einem der beliebtesten Gartengemüse geworden. Ursprünglich stammen sie aus Nordamerika, wurden aber schon im 16. Jahrhundert nach Europa gebracht.

Zucchini sind nah verwandt mit den Kürbissen *Cucurbita maxima*. Von Juli bis September produzieren sie unermüdlich Früchte. Diese sollten schon bei einer Länge von zehn bis 20 Zentimetern gepflückt werden, dann sind sie besonders zart und wohlschmeckend. Läßt man sie zu groß werden, bleibt der Nachwuchs aus. Außerdem schmecken die großen Früchte nicht mehr so gut. Also lieber pflücken und lagern!

Ein bis zwei Zucchinipflanzen bringen in der Regel ausreichend Früchte für eine ganze Familie hervor. Dafür ist ihr Platzbedarf groß, eine Pflanze benötigt etwa ein bis zwei Quadratmeter. Das flachwurzelnde Gemüse braucht zudem reichlich Kompost, und während der Wachstumsphase verträgt es eine zusätzliche Düngung. Eine Mulchdecke aus Stroh hält die Feuchtigkeit im Boden. So liegen die Früchte nicht direkt auf der Erde und faulen nicht so leicht.

Zucchini gedeihen gut in einer Mischkultur mit Stangenbohnen. Die Bohnen geben Schutz und versorgen das Kürbisgewächs zusätzlich mit Stickstoff. Als Vorkultur können noch frühe Salate und Radieschen gezogen werden, denn das frostempfindliche Gemüse wird erst nach den Eisheiligen ausgepflanzt oder ausgesät. Der Vorsprung der im Topf gezogenen Pflanzen wird bei der Direktsaat schnell eingeholt. Zucchini dürfen erst nach drei bis vier Jahren wieder am gleichen Platz wachsen. Der Fruchtwechsel ist für die Gesundheit der Pflanzen sehr wichtig.

Die dekorative, kraftstrotzende Pflanze hat große tiefgelappte Blätter, die manchmal weißgefleckt sind. Neben den Früchten sind auch die goldgelben Blüten mit den ausgeprägten Blütenzipfeln eßbar; in Italien werden sie häufig sogar auf den Märkten verkauft. Auch hier wird es immer beliebter, nicht nur die Früchte, sondern auch die Blüten zu essen. Die weibliche Blüte mit dem kleinen Fruchtansatz kann beliebig gefüllt und gedünstet werden. Fein geschnitten paßt sie in Zucchinisuppen und Salate. Auch die männliche Blüte kann verwendet werden; dabei sollte man ein Stück des Stengelansatzes stehenlassen, so läßt sie sich gut handhaben.

Das kalorienarme Gemüse ist besonders reich an den Vitaminen A und C, Kalium und Kalzium und enthält Spuren von Selen. Es regt die Darmtätigkeit und das Immunsystem an und sollte immer mit der Schale gegessen werden, da diese viel Carotin enthält. Die variable Zucchinifamilie kann immer wieder anders zubereitet werden: als Bestandteil von Aufläufen, Salaten und Suppen, roh, gedünstet oder auch gefüllt.

Allgemein bekannt sind die zylindrischen Formen der Früchte, die farblich unterschiedlich ausfallen können: 'Gold Rush' etwa trägt goldgelbe, 'Diamant' grüne Früchte. Es gibt aber auch Sorten mit Streifen und Punkten. Besondere Formen finden sich bei 'Jack be little', der wie ein Minikürbis aussieht, bei 'Rondini' mit zuckermelonenähnlichen Früchten und bei dem 'Türkischen Turban', der meist zu Dekorationszwecken gezogen wird, aber wie seine Verwandten eßbar ist. Noch ungewöhnlicher ist aber der 'Spaghettikürbis': Im Innern enthält er spaghettiartige Fäden, die wie Nudeln mit Tomaten und Käse gegessen werden können. Dazu wird die Frucht 20–30 Minuten im Ganzen gekocht. Nach dem Abschrecken halbiert man sie und holt die Fäden heraus.

Ebenfalls eine ungewöhnliche Form hat 'Custart White', auch Squash, Ufo oder Scaloppini genannt. Er sieht wie eine kleine fliegende Untertasse mit schön gewelltem Rand aus. Die dekorativen weißen Früchte lassen sich gut aushöhlen und füllen: roh mit einem Kräuterkäse, gedünstet mit einer Hackfleischfarce.

Ob „gewöhnliche" oder „ungewöhnliche" Zucchini und Gartenkürbisse – ein Gourmetgarten kommt nicht ohne sie aus!

Im Sommer sind
die vielfältigen,
knackigen
Romana- und Eis-
salate besonders gut
für herzhafte Salate
zu verwenden.

Tomaten nicht nur
in Rot: Gelbe,
orangefarbene und
grüne Sorten berei-
chern die Palette.
Die goldgelben
Birntomaten rechts
in der Kiste sind
keine Neuzüch-
tung, sondern sie
gab es schon vor
100 Jahren in
Deutschland.

Im Gourmetgarten
spielen die Kürbisse
Cucurbita maxima
wie ihre Verwand-
ten aus der Zucchi-
nifamilie *Cucurbita
pepo* eine dekorati-
ve und nützliche
Rolle. Die Farb-
varianten reichen
von Weiß über
Steingrau, Lachs
und Gelb bis zu
dunklem, fast
schwärzlichem
Grün.

Dekorative Geschenke und Anregungen

Wenn die Saison gut war und die Gemüsearten gesund herangewachsen sind, wird der üppige Erntesegen manchmal zum Problem. Da ist es eine gute Idee, statt Blumen einen dekorativen Gemüsestrauß, einen Zwiebelkranz oder einen Erntekorb mit feinen Gemüsesorten zu verschenken; im Zeitalter engagierter Hobbyköche und -köchinnen freut man sich über kulinarische Gastgeschenke! Ein Korb mit ausgesuchten Artischocken, ein Überraschungs-Tomaten-Sortiment (das Basilikum gleich dabei) oder eine Salatschüssel mit den attraktiven rotblättrigen Salaten sind origineller als jeder Blumenstrauß. Sie erfreuen den Gastgeber zweimal – zuerst als Dekoration und dann noch einmal in der Küche, denn diese Geschenke animieren zur Bereitung von köstlichen Speisen. Und wenn man im Frühjahr zu viele Tomatenpflanzen herangezogen hat, wird auch daraus ein lukullisches Geschenk: in einem schönen Terrakottatopf. Auch der rote Mangold, der ohnehin lieber eine Zierpflanze wäre, sieht im Topf ausgesprochen attraktiv aus.

Kürbis und Zucchini erfreuen mit bizarren Formen im Garten und noch lange über die Erntesaison hinaus im Haus und als Mitbringsel. Gärtner geben gerne von ihrem Ernteüberfluß ab und sind stolz auf das selbstgezogene Präsent. Auch bei den Top-Floristen sind Gemüsearrangements statt Blumenbouquets der neueste Hit. Aus der Fülle des Gartens sind sie leicht hergestellt! Blaue Bohnen mit blühendem Bohnenkraut, Ringelblumen und Kapuzinerkresse werden so zu einem ungewöhnlichen Strauß, der auch in der eigenen Vase gut zur Geltung kommt.

Brombeeressig und Brombeerlikör in schönen Flaschen, von denen man sich am besten einen kleinen Vorrat zulegt, sind bis in den Winter hinein ideale Geschenke. Im eigenen Haus kann der Ernteüberfluß erst einmal dekoriert werden, ehe er im Kochtopf landet; und für eine Sommernachtsparty ist solch ein Gemüsearrangement der ideale Buffetmittelpunkt.

Brombeeressig

300 g reife Brombeeren
Zitronenmelisse nach Geschmack
1 l Weinessig (oder nach Vorschrift verdünnte Essigessenz)

Die Brombeeren anquetschen und in Flaschen füllen, Zitronenmelisse und Weinessig zufügen. Einige Tage auf der warmen Fensterbank ausziehen lassen. Über einen Kaffeefilter abseihen, abfüllen und dunkel lagern. Zum Verschenken in eine dekorative Flasche oder Karaffe füllen.

Brombeerlikör

400 g Brombeeren
100 g Kandis
1 l Korn

Brombeeren mit Kandis und Korn in ein
Gefäß geben, für 10–12 Wochen kühl stellen.
Dann über Kaffeefilter abseihen und in eine
schöne Karaffe gießen. Reift bei der weiteren
Lagerung noch nach.

Fermentierter Brombeertee

Junge Brombeerblätter, vor der Blüte
gepflückt, 1 Tag leicht antrocknen lassen. Mit
einem Nudelholz zerdrücken, dann mit Wasser
besprengen. In ein Küchentuch wickeln und in
einen Plastikbeutel geben. An einem 30 °C
warmen Ort 2 Tage liegenlassen. Wenn die
Blätter gleichmäßig schwarz geworden sind,
werden sie auseinandergezupft und getrocknet.
Dieser Fermentierungsvorgang entspricht dem
Verfahren, mit dem aus grünem Tee schwarzer
gemacht wird. Fermentierter Brombeertee
schmeckt auch ähnlich! In festschließende Gläser füllen und wie Kräutertee aufbrühen.

Tip: Es können auch Himbeer- und Erdbeerblätter fermentiert werden. Alle selbstgemachten Tees sind in einem verzierten Glas oder
einer schönen Dose ein gerngesehenes
Geschenk.

Gemüsestrauß

Kunstvoll arrangiert wird das Gourmetgemüse
im Topf zum originellen Blickfang. Radieschen
und Rettich, Grünspargel, Porree und Möhren
haben nicht nur kulinarische Qualitäten! Der
Zierwert von schönem Gemüse im Garten und
im Haus wird gerade erst entdeckt.

Artischocken mit Blütensaucen

4 Artischocken
1/2 Zitrone
Für die Kapuzinerkresse-Vinaigrette:
4 El Walnußöl
2 El Kapuzinerkresse-Blütenessig
(Rezept siehe Seite 174)
1 Schalotte
Salz, Pfeffer
Kapuzinerkresseblüten
Für die Ringelblumensauce:
200 g Crème fraîche
1 El Sahne
1 El Basilikumessig (Rezept siehe Seite 173)
Salz, Pfeffer, Curry
Garnitur: Ringelblumen, Kapuzinerkresseblüten

Die Blattspitzen der Artischocken mit
der Schere einkürzen, die Stiele
abschneiden. Die Zitronenhälfte auspressen. Die Artischocken in reichlich
kochendem Salzwasser mit dem
Zitronensaft gar kochen. Sie sind fer-
tig, wenn sich ein Blatt leicht herausziehen läßt.
Für die Kapuzinerkresse-Vinaigrette
Öl und Essig verrühren, die feingeschnittene Schalotte zugeben. Mit
Salz und Pfeffer würzen und ausgezupfte Kapuzinerkresseblüten zufügen. Mit weiteren Blüten garnieren.
Für die Ringelblumensauce die
Crème fraîche mit Sahne und Essig
verrühren. Mit Salz, Pfeffer und etwas
Curry abschmecken. Die Blütenblätter von den Ringelblumen zupfen
und über die Sauce streuen. Mit ganzen Ringelblumen garnieren.

Mangoldstiele mit Frischkäse

4–6 Mangoldstiele vom roten Mangold
1 Paket Philadelphia-Frischkäse
1–2 El Sherry (medium)
2 El Sahne
Garnitur: Walnußhälften, Mangoldblätter, Hornveilchen

Von den Mangoldstielen wie beim
Rhabarber die Fäden abziehen. Den
Frischkäse mit dem Sherry und der
Sahne cremig rühren und in die Stiele
füllen. In mundgerechte Häppchen
schneiden und mit den Walnußhälften
und den Blüten garnieren. Auf
Mangoldblättern servieren.

Tip: Als Vorspeise servieren oder zu
einer Käseplatte reichen.

Meerkohlsprossen mit Sojasauce

1 Bündel Meerkohlsprossen
100 g Mehl
1/4 l Milch
1 Ei
1 El Wein
1/8 l Öl
2 El Sojasauce
1 El Sesamkörner

Mehl, Milch, Ei und Wein verquirlen;
die im Dunklen vorgetriebenen
Meerkohlsprossen in den Ausbackteig
tauchen und in heißem Öl ausbacken.
Dazu Sojasauce reichen, in die ein
paar Sesamkörner gestreut werden. Als
Vorspeise servieren.

Radicchio mit Kaviar-Mascarpone

250 g Mascarpone
1/2 Paket Philadelphia-Frischkäse
1 El Milch
Zitronensaft
1 Radicchio
3 El Walnußöl
2 El Lavendelessig (Rezept siehe Seite
103)
Pfeffer, Salz
Garnitur: 1 Döschen Forellenkaviar
1 Döschen Belugakaviar
Kapuzinerkresseblätter und -blüten,
Chrysanthemenblüten, Dahlien, Fenchelspitzen

Mascarpone mit Philadelphia und der
Milch cremig rühren und mit etwas
Zitronensaft abschmecken. Den
Radicchio entblättern und einen gro-
ßen Teller damit auslegen. Aus Öl und
Essig, Pfeffer und Salz eine Vinaigrette

rühren und den Salat damit beträufeln. Die Mascarpone-Creme in die Mitte füllen und mit dem Kaviar, dem Fenchel, den Kapuzinerkresseblättern und den Blüten garnieren.

Tomatensalat „Flora"

8 Tomaten
3 El Olivenöl
2 El Kapuzinerkresse-Blütenessig
(Rezept siehe Seite 174)
Meersalz, Pfeffer
Garnitur: Ringelblumenblüten, Fenchelblüten, Kapuzinerkresseblüten, Boretschblüten, Basilikumblättchen

Tomaten in Scheiben schneiden, kreisförmig auf einem großen Teller anrichten.
Für die Salatsauce Essig, Öl, Meersalz und grobgeschroteten Pfeffer verrühren, über die Tomaten geben.
Mit ausgezupften Ringelblumenblüten in Gelb und Orange und mit Kapuzinerkresseblüten garnieren. Die angenehm nach Anis schmeckenden Fenchelblüten, Basilikumblättchen und Boretschblüten geben zusätzliche Farbe und Würze.

Tip: Gut passen dazu Schafskäse, Oliven und Fladenbrot.

Gefüllte Zucchini

2 größere Zucchini
250 g Hackfleisch
1 Ei
1 Schalotte
Semmelbrösel
Pfeffer, Salz
1 El gemischte Kräuter, z. B. Estragon, Petersilie, Zitronenmelisse
Geraspelter Emmentaler

Die Zucchini in größere Stücke schneiden, die Schale streifig abschälen. Das Fruchtfleisch aushöhlen und dabei einen Boden stehenlassen. Das mit Ei, Schalotte und Semmelbröseln angemachte Hackfleisch mit den gehackten Kräutern, Pfeffer und Salz vermischen und in die Zucchini füllen. Mit dem Käse bestreuen und ca. 30 Minuten bei 200 °C im Backofen dünsten.

Gefüllte Zucchiniblüten

8 Zucchiniblüten
125 g Kräuterbutter (mit Kräutern nach Wahl)
125 g Philadelphia-Frischkäse

Die Zucchiniblüten aufbiegen und die Fruchtstempel entfernen. Die weiche Kräuterbutter mit dem Frischkäse verkneten und in die Blüten füllen. Mit Baguette zu einem Salat reichen.

Marinierte Zucchini

4 kleine Zucchini
4 dünne Lauchstangen
2 El Walnußöl
1 El Zitronensaft
Salz und Pfeffer
1 El gemischte Kräuter, z. B. Zitronenmelisse und Zitronenthymian

1 El Öl erhitzen und den in Stücke geschnittenen Lauch und Zucchinischeiben darin glasig dünsten. Aus dem restlichen Öl, Zitronensaft, Salz und Pfeffer eine Marinade rühren, mit den Kräutern über das Gemüse geben. Gut durchziehen lassen.

Tip: Dazu paßt eine Joghurt-Minzsauce (Rezept siehe Seite 177).

Zucchinisalat mit Oliven

500 g gekochte Salatkartoffeln
2 kleine gelbe Zucchini
300 g gekochte Prinzeßbohnen
50 g schwarze Oliven
1 Dose Thunfisch
200 g Cocktailtomaten
Für die Sauce:
4 El Olivenöl
1 El Zitronensaft
1 El Basilikumessig (Rezept siehe Seite 173)
1 Knoblauchzehe
Salz, Pfeffer
1 Bd blühendes Bohnenkraut

Kartoffeln und Zucchini in dünne
Scheiben schneiden. Dazu die Bohnen, Oliven, den zerpflückten Thunfisch und die halbierten Tomaten
geben.
Für die Salatsauce Öl, Essig, Salz, Pfeffer und die zerdrückte Knoblauchzehe verrühren und über die Zutaten
gießen. Vorsichtig durchmengen. Mit
dem kleingehackten Bohnenkraut
würzen.

Tip: Schön und würzig dazu sind
Kapuzinerkresse-, Thymian- und
Ysopblüten, die zusammen mit ganzen Kräuterzweigen den Salat garnieren.

Kalbsfileträllchen mit Erbsen

8 dünne Kalbsfiletscheiben
1 Mozzarella-Käse
4 Knoblauchzehen
1 Bd Basilikum
500 g Erbsen
1 El Butter
2 Bd Frühlingszwiebeln
1 Bd Minze
1 El Mascarpone
1 El Noilly Prat
Salz, Pfeffer

Je eine Kalbsfiletscheibe mit einer
Scheibe Mozzarella, einer durchge-
preßten Knoblauchzehe und gehacktem Basilikum würzen, aufrollen und
mit einem Holzspieß befestigen. In

Öl rundherum braun braten und
warmstellen. Die Erbsen auspalen und
in wenig Salzwasser 1 Minute
kochen. In Eiswasser abschrecken und
in Butter schwenken. Die Frühlingszwiebeln kurz in Öl dünsten. Mit der
gehackten Minze zu den Erbsen
geben. Den Bratenansatz der Kalbsfi-
leträllchen mit dem Mascarpone, dem
Noilly Prat und wenig Wasser loskochen, mit Salz und Pfeffer würzen.
Das Fleisch mit der Sauce und dem
Gemüse anrichten. Dazu paßt Kartof-
felgratin.

Mangoldgemüse mit Pinien-
kernen und Rosinen

1 Staude Mangold
1 Zwiebel
1 El Butter
150 g Crème fraîche
1 El Rosinen
2 El Pinienkerne

Mangoldblätter in feine Streifen
schneiden (Stiele anderweitig verwenden), Zwiebel würfeln, in der Butter
zusammen andünsten, zugedeckt
5 Minuten dünsten lassen. Crème
fraîche einrühren, die Rosinen zufügen und noch etwas dünsten lassen.
Mit den Pinienkernen bestreut servieren.

Die Gartenernte dekorativ präsentiert: Lilablauer Rotkohl, farbenprächtiger Zierkohl – der auch in der Küche genutzt werden kann –, Stielmangold (rechts im Topf) und die neue Züchtung 'Romanesco Minaret', ein limonengrüner Kopfbrokkoli (links unten auf dem Tisch), der wie ein Blumenkohl aussieht, sind hier zu einem Stilleben vereint.

Farbige Komposi-
tionen im Blumen-
garten gehören zu
den reizvollsten
gärtnerischen
Gestaltungsthemen.
Ob Ton in Ton oder
buntgemischt wie
im Bauerngarten:
Diese Wahl wird
durch persönliche
Vorlieben geprägt.
Kräftige ebenso wie
zarte Farben finden
sich bei den vielsei-
tigen gelben und
orangebraunen Tag-
lilien und den rot-
köpfigen Monar-
den, eine besonders
pflegeleichte
Kombination von
natürlichem Reiz.
Beide sind nicht
nur schön, sondern
auch nützlich – in
der Küche.

Der Blumengarten

Die schönsten Blumenrabatten finden sich in englischen Gärten. Die jahrhundertealten Gartentraditionen haben zusammen mit den günstigen klimatischen Bedingungen diese Vollendung hervorgebracht. Die Geschichte der Blumenrabatten in ihrer jetzigen Form ist noch verhältnismäßig jung: Im 19. Jahrhundert waren formale Blumenbeete in klassischer geometrischer Anordnung die Regel. Einjährige, farbige Sommerblumen wurden damals noch flächig in den Beeten verteilt.

Erst William Robinson griff gegen Ende des 19. Jahrhunderts natürliche Gestaltungsprinzipien auf. Auch der Künstlerin und Gärtnerin Gertrude Jekyll war das sogenannte „bedding out" ein Greuel. Sie strebte eine natürliche Pflanzengemeinschaft in den Beeten an, der Natur nachempfunden. Der Gegensatz von formaler strenger Geometrie und naturnahem Garten, wie ihn Robinson – allerdings nicht nur für einheimische Pflanzen, sondern durchaus auch in Kombination mit fremdländischen Gewächsen – propagierte, ist eine ständige Herausforderung in der Gartengeschichte.

Aber ein formaler geometrischer Rahmen muß ja nicht zwingend der natürlichen Bepflanzung entgegenstehen, wie in den alten Bauerngärten zu sehen ist. Der strenge Rahmen, gefüllt mit üppigen Blumen: Hier wird der Kontrast zwischen Natur und Geometrie künstlerisch genutzt. Bei W. Robinson heißt es dazu: „Die gerade Linie ist oftmals die schönste, die verwendet werden kann, das heißt jedoch nicht, daß wir nicht die Pflanzen daneben natürlich gruppieren können."

In den Büchern Gertrude Jekylls kann man nachlesen, daß sie mit ihren Pflanzengesellschaften eine besonders schöne Komposition gestalten wollte, zu der man immer wieder hingehen möchte, wie zu einem Bild, mit dem man gerne lebt. Diesen Effekt erzielt man nicht, wenn man einfach ein paar Blumen wahllos gruppiert. Die Pflanzen müssen vielmehr eine bestimmte Aussage haben und eine gewisse Atmosphäre entstehen lassen, die zusammen mit der Umgebung ein Bild „of living beauty" ergibt. Dies ist sicherlich keine einfache Aufgabe. Dazu braucht man eine gute Beobachtungsgabe und die Geduld, die Komposition immer wieder zu verbessern und aus den Erfahrungen zu lernen, wie G. Jekyll das ein Leben lang tat. Beeinflußt war sie von der Malerei, wie auch der Maler Claude Monet, der in Frankreich einen wunderschönen Garten kreierte, sein schönstes Kunstwerk und Studienobjekt zugleich. Den Umgang mit farbigen Pflanzenbildern hatten sie gemeinsam.

Obwohl G. Jekylls Farbvorlieben häufig mit zarten pastellfarbigen Rabatten gleichgesetzt werden, begeisterte sie sich wie Monet für kräftige Farbkompositionen und Blumen in allen Tönen des Regenbogens: von den blaß pastelligen Stockrosen bis zu den Dahlien in schwärzlichem Rot oder kräftigem Orange. Raffiniert kombiniert wirkt das nicht zu bunt, sondern erinnert an impressionistische Farbwellen. G. Jekyll arrangierte Stauden und Sommerblumen in stromlinienförmigen „drifts", die während der Blütezeit üppig wirken, danach aber keine zu großen Lücken hinterlassen. Sie werden dann von anderen Pflanzen verdeckt, die den Blick ablenken.

Blütenträume in Farbe

Mit Farbthemen im Garten beschäftigte sich auch Vita Sackville-West, die den Garten von Sissinghurst zu einem der schönsten Englands gestaltete. Der berühmte Weiße Garten ist ganz in Creme und Weiß gehalten, aber sie liebte auch kräftige Farbkompositionen: Bekannt sind das in Lila und Purpur bepflanzte „Purple Border" und der Cottagegarten in Rot und Gelb. Heute werden diese Farbgestaltungsideen durch Rosemary Verey und Penelope Hobhouse weiterentwickelt. Auch in ihren Gärten finden sich pastellige Kombinationen, aber auch frischere, delikate Farbzusammenstellungen wie Limonengrün (R. Verey nennt es Chartreuse) mit Purpur und Bronze. Zartgrüne oder limonengrüne Farbtupfer bringen Frische in fast jede Farbkomposition. Zusammen mit Komplementärfarben wie Lila und Gelb wirkt das Bild auf den Betrachter ausgewogen. Auch ein Farbdreiklang mit Lila, Gelb und Lachs erscheint nicht etwa zu bunt, sondern harmonisch.

Eine Rabatte mit verschiedenen Rottönen hat beispielsweise Ineke Greve in ihrem Garten in Heerlen in Holland gestaltet und durch Hecken von den übrigen Gartenteilen getrennt. An anderer Stelle gibt es jedoch auch bei ihr eine Rabatte ganz in Weiß und eine weitere in Lila-, Rosa- und Blautönen.

Die Entscheidung für warme oder kühle Farben, für monochrome oder polychrome Farbgestaltung hängt von den persönlichen Vorlieben, aber auch von der Umgebung und der Farbe des Hauses ab. Im Idealfall sollten Garten, Haus und Umgebung zu einer Einheit verschmelzen. Blaue, kühl wirkende Kompositionen wirken im Morgenlicht frisch und spiegeln den noch dunstigen Horizont wider; warme Farben wie Gelb, Orange und Rot glühen in der Abendsonne. Weiße Blüten leuchten noch im Mondlicht, wenn die anderen Farben längst erloschen sind – ideal für Menschen, die erst abends Zeit für ihren Garten finden.

Viele der obengenannten Ideen, aber auch neue Kreationen werden in Holland und Belgien umgesetzt. Wunderschöne Gärten sind so entstanden und an bestimmten Tagen im Jahr auch für das Publikum geöffnet. Die Anregungen für die eigene Garten- und Farbgestaltung sind sehr lohnend!

Form und Struktur

Gartenbilder, wie sie Gertrude Jekyll und viele Gärtner und Gärtnerinnen nach ihr gestalteten, können nur im Einklang mit den natürlichen Bedingungen geschaffen werden, nicht gegen sie. Die richtige Pflanze am richtigen Standort: Diese Frage ist ein wesentlicher Faktor, den es bei allen ästhetischen Gesichtspunkten zu beachten gilt. Schließlich ist nur eine gesunde Pflanze wirklich schön!

Nicht nur die Farbe ist wichtig im Blumengarten, sondern auch die Struktur der Blätter und die Blütenformen. Die kugelartigen Blüten von Allium, die wolkenartigen von Ore-

Die leuchtendrote *Monarda didyma* 'Cambridge Scarlett' wird durch den silbergrauen Wermut *Artemisia absinthium* etwas gemildert. Romantische Akzente setzen dabei der Muskatellersalbei *Salvia sclarea* und die Rose 'Centenaire de Lourdes'.

gano und die tellerartigen von Schafgarbe geben dem Bild Struktur. Kerzenähnliche, aufstrebende Akzente von Stockrosen und Königskerzen wirken wie Ausrufezeichen.

Dazwischen sind einige immergrüne Pflanzen wie Ilex, Buchs oder Eibe von Vorteil. Sie sollten so gepflanzt werden, daß sie auch ohne Blüten im Winter für sich allein bestehen können. Filigrane Blätter lockern eine kompakte Pflanzung auf, großblättrige Pflanzen wie Hosta beruhigen. Auch Wiederholungen von Pflanzengruppen tragen zu einem harmonischen Ganzen bei.

Pflanzen für das Blumenbeet

Im schönen Blumengarten dürfen durchaus auch Anleihen bei anderen Gartenteilen gemacht werden. Viele attraktive Gemüsearten wie der Mangold 'Feurio' mit rubinroten Stengeln und rotgeäderten Blättern, die purpurfarbene Melde oder die ornamentale Artischocke können mit Gewinn in die Blumenrabatte gepflanzt werden. „Gäste" aus dem Kräutergarten lockern die Kompositionen auf. Die Weinraute *Ruta graveolens* 'Jackmanns Blue' mit ihren schönen, stahlblauen Blättern, die farnblättrige Süßdolde oder farbige Salbeiarten sind gute Begleitpflanzen für Blumen. Als Unterpflanzung ist die weißrandige Minze

Die weißen Hochstammrosen 'Schneewittchen' sind hier mit duftendem Lavendel unterpflanzt – eine beliebte klassische Kombination mit romantischem Flair!

Mentha suaveolens 'Variegata' schön. Und der Gewürzfenchel bringt mit gelblich-grünen Blütenwolken einen romantischen Akzent und würzigen Anisduft ins Beet.

Schönheit und Nutzen

Die Blumen im Blumengarten sind nicht nur schön, sie können auch nützlich sein. In vergangenen Zeiten war das Kochen mit Blüten nichts Ungewöhnliches. Kuchen und Desserts wurden mit kandierten Veilchen- und Rosenblüten garniert, Kapuzinerkresseblüten unter den Salat gemischt und Ringelblumen zum Färben von Lebensmitteln benutzt. In vielen Kulturen wurden in der Vergangenheit Blumen in der Küche verwendet, in manchen noch heute. Die Römer bauten Rosen und Veilchen in Plantagen an, um die große Nachfrage nach diesen köstlichen Blüten zu decken. In China und Japan werden bis heute Blumen für die Küche gezogen, darunter Rosen, Hibiskus, Jasmin und Chrysanthemen. Auch bei uns wird es wieder aktuell, mit Blüten zu kochen und zu dekorieren. Ungewöhnliche Zutaten werten jedes Essen optisch auf – manchmal ist das Ergebnis fast zu schön zum Essen.

Aber nicht nur aus optischen Gründen werden Gerichte mit Blüten zubereitet. Sie haben wertvolle Inhaltsstoffe und wirken zum Teil antibakteriell. Deshalb wurden sie früher medizinisch genutzt; teilweise ist das sogar heute noch üblich. Die saponinhaltigen Blüten von Malven und Königskerzen reichern Hustentees an, Lavendelblüten wirken beruhigend in Teemischungen, und Chrysanthementee wird in China als Hausmittel gegen Kopfschmerzen getrunken.

Unsere Vorfahren nutzten vieles aus der Natur noch ganz selbstverständlich und intensiv. Das Wissen ist vielerorts verlorengegangen, wird aber heute wieder neu entdeckt und durch die modernen wissenschaftlichen Analysen bestätigt.

Entdecken auch Sie die kulinarischen und gesundheitsfördernden Qualitäten mancher Blütenschönheiten, die schon lange in unseren heimischen oder auch in fremden Gärten wachsen. Oftmals sind es die typischen Bauerngartenblumen, die auch kulinarische Vorzüge haben. Es ist jedoch wichtig, sich vorher genau zu informieren, um Verwechslungen auszuschließen! Gartenratgeber oder Bestimmungsbücher helfen dabei. Wenn Sie nur eßbare Blumen in Ihrem Garten anpflanzen, brauchen Sie sich auf jeden Fall keine Sorgen mehr zu machen, wenn dort kleine Kinder spielen – Vergiftungen können nicht mehr vorkommen!

Der chinesische Schnittknoblauch *Allium tuberosum* ist mit seinen schönen Blüten und einer langen Blütezeit ein nützlicher Gast im Blumengarten. Ihm zu Füßen wächst die einjährige *Tagetes tenuifolia*.

Dahlie
Dahlia-Hybriden

Die Dahlie ist seit 200 Jahren in unseren Gärten heimisch. Die prunkvolle Mexikanerin aus dem Lande der Azteken war einst dem spanischen Königshof vorbehalten. Jetzt wächst sie in allen Gärten. Nach ihrer Einführung in Deutschland um 1800 grassierte das Dahlienfieber. Die Dahlie, zu Goethes Zeiten noch Georgine genannt, wurde in vielen Farben und Formen gezüchtet, ein ebenso dankbares Objekt für die Züchter wie die Rose. Es gibt sie in fast allen Farbnuancen, nur nicht in reinem Blau. Und in allen Formen: von den bescheidenen Mignondahlien über die perfekt geformten, wetterfesten Balldahlien bis zu den pompösen Kaktusdahlien. Obwohl die Knollen der wärmeliebenden Dahlien im Haus überwintert werden müssen, sind sie doch ziemlich unproblematisch und wachsen deshalb in vielen Bauerngärten. Sie benötigen volle Sonne und einen nicht zu stickstoffhaltigen Boden, gedüngt werden sollte kalibetont. Am falschen Standort und zu stark gedüngt, fallen sie leicht bei Regen und Wind auseinander. Beliebt sind heute die standfesten niedrigen Beetdahlien, die nur bis zu 50 Zentimeter hoch werden.

Die Knollen lassen sich leicht teilen, und so wird der eigene Bestand schnell größer. Teilstücke werden dabei gern mit den Gartennachbarn getauscht. Aber manchmal ist die bunte Mischung, die auf diese Weise entsteht, doch etwas grell: Lila-weiße Kaktusdahlien stehen neben orangefarbenen Balldahlien, dazu gesellen sich noch pinkfarbene Schmuckdahlien. Das ist dann hin und wieder des Guten zuviel.

Doch was wäre der Herbst ohne die warmen Farben der Dahlien! Subtilere Anpflanzungen und farblich passende Begleitpflanzen nehmen ihnen das Grelle und Pompöse. Mit Gräsern als Nachbarn geben sie sich plötzlich ganz natürlich. Im schon müde gewordenen Staudenbeet kann die passende Dahlie eine willkommene farbliche Auffrischung sein. Je nach Farbschema stehen Dahlien wie die schwärzlichrote Kaktusdahlie 'Schwarze Prinzessin', die weiße Mignondahlie 'Anna-Karina' oder die aparte zweifarbige Halskrausendahlie 'Grand Duc' in Gelb und Rot zur Verfügung. Claude Monet und Gertrude Jekyll integrierten Dahlien wegen der intensiven Farben und der langen Blütezeit in ihre Staudenbeete. Einen Versuch ist es wert!

Die rote Dahlie 'Bishop of Llandaff' mit purpurfarbenem Laub wird raffiniert ergänzt durch rotblättriges Shiso, das schon Anfang des Jahrhunderts als Blattpflanze beliebt war. Erst jetzt entdeckt man die kulinarischen Qualitäten der beiden Pflanzen. Da haben Sie dann zwei Salatzutaten im Blumengarten direkt nebeneinander stehen, und es wird garantiert niemand Ihre Absichten bemerken!

Dahlien sind eine farbenfrohe Ergänzung für viele Salate oder dienen als Garnitur für einen bunten Sommercocktail. Zusammen mit Ringelblumen, blühendem Fenchel und Kräutern sehen sie als herbstlicher Strauß natürlich auch in der Vase gut aus!

Lauch
Allium

Es gibt mehrere hundert Alliumarten auf der nördlichen Erdhalbkugel. Die Heimat der meisten Arten ist Mittelasien. Der Gattungsname *Allium* stammt vermutlich vom keltischen „Al" ab und bedeutet bissig, scharf. In ihren Zwiebeln speichern die Pflanzen Nährstoffe und Wasser und überleben dadurch auch in Trockenzeiten oder in Gegenden, in denen das Wasser knapp ist. Durch diese Überlebenstechnik bedingt, vergilbt das Laub früh und hinterläßt dann Lücken in der Bepflanzung. Deshalb sollten Alliumarten in der Regel nicht im Vordergrund stehen, sondern in der Mitte. Dort können die Nachbarpflanzen diese wenig dekorative Eigenschaft verdecken.

Während sich die bekannte Zwiebel *Allium cepa* nicht unbedingt für das Blumenbeet eignet, passen die Winterhecke *Allium fistulosum* und der Schnittlauch *Allium schoenoprasum* erstaunlich gut ins Bild. Die eigentlichen Zierlaucharten werden gerne in sonnige Staudenbeete gesetzt. Es ist aber kaum bekannt, daß ihre dekorativen, aus stern- oder glockenförmigen Einzelbällen zusammengesetzten Blütenkugeln wie Schnittlauchblüten eßbar sind.

Zierlaucharten blühen von Anfang Mai bis in den Sommer. Besonders dekorativ ist *Allium aflatunense* mit großen kugeligen lilafarbenen Dolden, er blüht im April/Mai und wird bis zu einem Meter hoch. *Allium sphaerocephalon* (abgebildet) hat kegelförmige Blüten in Lila und blüht im Juni/Juli, er wird etwa 60 Zentimeter hoch. Beide sind attraktive Ergänzungen im sonnigen Staudenbeet. Die Blumenzwiebeln werden von September bis Oktober in den Boden gebracht. Besonders üppig blühen die Pflanzen, wenn sie im Frühjahr mit etwas Knochenmehl gedüngt werden. Probieren Sie ruhig, auch die allgemein „nur" als nützlich angesehenen Mitglieder der großen Alliumfamilie in ein Blumenbeet zu integrieren – die Grenzen zwischen Nutzen und Schönheit verwischen sich. Und wir profitieren gleich doppelt, wenn wir uns nicht nur an ihrer Schönheit erfreuen, sondern auch den hohen Vitamin-C-Gehalt und die blutdrucksenkenden Inhaltsstoffe nutzen. Die Familienzugehörigkeit aller Laucharten ist leicht am zwiebeligscharfen Geruch erkennbar, wenn Stiele oder Blüten zerdrückt werden. Nur der Bärlauch *Allium ursinum* gibt den typischen Knoblauchgeruch auch ohne Berührung an die Umgebung ab. Aber er eignet sich wegen seines Verwilderungsdrangs ohnehin nicht für das Blumenbeet, sondern besser für den Wildgarten. Schön ist aber auch er mit seinen weißen Blütenbällen und den frischgrünen Blättern – und kulinarisch gesehen eine Delikatesse! Die Blüten der hier aufgeführten Alliumarten sind durchweg so wohlschmeckend wie Schnittlauchblüten, obwohl jede Art ihren Eigengeschmack hat. Probieren Sie deshalb doch mal Ihren Zierlauch! Er bietet sich immer da an, wo auch ein milder Zwiebelgeschmack passen würde: zu Eiern, Käse, Salaten oder Nudeln und als Zwiebelconfit zu Hähnchenbrust.

Knolau
Allium tuberosum

Der chinesische Schnittknoblauch, auch Knolau genannt, ist sommergrün und hat abgeflachte, breite Stengel und sehr schöne weiße Blütenköpfe. Er wird etwa 50 Zentimeter hoch und blüht sehr ausdauernd. Knolau läßt sich leicht aus Samen selbst anziehen. In China werden Stengel und Blüten im Ganzen als Gemüse gedünstet. Das milde Knoblaucharoma paßt frisch auch gut als Würze an Salate, Kräuterquark und Kräuterbutter. Die Blütenkugeln eignen sich für Blumensträuße und zur Dekoration von Salaten und kalten Platten. Sie sehen aber auch in der Vase schön aus.

Schnittlauch
Allium schoenoprasum

Der Schnittlauch wird fast überall intensiv kultiviert und gehört in der deutschen Küche zu den Universalgewürzen. Er liebt kalkhaltige, nährstoffreiche Böden und gedeiht auch im Halbschatten. Die zarten grünen, röhrenförmigen Blätter schmecken würzig-zwiebelig und sind besonders im Frühjahr zu Quark und Tomatenbrot beliebt.

Die kugeligen Schnittlauchblüten sind eine dekorative Zierde des bekannten Küchenkrauts. Die Selektion 'Forescate' hat intensiv rosaviolette Blüten; bei den übrigen Sorten sind sie rosa. Man sollte den Schnittlauch entgegen der landläufigen Meinung ruhig blühen lassen, um in den vollen Genuß dieser Gartenschönheiten zu kommen; an einer etwas versteckten Stelle kann man ja andere Schnittlauchstauden zum Schnitt „freigeben". Nach der Blüte wird er dicht über dem Boden abgeschnitten und treibt dann frisch wieder durch. Die Blüten schmecken milder als die Röhren; ganz oder ausgezupft würzen und dekorieren sie Salate, Kräuterbutter und Käsebrote. Schnittlauchblüten passen in jedes Blumenbeet – sogar zu Rosen. Versuchen Sie mal eine Kombination mit blauen Stiefmütterchen und goldenem Oregano. Ein schönes und zugleich eßbares Trio!

Die zarten lilarosa
Blüten von *Allium
unifolium* tragen
einen dunklen
Strich auf jedem
Blatt. Die bis zu 60
Zentimeter hohe
Zwiebelpflanze
blüht im Juni/Juli.

*Nectaroscordum sicu-
lum* (syn. *Allium
siculum*) schmückt
sich mit schokola-
denbraunen, an den
Außenseiten grün-
gestreiften glocken-
förmigen Blüten.
Die Art wird bis zu
80 Zentimeter
hoch und blüht
von Mai bis Juni.
Zierlauch berei-
chert sonnige Blu-
menbeete. Die un-
gewöhnlichen
Blüten eignen sich
auch für die Vase
und als eßbare
Dekoration für
Salate und kalte
Platten.

So schön wie Zier-
lauch blühen die
Winterhecke *Allium
fistulosum* und der
jetzt auch als Zier-
pflanze entdeckte
Schnittlauch. Beide
liefern zwiebelige
Würze für die
Küche, und selbst
die Blüten sind
nicht nur Dekora-
tion!

Lavendel
Lavandula angustifolia

Der in mediterranen Ländern auf felsigen, trockenen Hängen wild wachsende Lavendel mit den wunderbar duftenden lilafarbenen Blütenähren kam mit den Benediktinermönchen über die Alpen. Seitdem ist diese beliebte Duftpflanze in Kräuter- und Blumengärten gleichermaßen unverzichtbar.

Die Römer nutzten Lavendel zur Parfümierung des Bades, und die lateinische Bezeichnung stammt vermutlich von „lavare", waschen. Die duftende Frische und die desinfizierende Wirkung der Pflanze ließen sie jahrhundertelang in der Haushaltsführung eine wichtige Rolle spielen. Die insekten- und mottenabwehrenden Lavendelsäckchen mit den getrockneten Blüten wurden vielerorts zwischen die Bettwäsche in den Wäscheschrank gelegt, und lavendelduftende Wäsche war der Stolz der Hausfrau. In den wohlriechenden Leinenbezügen ließ es sich wunderbar träumen. Der Lavendelduft alter Landhäuser in England hingegen stammt von einer lavendelölhaltigen Möbelpolitur, die in dem traditionsbewußten Land heute noch gern verwendet wird. In den Wohnräumen stehen aber auch häufig Blütenpotpourris, in denen Lavendelblüten niemals fehlen. Zu den weiteren guten Eigenschaften des Wäschekrauts gehören seine beruhigenden, krampflösenden und nervenstärkenden Inhaltsstoffe. Zur Zeit der englischen Königin Victoria war er als Beruhigungstee sehr beliebt – für viele streßgeplagte Menschen heutzutage vielleicht eine Alternative zu Beruhigungsmitteln. Der Tee hilft auch gegen Kopfschmerzen, Übelkeit und Schwindel.

Der recht langsam wachsende Lavendel benötigt einen kalkhaltigen, durchlässigen Boden und volle Sonne. Er braucht keinen Dünger und wenig Wasser. In zu stark gedüngten Böden verliert er seine schöne silbrige Farbe und vergrünt. Ein Schnitt nach der Blüte hält die Form kompakt und verhindert, daß der Strauch auseinanderfällt. Das Schnittgut kann gleich für Kopfstecklinge verwendet werden, denn Lavendel bewurzelt sich leicht in einer sandigen Erdmischung. Für kleine Gärten und für Einfassungen sind die kompaktwachsenden Lavendel 'Munstedt', 'Hidcote Blue' und 'Nana Alba' gut geeignet. Wunderschön ist ein duftender Lavendelpfad im Garten, für den hell- und dunkellila Sorten gemischt gepflanzt werden. Ab und zu kann auch eine weiß- oder rosablühende Sorte, etwa 'Rosea', dazwischen gesetzt werden. Die Blütezeit erstreckt sich von Juni/Juli bis August.

Der typische Lavendel Südfrankreichs, der dort auf großen Feldern für die Duftölgewinnung angebaut wird, ist eine Kreuzung zwischen *Lavandula angustifolia* und *Lavandula latifolia*, dem Speiklavendel. Letzterer ist eine schnellwachsende, höherwerdende Lavendelart mit ähnlichen Eigenschaften wie der Echte Lavendel, allerdings ist das ätherische Öl nicht ganz so fein. Die duftenden Lavendelfelder sind zur Blütezeit ein Publikumsmagnet. Aber nicht nur die Touristen, sondern auch die Bienen lieben den Lavendel: In der Provence ist der würzige Lavendelhonig eine beliebte Spezialität.

In den südlichen Ländern werden junge Blätter und blühende Triebspitzen des Lavendels auch als Gewürz genutzt. Die botanischen Unterschiede der Lavendelarten sind dabei für die Küche nicht so wichtig. Berühmt ist die Mischung „Kräuter der Provence", zu der auch Lavendelblüten gehören. Zusammen mit Thymian und Rosmarin ist Lavendel eine erstaunlich pikante Würze zu Lammkoteletts. Aber auch für Desserts eignet sich sein besonderes Aroma. Mit den getrockneten Blüten kann Zucker aromatisiert oder ein Obstsalat parfümiert werden. Lavendelplätzchen nach englischem Rezept sind ebenfalls delikat. Lavendelessig ist in der Kosmetik, aber auch in der Küche nützlich. Der ungewöhnliche Geschmack ergänzt vorzüglich einen Wildkräuter- oder Radicchiosalat. Zum Trocknen wird der Lavendel geerntet, wenn die Blüten gerade aufgehen, dann ist die Konzentration der ätherischen Inhaltsstoffe am höchsten. Milder und süßer wird ihr Aroma, kurz bevor sie verblühen. Für die Küche sind sie in diesem Stadium noch besser geeignet.

Wie in seinen Heimatländern liebt Lavendel im Garten besonders eine Kombination mit Steinen. Von einer Natursteinmauer als Terrassenabgrenzung etwa kann er malerisch herunterhängen. Die abstrahlende Wärme von Mauern und Terrassen kommt seinem Wärmebedürfnis entgegen. Gut kombiniert ist der Lavendel mit anderen mediterranen Gewächsen wie Thymian, Salbei oder Oregano, die gleiche Standortbedingungen haben.

Besonders schön in Kombination mit den nadelähnlichen Lavendelblättern sind die breiten, weichfilzigen Blätter von *Salvia officinalis* 'Berggarten'. Vom Aroma her passend ist der üppig blühende Salbei *Salvia lavandulifolia*, in dessen Duft wirklich ein Hauch von Lavendel mitschwingt. Salbei und Lavendel eignen sich beide vorzüglich für Küchenexperimente!

Weißblühende Nelken bringen mit tiefviolettem Lavendel einen ganz anderen Duftakkord hervor. Lavendel und Rosen schließlich sind mittlerweile eine klassische Kombination, die aber noch immer sehr beliebt ist. Der Lavendel soll dabei die Schädlinge von den Rosen fernhalten – allerdings nicht immer eine leichte Aufgabe!

Monarde / Indianernessel
Monarda didyma

Die Monarde, ihrer amerikanischen Herkunft wegen auch Indianernessel genannt, ist eine ausdrucksvolle Erscheinung im Staudenbeet und als Zierpflanze in unseren Gärten sehr beliebt. Im Herkunftsland wächst sie in nährstoffreichen Wäldern, an Wegrändern und Flußufern. Bei uns bevorzugt sie humose, feuchte Böden; sie wächst in voller Sonne, aber auch im lichten Schatten, wenn der Boden feucht genug ist. Die wunderbar aromatische Pflanze wurde von den Oswego-Indianern in Nordamerika als Teekraut genutzt. Nach der berühmten Bostoner „Tea-Party" verzichtete man für die Dauer des amerikanischen Unabhängigkeitskriegs auf die englischen Teelieferungen und lernte die Vorzüge des indianischen Kräutertees als Ersatz kennen. Die im Juli/August blühenden, etwa einen Meter hohen Stauden sind gute Bienenweiden. Ihre scharlachroten Lippenblüten, die in mehreren Quirlen übereinander angeordnet sind, bilden etwas zerzauste Federbüsche, die an indianischen Kopfschmuck denken lassen. Die kantigen Stengel tragen nesselartige, dunkelgrüne Blätter. Der Duft, den die ganze Pflanze ausströmt, erinnert an Earl-Grey-Tee, der mit dem aus Bergamotte gewonnenen Duftöl parfümiert wird. Mit den fri-

schen oder getrockneten Blättern der Indianernessel kann man auch selbst parfümierten Tee herstellen: einfach mit schwarzem Tee mischen und aufbrühen.

Die Pflanze enthält das antiseptische Thymol, das die Duftanklänge an Minze und Thymian erklärt, die dem Zitrusduft einen Hauch von Herbheit verleihen. Der Tee wirkt entkrampfend gegen Blähungen und Übelkeit. Die ausgezupften Blüten schmecken köstlich süß, sie sind Schmuck und Würze zugleich und finden Verwendung in Salaten und als Dekoration von Desserts. Außerdem „versüßt" die Indianernessel im Blumenbeet das Unkrautjäten: Bei Berührung strömen Wurzel und Blätter sommerliche Duftwolken aus, die an Orange und Minze erinnern. Die scharlachrote ‘Cambridge Scarlett’ ist die aromastärkste Monarde, die andersfarbigen Zuchtformen sind weniger für die Küche geeignet, im Blumenbeet aber farblich einfacher zu kombinieren: ‘Croftway Pink’ ist lachsrosa, ‘Prärienacht’ purpurviolett und ‘Schneewittchen’ natürlich weiß. Aber auch die rote Form läßt sich farblich schön integrieren: Kombiniert mit einem silbrigen Wermut und der lilarosa *Salvia sclarea*, dem Muskatellersalbei, wird die Intensität der roten Farbe abgemildert, in der Kombination mit einer gelbblühenden Taglilie hingegen gesteigert. Zusammen mit der ebenfalls gelbblühenden Sonnenbraut entsteht gar eine Sonnenuntergangspflanzung, wie Monet sie auf einer nach Westen ausgerichteten Rabatte anlegte. Wird im Garten auch die Lichteinstrahlung berücksichtigt, können Effekte im Blumenbeet dramatisch gesteigert werden.

Die einjährige *Monarda citriodora* mit zartrosa Blüten hat ein in England auch „Lemonmint" genanntes Aroma. Sie muß jedes Jahr wieder neu ausgesät werden. Die staudigen Monarden breiten sich in ihnen zusagenden Böden stark aus, deshalb sollen sie alle zwei bis drei Jahre geteilt und neu ausgepflanzt werden. Dabei können Sie immer wieder andere Kombinationen ausprobieren. Die Blütezeit aller Monarden verlängert sich, wenn die verwelkten Blüten regelmäßig entfernt werden.

Phlox
Phlox paniculata

Ohne den sommerblühenden, duftenden Phlox ist kein Bauerngarten denkbar. „Ein Garten ohne Phlox ist ein großer Irrtum", erklärte kategorisch der berühmte Staudenzüchter Karl Foerster und sorgte in den vierziger Jahren unseres Jahrhunderts dafür, daß ausreichend Hybriden für die Vermeidung dieses Irrtums zur Verfügung standen! Die Robustheit alter Phloxbestände sicherte das Überleben der Pflanze in den Bauerngärten bis heute.

Ursprünglich stammt der Phlox aus Nordamerika, wo er in lichten Wäldern und entlang von Flüssen gedieh. Er kam erst im 18. Jahrhundert nach Europa. Seitdem sind eine Vielzahl von Hybriden in vielen Farbnuancen entstanden.

Die ausdauernde Staude liebt feuchte, aber durchlässige humose Böden. Trockenheit im Frühjahr und Sommer verträgt sie schlecht, sie sollte dann gewässert werden. Obwohl in allen Staudenkatalogen ein vollsonniger Standort empfohlen wird, gedeiht sie durchaus auch in halbschattigen Rabatten. Um die Blütezeit zu verlängern, kann man ein Drittel der Triebe vor Erscheinen der Knospen um ein fingerlanges Stück kürzen. Durch das Entspitzen wird die Pflanze zu buschigerem Wuchs angeregt.

Direkt nach der Blüte fördert ein Rückschnitt einen zweiten Flor. Mehltau oder Älchenbefall kann am ungünstigen Platz zum Problem werden. Gute Bodenbedingungen und ein nicht zu dichter Stand – diese für das gesamte Pflanzenreich gültige Weisheit ist auch hier das richtige Rezept, um die Pflanze gesund zu halten. Während der Blütezeit von Ende Juni bis September belebt die Flammenblume mit kuppelartigen Blütenbergen in Weiß, Flieder, Himmelblau oder auch Tiefviolett, Lachsrosa und Himbeerrot die Blumenrabatten. Beliebt ist der fröhlich wirkende rosa Phlox 'Landhochzeit' mit rotem Auge, der in vielen Gärten zu sehen ist. Duftig wirkt die abgebildete Sorte 'Omega' mit karmesinrotem Auge auf weißem Grund.

Als tiefdunkelviolette Sorte empfiehlt sich 'Le Mahdi', als reinweiße 'Pax', als reinrosa 'Pastorale' und als leuchtendrote 'Starfire'.

Phlox paßt gut zu Gräsern, zu Monarden in Pastelltönen und zu dem himbeerroten oder weißen *Centranthus*, der ausdauernd blühenden Spornblume. Er steht gut neben Pfingstrosenbüschen, wie häufig in alten Bauerngärten. Dadurch werden ihre unten leicht verkahlenden Stiele kaschiert. Sonnenbraut als Nachbar bringt gelbe Farbtöne ins Spiel, und neue Rudbeckiazüchtungen offerieren kompakte Blütenformen als Kontrast.

Das Parfüm von Phlox wirkt orientalisch süßlich. Eine Überraschung erlebt man, wenn man die kleinen Einzelblüten direkt von der Pflanze probiert. Sie schmecken knackig frisch mit süß-würzigem Aroma und sind durchaus lohnend für sommerliche Dekorationen. Der süße Duft läßt dabei sicherlich eher an Eis, Dessert, Kuchen und Obstsalat denken als an herzhafte Kombinationen. Frische weiße Phloxblüten auf sommerliche Sorbets gelegt, verzuckert auf Mousse au chocolat – da gibt es noch viel zu entdecken und auszuprobieren.

Ringelblume
Calendula

Die gelben und orangefarbenen Sonnen der Ringelblume blühen seit dem Mittelalter in unseren Kräuter- und Blumengärten. Die traditionsreiche Heilpflanze ist ursprünglich in Asien und den südeuropäischen Mittelmeerländern heimisch. Im Altertum galt sie als die heilige Blume der Buddhisten. Sie wird auch heute noch vor den Tempeln angepflanzt.

Im Volksmund wird sie „Regenblume" genannt, weil sie als sicheres Barometer gilt. Öffnen sich morgens die Blüten nicht, so ist Regen zu erwarten. Wenn sie sich hingegen schon vor sieben Uhr öffnen, besteht Aussicht auf einen schönen, sonnigen Tag.

Obwohl sie einjährig ist, bleibt die dankbare Bauerngartenpflanze dem Garten treu: Jedes Jahr im Frühjahr erscheinen überall die neuen Sämlinge. Mit ihrer langen Blütezeit vom Mai/Juni bis zum Frost bringt sie Sonne in den Blumengarten. Aus den Blüten der gefüllten Sorten werden aber auf Dauer einfache, ungefüllte, die in ihrer Schlichtheit fast noch schöner sind.

Ringelblumen erhält man heute häufig schon vorgezogen im Topf. Sie lassen sich aber auch leicht im März/April selbst aussäen. Die interessanten, sichelförmigen Samen dür-

fen nicht mit Erde bedeckt werden, da sie zu den Lichtkeimern gehören. 'Orange Prinzess' und 'Golden Prinzess' haben einen doppelten Zungenblütenkranz; bei der 'Goldschwarzen Prinzess' hebt sich die schwarze Mitte kontrastreich ab; die „Prachtmischung" sorgt für ein buntes Bild. Die Zwergsorte 'Fiesta Gitana' schließlich ist auch für Töpfe geeignet.

In der Mischkultur mit Gemüse fördert die vielseitige Blume die Bodengesundheit. Sie vertreibt die gefürchteten Wurzelälchen, die Nematoden. Auch als Zierpflanze im Blumengarten ist sie daher nicht nur schön, sondern auch nützlich.

Ideal für die Ringelblume ist ein Platz im Garten, an dem sie sich ungestört aussamen kann. Mit Kapuzinerkresse und Dahlien kombiniert, sieht dieses Bild vom Sommer bis zum Herbst schön aus. Wenn alles Verblühte regelmäßig ausgeschnitten wird, blühen alle drei Pflanzen überreich, so hat man die farbenfrohen Zutaten für einen Salat in klassischen Monetfarben (Rezept siehe Seite 104) immer zur Hand!

Die Ringelblume wurde früher als Heilmittel hoch geschätzt. Schon die Griechen und Römer beschrieben sie in ihren heilkundlichen Schriften. Noch heute wird die jedem bekannte Ringelblumensalbe für kleine Wunden und Abschürfungen gebraucht. Neuerdings werden Auszüge auch für hautpflegende Cremes entdeckt. Die Blüten, die pilz- und virenhemmende Stoffe enthalten, sind als Leber- und Gallentee hilfreich und wirken positiv in der Behandlung von Geschwüren im Magen- und Darmbereich. Zu ihren Inhaltsstoffen gehören carotinverwandte Farbstoffe, Harze, Enzyme und Bitterstoffe. Die Blütenblätter wurden früher als Färbemittel in Fässern verkauft und zum Gelbfärben von Butter und Käse gebraucht. Auch als Spülung für blonde Haare wurden sie genutzt. Da sie wie der kostbare Safran Lebensmittel gelb färben, nannte man sie auch Arme-Leute-Safran. Der aus den Blütennarben des Safrankrokus *Crocus sativus* gewonnene echte Safran ist das teuerste Gewürz der Welt und war damals für viele unerschwinglich. Nun, wie so häufig im Pflanzenreich gibt es Ersatz!

In der Küche ist die Ringelblume vielseitig verwendbar. Ihr Geschmack ist leicht salzig und etwas bitter-harzig, aber durchaus pikant. Ausgezupfte Blütenblätter sorgen für Farbe und Aroma in Salaten und Reisgerichten, in Kräuterbutter, aber auch im Kuchen oder in Teebrötchen. Ringelblumenbrötchen fürs Sonntagsfrühstück zusammen mit einem Strauß Ringelbumen auf dem Eßtisch bringen auch an trüben Tagen Sonne ins Haus. Die ausgezupften Blüten lassen sich gut trocknen und einfrieren. So können sie auch im Winter für Suppen und Saucen, für Tee oder zu einer Ringelblumen-Paella verwendet werden.

Shiso/Schwarznessel
Perilla frutescens

Die kulinarische Entdeckung des fernöstlichen Gewürzes Shiso für Sushi und Tempura ist in Europa noch verhältnismäßig neu. Shiso erobert unsere Märkte im Keimlingsstadium wie Kresse und wird auch von den Händlern fälschlicherweise „Rote Kresse" genannt. Dieser Irrtum ist verständlich, können doch geschmackliche Ähnlichkeiten nicht geleugnet werden. Aber verwandt ist Shiso nicht mit Kresse, sondern mit dem Basilikum *Ocimum basilicum* (früher *Ocimum frutescens*). Duft und Aroma von Shiso sind jedoch schwächer als beim Basilikum, die Blättchen schmecken etwas säuerlich und exotisch.

Die aromatische einjährige Pflanze, die aus Indien und China stammt, wurde durch die in den Siebzigern eingewanderten Vietnamesen auf unsere Lebensmittelmärkte gebracht. Zu Anfang noch „Tia to" genannt, wurde die Neuheit vorsichtig als Tee und im Salat probiert. In Japan wird die alte Kultursorte 'Nankinensis' zum Aromatisieren von Fisch, Tempura und Bohnenpaste sowie zum Einlegen von Früchten in Salzlake (Umeboshi) verwendet, und eingelegter Ingwer wird durch Shiso rot gefärbt. Schon Anfang des 20. Jahrhunderts stand die Schwarznessel bei uns –

allerdings nur als schöne Blattpflanze – im Blumengarten. In öffentlichen Parks wird sie auch heute noch häufig großflächig angepflanzt, da sie sich leicht aus Samen ziehen läßt. Die hier auch „Schwarznessel" genannte, einen Meter hohe, buschige Pflanze mit den großen, dekorativ gewellten und tief eingesägten purpurfarbenen Blättern hat als Zier- und Nutzpflanze für private Gärten vielleicht noch eine große Zukunft vor sich, da sie verhältnismäßig unproblematisch ist. Sie ist allerdings frostempfindlich, und der Standort sollte warm und sonnig, aber auch etwas feucht sein.

Ihre rosa bis weißen Blüten öffnen sich erst im September. Sie können auch in der Küche verwendet werden. Das stattliche, dekorative Aussehen der Schwarznessel kommt in Staudenbeeten gut zur Geltung. Rhythmisch zwischen die Stauden gesetzt, bietet sie eine wunderbare Folie für aparte Farbkombinationen mit Blüten in Rot, Rosa, Violett oder Weiß. *Perilla frutescens* 'Nankinensis' var. *crispa* hat besonders stark geschlitzte und gekrauste Blätter und wird etwa 60 Zentimeter hoch. Auch im Topf gedeiht sie bestens.

Die grüne Variante ist nicht so dekorativ, aber sie hat ein stärkeres Aroma, das an Kreuzkümmel erinnert.

Stockrose
Alcea rosea

Die zweijährige Stockrose, auch Stockmalve genannt, füllt in den Gärten das sogenannte Sommerloch, wenn die Zeit der einmalblühenden Rosen vorbei ist und die öfterblühenden eine Pause einlegen. Diese robuste Schönheit in delikaten Porzellanfarben stammt aus China und gedeiht schon seit dem 16. Jahrhundert in unseren Gärten. Die kräftigen Stengel mit den herzförmig gelappten Blättern tragen hohe Blütenkerzen. In den englischen Cottagegärten, in ländlichen Gärten Frankreichs, Deutschlands und Dänemarks wächst diese beliebte Bauerngartenblume an Mauern, Zäunen und Häusern. Sie kann bis zu drei Meter hoch werden und reicht damit den niedrigen Häusern Dänemarks bis an die Dachrinne. Goethe ließ im Frühjahr 1825 in seinem Garten in Weimar zwei lange Rabatten mit Stockrosen in Safran, Lila und Rosa anpflanzen. Um sie bewundern zu lassen, gab er ihnen zu Ehren eigens eine Teegesellschaft. Auch Monet pflanzte im französischen Giverny Stockrosen in langen, schmalen Rabatten; die Spitzen der Blütenkerzen neigen sich bogenförmig aufeinander zu, und man fühlt sich wie Alice im Wunderland … Monet bevorzugte die einfachblühenden – nun, das ist Geschmackssache,

schön sind sie alle. Ob einzeln am sonnigen Hauseingang aus schmalen Pflasterfugen wachsend wie in Dänemark oder in Gesellschaft von ihresgleichen in der gesamten Farbpalette vor einem Gartenpavillon, der altmodische Zauber widersteht allen Gartenmoden.

Die Stockrosen werden im Mai/Juni ausgesät und im September am vorgesehenen Platz ausgepflanzt. Im nächsten Jahr blühen sie dann von Juli bis Oktober. Ihre Farbpalette reicht von Vanillegelb über Porzellanrosa, Violett und Himbeerrot bis zum schwärzlichen Purpur der *Alcea rosea* var. *nigra*, die in der Heilkunde verwendet wird. Die dichtgerüschten Blüten der gefüllten Form *Alcea rosea* 'Peniflora' sind wie aus feinstem Crêpe de Chine gemacht; einfache Blüten hat dagegen *Alcea ficifolia*, deren Blätter feigenartig gelappt sind.

Stockrosen lieben nahrhaften Boden in sonniger Lage. In feuchten Sommern leiden sie häufig unter Malvenrost. Die unteren Blätter sollten vorbeugend entfernt werden, so können die Pilzsporen im Boden nicht an die Blätter gelangen. Befallene Blätter sollte man möglichst regelmäßig im Laufe des Sommers abknipsen. Auch der medizinisch genutzte Eibisch *Althaea officinalis* gehört zur Malvenfamilie. Bei den Römern galt er als Delikatesse. In Frankreich werden die jungen Triebspitzen und die zarten Blätter in Frühlingssalate gemischt. Mit den Blüten der schwarzroten *Alcea rosea* var. *nigra* färbte man früher zu blasse Rotweine. Und Extrakte aus der Wurzel des Eibischs wurden zum Aromatisieren der englischen Süßigkeit Marsh Mallows verwendet. Diesen „Mausespeck" essen die Kinder noch heute, aber er wird längst mit naturidentischen Aromastoffen hergestellt.

Die Blüten werden auch heute noch in Hustentees verwendet. Junge Blätter und Blüten aller Malven und ihre Knospen sind eine milde Zutat in Mischsalaten. Auch die Früchte der wilden Malve *Malva sylvestris* (oben abgebildet) können dafür verwendet werden. Sie sehen aus wie kleine Käse, daher auch der Name Käsepappel (von altdeutsch „pappala", schleimig).

Alle Mitglieder der weitverzweigten Malvenfamilie weisen reizmildernde Saponine auf. Wurzel und Blüten von *Malva sylvestris* und dem Eibisch wurden früher häufig medizinisch genutzt. Zahnende Babys bekamen beispielsweise ein Stück Eibischwurzel zur Linderung der Beschwerden. Die sanften Eigenschaften der Malven haben heilende Wirkung. Vielleicht probieren Sie mal eine ägyptische Malvensuppe bei Magenschleimhautreizungen oder einen Malventee zu Teebrötchen und Kuchen, wenn Sie wie Goethe zu einer Malvenparty einladen?

Taglilie
Hemerocallis

Die Taglilie gehört zu den dankbarsten Gartenstauden. Mit nur geringer Pflege blüht sie üppig und unermüdlich. „Die Blume des intelligenten Faulen", nannte sie daher der große Staudenzüchter Karl Foerster.

In China hat die Taglilie eine jahrtausendelange Tradition: Bereits im Jahre 304 v. Chr. gab es ein Büchlein mit dem Titel „Eine Einführung in Taglilien". Schon vor dem 16. Jahrhundert existierten auch in Europa zwei Taglilienarten: *Hemerocallis fulva* und *Hemerocallis lilioasphodelus*. Es waren jedoch die Amerikaner, die ihre Bedeutung für den Garten erkannten. Die Taglilie gehört dort zu den populärsten Gartenpflanzen überhaupt. Die Züchtungen der letzten Jahrzehnte haben ein ungeahntes Spektrum eröffnet: Jedes Jahr werden ungefähr 500 neue Sorten entwickelt. Die Farbskala reicht von Gelb, Braun und Lachs bis zu Weiß, Lavendel und Himbeerrot. Die Blütenformen können sternig oder rund sein, triangel- oder trompetenförmig, gefüllt oder gerüscht, die Mittelrippe farbig betont und die Staubgefäße Ton in Ton oder aber in einer Kontrastfarbe. Diamant- oder Goldstaub läßt manche Blüten in der Sonne funkeln und glitzern, ein Effekt, der durch einen Pigmentüberschuß entsteht. Die reichblühenden neuen Hybriden verlängern mit ihrer langen Blütezeit die Saison.

Die Taglilie nimmt mit jedem Boden vorlieb, ist aber dankbar für gelegentliche Düngergaben. Sie gedeiht auch im Halbschatten, blüht in der Sonne jedoch schöner. Wer die Gartenpflege vereinfachen will, ist mit dieser Staude gut bedient: Sie unterdrückt mit ihren üppigen Laubfächern das Wildkraut. Die Horste können jahrelang im Boden bleiben, mit der Zeit bestocken sie sich üppig. Ein Platz von einem Quadratmeter sollte ihr daher schon eingeräumt werden. Ideale Nachbarpflanzen sind *Campanula*, Iris, *Galtonia* und Gräser. Als Unterpflanzung eignen sich Frauenmantel, *Campanula porscharskyana, Geranium, Sedum, Ajuga atropurpureum* und *Epimedium*. Eine ideale Verbindung gehen Taglilien mit Narzissen ein. Neben dem schon früh austreibenden Laub heben sich die kleinen Frühlingsblüher wie Krokusse und Schneeglöckchen gut ab. Und in Kombination mit der winterblühenden Christrose *Helleborus foetidus* und Schneeglöckchen zieht sie schon früh im Jahr die Aufmerksamkeit auf sich. Liest man die verlockenden Beschreibungen in Gartenkatalogen, wo von „pompejanischem Rot von hoher Leuchtkraft", von „samtigem Mahagonirot" und Zimtbraun, von Farbtönen wie Honigmelone und Orchideenrosa die Rede ist, weiß man, daß dort wie bei der Herstellung von Rosenkatalogen verkaufsfördernde Poeten am Werk waren. Verführerisch für jeden Gartenliebhaber! Aber Sie machen sicherlich keinen Fehler, wenn Sie mehr bestellen, als Sie ursprünglich wollten: Wenige Pflanzen sind so vielseitig einsetzbar wie die Taglilie.

Für kleine Gärten sind besonders die Miniatur-*Hemerocallis* geeignet. Wegen der sehr langen Blütezeit von Mai bis September wird die goldgelbe 'Stella de Oro' empfohlen; zusammen mit gelbblühenden Königskerzen und den grünlichgelben Blütenwolken des Frauenmantels ein ausdauernd blühendes Ensemble. Aber auch die von vielen verschmähte alte Sorte *Hemerocallis fulva* kann in einer in Gelbtönen gehaltenen Staudenpflanzung mit ihrer orangebraunen Farbe einen schönen weichen Akzent setzen. Die lachsrote Rose 'Westerland' hat einen ähnlichen Farbton, und auch fruchtbeladene Himbeeren passen gut dazu. Die oben abgebildete 'Goldarama' ist nur eine von den vielen Hybriden in den verschiedensten Gelbtönen: Von Zitronen- bis zu Melonen- und Goldgelb reicht hier die Palette.

Fast alle Teile der Taglilie sind eßbar. Die Blüten werden getrocknet als „Golden Needles" verkauft und zu Reis- und Gemüsegerichten verwendet. Die Blüte schmeckt frisch-süßlich und knackig. Sie ist für süße und herzhafte Gerichte gleichermaßen passend. Die Knospen werden in Japan für Tempuras und Suppen getrocknet verwendet. Sie sind erstaunlich vitaminreich und enthalten fast soviel Vitamin A wie Spargel, aber mehr Vitamin C, und sie haben einen höheren Proteingehalt. In China gilt die Taglilie als „Sorgenkiller", da der Genuß der frischen jungen Triebe halluzinierend wirken soll. Blanchieren kann diese Nebenwirkung verhindern. Allerdings muß man schon viele Taglilien haben, um das ausprobieren zu können, denn wer opfert schon gerne die künftigen Blüten?

Die Taglilien, die „Schönen für einen Tag", blühen zwar in der Regel wirklich nur einen Tag lang, es gibt aber sogenannte langblühende Arten, die am Abend aufblühen und sich erst in der nächsten Nacht schließen. Aber auf jeden Fall können Sie ruhig die Blüten für die Küche pflücken, denn sie würden ja ohnehin schnell verblühen. An Sommerabenden auf der Terrasse gibt es kaum eine schönere Dekoration für Käse-Obstplatten, für Cocktails mit einem Hauch von Karibik und für Kuchen. Ein mit Schokolade glasierter Kuchen, gekrönt von einer Taglilienblüte und garniert mit roten Johannisbeerrispen, sichert Ihnen die Überraschung Ihrer Kaffeegäste.

Die Ringelblume *Calendula officinalis*, begleitet von blühendem Boretsch – beide säen sich zuverlässig immer wieder selbst aus. Sie wurden früher – und zum Teil auch heute – medizinisch genutzt und können unbedenklich auch in der Küche verwendet werden.

Auch die sanften Eigenschaften der Malve *Malva sylvestris* haben heilende Wirkung. So wirkt eine Malvensuppe bei Magenschleimhautreizungen lindernd.

Ein leuchtendes Hochsommerbild im Blumengarten mit Dahlien, Phlox, Monarden und Rosen. Schönheit und Nutzen sind auch hier vereint, denn all diese Zierpflanzen haben kulinarische, einige zudem medizinische Qualitäten.

Dekorative Geschenke und Anregungen

Zum modernen Lebensstil gehören einfach Blumen im Haus. Sie sind eine Verbindung mit der Natur, die uns draußen vor der Tür immer mehr abhanden kommt; aber die Sehnsucht nach ihr und nach jahreszeitlichem Erleben bleibt ungebrochen. Blumenläden und Gartencenter profitieren von diesen Wünschen. Floristen sind heute längst keine Blumenbinder mehr, sie sind Künstler. Persönlichkeiten wie Tage Andersen in Dänemark, der durch seine ungewöhnlichen, märchenhaften Inszenierungen berühmt wurde, oder wie der Belgier Daniel Oost, der japanische Einflüsse mit einer neuen europäischen Naturbetrachtung kombiniert, sind Beispiele für die Entwicklung zeitgemäßer Blumenkreationen. Wie von der Natur selbst entworfen, sind sie ungekünstelt und informell – aber gleichzeitig handelt es sich bei ihnen um Kunstwerke mit einer individuellen Aussage. Der Trend geht hierbei dahin – ähnlich wie bei der Wohnungsgestaltung oder in der Mode –, Stile zu mixen und so ein informelles, kreatives und lebendiges Ambiente zu schaffen.

Die Lichtverhältnisse sind für die Gestaltung im Garten, aber auch im Haus sehr wichtig und werden doch selten berücksichtigt. An einem Platz, an dem ein Blumenstrauß von den Strahlen der Sonne durchleuchtet wird, wird er zu einem Hingucker. Die Aufmerksamkeit für das Arrangement ist dort sehr viel größer als an einem beliebigen Ort, wie es ja auch bei einem angestrahlten Bild der Fall ist. Licht und Schatten beleben ein Blumenarrangement auch des Abends. Moderne Halogenleisten ermöglichen es zudem, den Lichtstrahl direkt auf das Objekt zu richten. Das wirkt wie die Lichteffekte im Theater, die Raum und Dekoration interessanter wirken lassen als eine gleichmäßige Ausleuchtung der Szene.

Die Blumenstilleben der alten Meister, obwohl Jahrhunderte alt, können noch immer Vorbild sein, da ihre Aussage zeitlos ist. Stilleben mit Blumen und Früchten bringen Licht, Farbe und jahreszeitliche Anklänge ins Haus.

Inspirationen für Arrangements kommen bei einem Gang durch den Garten. Es muß nicht immer ein aufwendiger Strauß sein; auch besonders schöne Einzelblüten in unterschiedlichen Glasvasen, in einer Reihe kombiniert, haben ihren Reiz. Eine Sammlung einzelner Alliumblüten wird so auch zur botanischen Lehrstunde – für denjenigen, der sie zusammenstellt, wie für die anderen Betrachter.

Aus der Fülle des Gartens können mit einfachen Mitteln schöne phantasievolle Stilleben nicht nur für den besonderen Anlaß, sondern auch für den Alltag geschaffen werden. Ein mit einer einzelnen Blüte geschmücktes Frühstückstablett oder ein Teller mit Melonenachteln, Minzeblättchen und Taglilien als floristischer Mittelpunkt kalter Vorspeisen sind schnell gezaubert. Das Essen soll Augen und Gaumen erfreuen, Phantasie und Appetit anregen und natürlich köstlich schmecken. Mit den eßbaren Blüten lassen sich kleine Arrangements leicht und natürlich veredeln! Phantasievolle Cocktails wie in der Karibik sind auch bei uns leicht zu zaubern. Mit eßbaren Blüten wie Gladiolen, Taglilien und Malven geschmückte Getränke sind ein Glanzlicht für jeden Feierabend auf der Terrasse. Es darf auch mal ein eisgekühlter Kräutertee sein oder ein Holundersirup, der mit Blüten geschmückt zu etwas Besonderem wird.

Obstschale mit Blumen

Blumen bringen Farbe und Duft in den Raum. Mal etwas anderes als der klassische Strauß: In einer schönen Schale im Wasser schwimmende Blüten sind ein schneller Effekt. Auch einzelne Blüten, die in wassergefüllten Orchideengläschen stecken, und ein Arrangement mit Obst aus dem Garten sind eine wunderschöne Dekoration. Blüten welken in der Nähe von Obst zwar schneller. Aber sie können ja leicht ausgetauscht werden – der Garten bringt ausreichend Nachschub!

Lavendelessig

1/2 l Weißweinessig
oder 4 Meßkappen Essig-Essenz mit 1/2 l Wasser
1 Handvoll Lavendel

Den Essig in eine dekorative Flasche füllen, Blüten zufügen. 2 Wochen auf der Fensterbank ausziehen lassen, abfiltern und kühl und dunkel aufbewahren.

Tip: Lavendelessig paßt besonders gut zu Wildkräutersalaten und zu Radicchio.

Früchtestilleben auf Hostablatt mit Blüten

Nektarinen, Kirschen und rote Johannisbeeren bilden zusammen mit Malven und einer Taglilie ein harmonisches Stilleben.

Die ausdrucksvollen Hostablätter werden auf einem schönen Teller angeordnet und darauf besondere Früchte der Saison verteilt: Erdbeeren im Frühsommer, im Sommer Aprikosen, im Herbst Weintrauben, Pfirsiche und Herbsthimbeeren oder auch rotbackige Äpfel. Dazu nun Blüten, die natürlich eßbar sein sollten, um das verlockende Stilleben abzurunden. Im Frühjahr sind es Erdbeerblüten und dazu ein paar -blättchen, im Sommer Taglilien, Monarden oder Malven und im Herbst Sonnenblumen. Das Thema kann ganz nach Wunsch variiert oder auch mit Käse ergänzt werden. Diese Obstteller können nun überall im Haus verteilt werden – auch Obstmuffel greifen dann zu!

Garnelen mit Knolau

1 Bund Knolau
150 g Crème fraîche
Meersalz, Pfeffer
24 gekochte Garnelen

Knolau mit der Schere sehr fein
schneiden. Crème fraîche mit Salz
und Pfeffer würzen, die Knolaustrei-
fen zufügen. Die Garnelen auf einem
Teller anrichten und die Knolau-Cre-
me zum Dippen reichen. Dazu passen
Baguette und ein leichter Roséwein.

Tip: Als Vorspeise servieren. Zur Blütezeit können die schönen weißen
Knolaublüten zum Dekorieren (und
natürlich zum Probieren) verwendet
werden.

Kopfsalatherzen mit Dahlien

4 Kopfsalate
4 Dahlien in verschiedenen Farben
4 El Walnußöl
2 El Zitronensaft
Salz, Pfeffer
Garnitur: ganze Dahlien

Die Herzen aus den Salaten lösen und
achteln, mit den ausgezupften Dahli-
enblüten mischen. Öl, Zitronensaft,
Pfeffer und Salz verrühren und über
den Salat geben. Mit ganzen Dahlien-
blüten garnieren.

Rotkohlsalat mit Dahlie

1/2 Rotkohl
3 El Walnußöl
2 El Rotweinessig
Salz, Pfeffer
2 El Pinienkerne
Garnitur: 1 weiße Dahlienblüte

Rotkohl sehr fein hobeln, mit Öl,
Essig, Salz und Pfeffer anmachen und
gut durchziehen lassen. Kurz vor dem
Servieren mit Pinienkernen bestreuen
und mit einer weißen Dahlienblüte
garnieren.

Salat „Monet"

1 Römersalat
1 Bd Basilikum
1 Bd Portulak
Kapuzinerkresseblätter und -blüten,
Boretschblüten, Ringelblumen, Ysopblüten und blaue Stiefmütterchen
4 El Walnußöl
2 El Basilikumessig (Rezept siehe Seite 173)
Salz, Pfeffer

Salate und Blüten auf einer Platte
anrichten, so daß ein Farbdreiklang
von Lachs, Gelb und Lilablau entsteht
(typische Monetfarben!) Aus Öl,
Essig, Salz und Pfeffer eine Vinaigrette
rühren und über den Salat geben.
Sofort servieren.

Schnittlauchbutter mit Blüten

250 g Butter
2 Bd Schnittlauch
Salz
Garnitur: Schnittlauchblüten, Winter-
heckeblüten, Blüten von Zierlauch,
z. B. *Allium aflatunense*

Schnittlauch mit der Schere in feine
Streifen schneiden, mit der weichen
Butter und Salz verrühren. Mit
Schnittlauch- und anderen Alliumblü-
ten garnieren.

Frühlingszwiebeln mit Sauce Romesco

1 große rote Paprikaschote
2 Fleischtomaten
1/8 l Olivenöl
3 Knoblauchzehen
3 Baguettescheiben
1 Tasse geröstete und gesalzene Mandeln
4 Bd Frühlingszwiebeln
Salz und Pfeffer
Garnitur: 1 Bd Shiso

Die Paprikaschote halbieren und entkernen, mit der Hautseite nach oben
bei 200 °C für 15 Minuten in den
Backofen legen. Herausnehmen und
mit einem feuchten Küchentuch
bedecken. Wenn sie etwas abgekühlt
ist, die Haut abziehen und die Paprikaschote grob würfeln.

Die Baguettescheiben in etwas kaltem Wasser einweichen. Den Knoblauch hacken, die Tomaten häuten und grob würfeln. Zusammen mit der Paprikaschote in 1 El Olivenöl in der Pfanne kurz andünsten. Mit den Mandeln und den ausgedrückten Baguettescheiben vermischen, das restliche Öl zugießen und im Mixer pürieren. Mit Salz und Pfeffer abschmecken.
Die Frühlingszwiebeln im Ganzen (ungeputzt) im 220 °C heißen Backofen backen, bis die Haut zu bräunen beginnt. Auf einem Teller anrichten, die Sauce Romesco in eine Sauciere füllen und mit Shiso garnieren. Zum Essen wird die äußere Haut entfernt, und die Zwiebeln werden in die Sauce getunkt. Dazu passen Baguette und ein kühler Rosé.

Lammkoteletts mit Lavendel

8 Lammkoteletts
2 El Mehl
1 Ei
Salz, Pfeffer
4 El Semmelbrösel
Garnitur: einige frische Lavendelblüten, Rosmarin und Thymianzweige

Ei mit Salz und Pfeffer aufschlagen. Kräuter von den Stielen ribbeln und mit den Semmelbröseln (möglichst selbstgemacht aus 1 Tag altem Baguettebrot) vermischen. Die Koteletts zuerst in Mehl, dann in dem verquirlten Ei und der Semmelbröselmischung wenden. Von jeder Seite ca. 4 Minuten goldbraun braten, mit den Kräutern garnieren. Dazu passen Baguette, Butterböhnchen und in der Pfanne kurz erhitzte Cocktailtomaten.

Möhrenpäckchen mit einem Band aus Winterhecke

2 Bund Möhren
150 g Crème fraîche
Winterhecke
1 El Mayonnaise
1 Tl Estragonsenf
1 Tl rosa Pfeffer
Salz, Pfeffer
Garnitur: Winterheckenblüten

Die Möhren schälen, etwas vom Stengelansatz stehenlassen. In wenig Salzwasser nicht zu weich kochen und abtropfen lassen. Auf einem Teller anrichten.
In dem Kochsud die Winterheckentriebe kurz blanchieren und jeweils 3 Möhren zu einem Päckchen binden. Dazu eine Sauce aus der Crème fraîche, dem Estragonsenf und den Gewürzen rühren. Zarte Winterheckentriebspitzen mit der Schere in Ringe schneiden und in die Sauce geben. Wenn gerade Blütezeit ist, mit den schönen Blütenkugeln der Winterhecke garnieren; ausgezupft können die Blüten dazu probiert werden.

Tip: Mit Parmaschinken als Vorspeise servieren oder zum Abendessen reichen.

Pfirsichkompott mit Monardenblüten

10 kleine Pfirsiche
1/8 l Wasser
2–3 El Zucker
200 g Schlagsahne
1 Tl Pfirsichlikör
Garnitur: 4 Monardenblüten, 4 Minzetriebspitzen

Pfirsiche häuten und in Scheiben schneiden, mit dem Wasser und dem Zucker kurz dünsten. Mit dem Pfirsichlikör aromatisieren und auf Portionsteller verteilen. Dazu Schlagsahne reichen. Mit den ausgezupften Blüten der Monarde, die einen farbenprächtigen Akzent geben, und den Minzeblättchen garnieren.

Melonenpotpourri mit Taglilien

2 Honigmelonen
1/2 Wassermelone
1 Likörglas Pfirsichlikör
Garnitur: Taglilien, Minze

Aus einer Honigmelone und der Wassermelone Bällchen ausstechen, den Saft dabei auffangen. Die Bällchen in dem Saft mit einem Schuß Pfirsichlikör marinieren. Die zweite Honigmelone achteln, auf Portionsteller verteilen. Die Bällchen mit dem Saft über die Melonenachtel geben. Mit den Taglilien und je einem Zweig Minze dekorieren.

Goldhopfen umrankt einen romantischen Sitzplatz im Kräutergarten. Blühender Muskatellersalbei und Königskerzen erheben sich dominant aus den buchsumsäumten Beeten. Hier kann man wunderbar entspannen und den Kräuterduft genießen.

Der Kräutergarten

In historischen Kräutergärten spüren wir, daß sich der Puls der Zeit verlangsamt. Die klösterliche Ruhe, nur von Bienen- und Hummelgesumm durchbrochen, die strenge Ordnung der Anlage mit den duftenden Kräutern, die so ungewöhnliche Namen tragen wie Engelwurz, Odermennig, Alant und Tausendgüldenkraut, versetzt uns aus unserer unruhigen, hektischen Welt für einen Moment in frühere Zeiten, als die Kräuter noch magische Kräfte hatten. Sie haben im wesentlichen ihr Aussehen aus früheren Jahrhunderten behalten, nur in einigen Fällen sind sie weitergezüchtet worden. Die sanften Farben der Blüten und die unterschiedlichen Grün- und Silbertöne der Blätter vermitteln eine ganz andere Atmosphäre als ein bunter, überschwenglich blühender Blumengarten.

Die zeitlose Ausstrahlung der Kräutergärten beruht auf der geometrischen Anordnung der buchsgesäumten Beete, die schon seit Jahrhunderten den grünen Rahmen der Pflanzen bilden. Die übliche Aufteilung des Gartens in kleine, schmale Beete ist übersichtlich und praktisch zum Ernten und für die Pflege. Schmale, gepflasterte oder mit Kies bestreute Wege führen zu den Kräutern. In der Mitte der Anlage steht eine Sonnenuhr oder ein mit Blumen bepflanztes Rondell. Ein umlaufender Kreuzgang oder die Mauern der Klosteranlage schirmen von der Außenwelt ab und speichern die Wärme. Dieses geschützte Klima ist besonders für die mediterranen Kräuter günstig, und außerdem kann sich der Duft der aromatischen Pflanzen hier besonders gut entwickeln.

Im Kloster selbst gab es früher immer auch eine Officina, eine Apotheke, in der die heilkundigen Mönche und Nonnen die Kräuter für medizinische Zubereitungen, Tees und heilkräftige Liköre mischten. Nach den alten klösterlichen Rezepten werden noch heute viele Kräuterliköre wie „Chartreuse" und „Bénédictine" hergestellt. Gegen jede Krankheit war ein Kraut gewachsen, aber auch für viele Gerichte: In der Klosterküche wurden in der Regel die Mahlzeiten mit Kräutern gewürzt. Nicht überall gab es nur karge Kost, mancher-

orts wußte man durchaus die Schätze der Natur zu genießen. Dank der Benediktinermönche, die im frühen Mittelalter mit neuen Kenntnissen und Pflanzen aus ihren südlichen Klöstern zu uns kamen, erlebte die Gartenkultur einen wahren Aufschwung: Im Capitulare Karls des Großen etwa wurden die Pächter der Landgüter angehalten, 23 verschiedene Kräuter anzupflanzen, darunter Kerbel, Dill, Bohnenkraut, Fenchel, Estragon, Weinraute, verschiedene Minzearten und Rosmarin.

Der älteste Plan eines Heilkräutergartens stammt aus dem 9. Jahrhundert. Es sind nur wenige historische Kräutergärten erhalten geblieben. Aber viele wurden restauriert oder nach alten Plänen neu angelegt, da das Interesse an Kräutern in den letzten Jahrzehnten wieder zunahm: Sie und ihre heilsamen Kräfte sind aktuell wie eh und je.

Besonderes Interesse bringen wir heute auch der Würzkraft der Kräuter entgegen. Viele berühmte Gourmetköche aus Frankreich, England, Belgien und Deutschland legten sich eigene Kräutergärten an, um unabhängiger von den Händlern zu sein. Die Vielfalt des Angebots auf Märkten, in Asienläden und sogar im Supermarkt macht die selbstgezogenen Kräuter nicht unbedingt überflüssig: Das reichhaltige Angebot gibt es häufig nur in den Großstädten. Auf dem Land und in kleineren Städten sieht es damit eher mager aus. Außerdem können im eigenen Garten speziell die Kräuter herangezogen werden, die man in der Familie häufig braucht. Und Experimentierfreudige können inzwischen Kräuter aus aller Welt im speziellen Kräuterhandel erhalten, vom Aztekischen Süßkraut bis zum Zitronengras!

Moderne Kräutergärten

Angelehnt an historische Vorbilder sind besonders in England, aber auch in Holland und Belgien in Privatgärten neue Kräutergärten angelegt worden, die zum Teil auch besichtigt werden können. Die Gestaltungsmöglichkeiten sind sehr vielfältig, und jeder Garten hat seine individuellen Reize. Die Varianten reichen dabei vom Terrassen-Kräutergarten über einen Tafelobstgarten mit Kräutern bis zum Gemüsegarten mit dreieckigen Kräuterbeeten und einem Minzenweg mit weißblühenden Stauden – der Phantasie sind keine Grenzen gesetzt!

Ideal ist es, wenn der Kräutergarten an die Terrasse grenzt oder direkt vor der Küchentür liegt, so kann man auch bei Regenwetter trockenen Fußes die Kräuter ernten. Der Kräutergarten der Familie Poley auf Zeeland / Holland wurde sogar direkt in den Terrassenbereich integriert, mit einem Eßplatz ganz in der Nähe. Um einen gepflasterten, zentralen Mittelpunkt, der durch eine Skulptur betont wird, sind die Beete segmentartig wie Kuchenstücke angeordnet. Buchskugeln verleihen der Anlage auch im Winter Struktur. Dahinter wachsen Angelika, Fenchel, Liebstöckel, Zitronenmelisse, Meerrettich und als Lichtblick goldgelber Oregano. Vom übrigen Garten wird dieser idyllische Platz durch hohe Eibenhecken abgeschirmt.

Eine sonnige Terrasse ist ein hervorragender Platz für die mediterranen Kräuter. In ausgesparten Lücken in der Terrassierung oder in nicht zu schmalen Fugen können Thymian, Lavendel und Salbei einen idealen Platz finden. In Verbindung mit Natursteinen wachsen Kräuter besonders gut. Daher kann auch eine Natursteinmauer als Abschluß einer Terrasse ein geeigneter Platz für sonnenliebende Kräuter sein. Rosmarin, Lavendel, Thymian und Bergbohnenkraut wachsen hier leicht überhängend in mit sandiger Erde ausgefüllten Lücken und breiten sich mit der Zeit malerisch aus. Auch an ihrem Fuß fühlen sich die Kräuter, die von den kalkhaltigen, trockenen Felsen der Mittelmeerländer stammen, wohl. Ein Platz auf der Mauer kann zudem als Duftsitz ausgespart werden: Mit etwas Erde aufgefüllt, wachsen hier die nach Zitrone duftende Kriechkamille *Chamaemelum nobile* und der niedrig bleibende Thymian *Thymus serpyllum*.

Duftsitze waren im Mittelalter im Bereich der Burgmauern beliebt. Ein berühmter Duftsitz, aus alten Steinen und Säulenresten gemau-

Ein von Kräutern gesäumter Weg ist eine interessante Alternative zum Kräutergarten. Beim Spaziergang lassen sich leicht Kräuterblättchen zum Schnuppern abpflücken, denn viele Kräuterdüfte werden erst durch Berührung frei.

ert, befindet sich aber auch im Kräutergarten von Sissinghurst. Bei Tausenden von Besuchern pro Tag darf man sich natürlich nicht mehr daraufsetzen; um dieses Dufterlebnis zu genießen, muß man sich schon selbst solch ein Plätzchen bauen. Das kann aber auch eine Thymiantreppe sein, auf der man bei Sonnenschein sitzt und den Duft fast in Nasenhöhe hat.

Kräuter im Garten

Nicht jeder hat Platz für einen regelrechten Kräutergarten. Deshalb muß man nicht unbedingt auf Kräuter verzichten, denn sie können gut mit Blumen, Stauden und Rosen kombiniert werden. Diese Methode hat den Vorteil, daß man die Kräuter ihren Standortwünschen gemäß plazieren kann; neben den sonnenliebenden, mediterranen Kräutern, die einen

Die gepflasterte Terrasse in einem holländischen Garten nimmt eine ganze Kräutergesellschaft auf. Rundgeformte Buchskugeln verleihen der Anlage auch im Winter Struktur.

trockenen, mageren Boden lieben, gibt es schließlich noch andere, die gerne in humosen, leicht feuchten Böden stehen und Halbschatten bevorzugen. Dazu gehören Angelika und Süßdolde, die gut in einer halbschattigen Strauchrabatte zusammen mit immergrünen oder laubabwerfenden Ziersträuchern stehen und sich dort auch ungestört aussamen können. Als Bodendecker fühlt sich der Waldmeister dort wohl und unterdrückt zudem unerwünschtes Wildkraut durch Verdrängung, so daß diese Bereiche dann kaum Pflege brauchen. Auch die ausläufertreibenden, eroberungswütigen Minzen, die in Staudenbeeten leicht lästig werden können, finden hier einen Platz, an dem sie nicht stören. Mit Hostaarten, Farnen und Astilben kombiniert, sieht diese Pflanzung ganz ohne großen Aufwand gut aus.

Viele der gebräuchlichsten Küchenkräuter wie Kerbel, Kresse, Kümmel, Petersilie und Schnittlauch stehen gut im Gemüsegarten, obwohl es auch unter ihnen einige gibt, die durchaus dekorative Vorzüge haben: Der rosablühende Schnittlauch etwa kann durchaus ein Plätzchen vor einer niedrigen Strauchrose finden und dort seine schönen Blütenbälle zeigen, die auch mal als zwiebelige Würze in der Küche eine Rolle spielen dürfen. Die Petersilie sieht als Unterpflanzung von Stauden plötzlich wie eine attraktive Blattzierpflanze aus, und

auch vom allseits beliebten Basilikum gibt es interessante rotblättrige Sorten und andere mit großen, gekrausten Blättern, die an einem sonnigen Platz gut im Blumengarten wachsen können.

In der Küche sollten Kräuter sparsam, aber durchaus regelmäßig verwendet werden. Da viele Kräuter gleichzeitig Heilkräuter sind, ist eine gewisse Vorsicht geboten. Der Satz des mittelalterlichen Arztes Paracelsus: „Die Dosis macht, ob es ein Gift sey", gilt auch noch heute für manche Kräuter. Genaue Angaben dazu finden sich in den einzelnen Kräuterporträts.

Auch in den Klostergärten standen schon Alant, Lilien, Malven und Rosen – einerseits ihrer Schönheit wegen, andererseits wurden aber auch sie früher medizinisch genutzt.

Einige Kräuter haben schon längst als Zierpflanzen Eingang in die Blumenrabatten gefunden, dabei sind ihre heilenden Eigenschaften aber in Vergessenheit geraten. Dazu gehören Monarde, Ringelblume, Kapuzinerkresse, Weinraute und das als „Schwarznessel" getarnte japanische Gewürz Shiso, *Perilla frutescens* 'Nankinensis'. So genau sind die Grenzen zwischen Zier- und Heilpflanzen gar nicht zu ziehen; so manchem Heilkraut steht noch eine Entdeckung als Zierpflanze bevor, und manche Zierpflanze wird sich wohl noch als nützlich entpuppen.

Im Mittelpunkt des Kräutergartens befindet sich ein Rondell aus der Weinraute *Ruta graveolens,* die sich auch als Hecke ziehen läßt. In den Beeten wachsen unter anderem Fenchel, Angelika und Salbei.

Die Ingwerminze *Mentha x gentilis* 'Variegata' mit gelb-panaschierten Blättern eignet sich auch für Blumen-beete. Zusammen mit den weiß-blühenden Glockenblumen *Campanula persicifo-lia* entsteht ein Bild von zurückhalten-dem Reiz.

Der klar gegliederte Kräutergarten nach historischem Vorbild strahlt klösterliche Ruhe aus. In den Beeten ist Platz für viele Heil-und Küchenkräu-ter. Die Beeteinfas-sungen bestehen hier aus verschie-denen Kräutern, die heckenartig beschnitten wer-den. Neben der Bank wachsen pyramidenförmig geschnittene Lor-beersträucher im Topf, davor steht zitronenduftender Diptam.

In einem Beet direkt am Haus wachsen mediterra-ne Kräuter gut geschützt zur vollen Schönheit heran – fast wie in ihrem Heimatland. Der Küchensalbei *Salvia officinalis* zieht mit seiner schönen Blüte Bienen und Hummeln an.

Angelika
Angelica archangelica

Die imposante, herbaromatisch duftende Engelwurz gehört zu den wenigen Gewürzkräutern, die in Nordeuropa heimisch sind. Sie wächst wild in Deutschland, Irland, Grönland, Skandinavien und Sibirien und bevorzugt nährstoffreichen, feuchten Boden. Dieses kraftstrotzende Kraut mit den großen, dreiteilig eingeschnittenen Blättern und den auffallend bauchigen Blattscheiden wächst in nassen Flußbereichen und auf nährstoffreichen Wiesen. Angelika wird bis zu zweieinhalb Meter hoch und ist mit einer fleischigen Wurzel im Boden verankert. Die ganze Pflanze riecht würzig moschusartig und wird heute wie früher von der Wurzel bis zu den Samen genutzt. Im Loiretal und im Süden Deutschlands wird sie auch gewerblich angebaut.

Im ersten Jahr wächst die zweijährige Pflanze nur 60 bis 90 Zentimeter hoch; erst im zweiten Jahr schießt der hohe, manchmal rot gefärbte Blütenstengel mit den großen dekorativen, gelblichgrünen Dolden in die Höhe. Der frische Pflanzensaft kann an sonnigen Tagen Hautreizungen hervorrufen, deshalb sollten Sie beim Ernten vorsichtig sein. Die Wurzel wird im Herbst des ersten Jahres geerntet, die jungen Stengel vor der Blüte. Die Pflanze sät sich selbst reichlich aus, so

daß an Nachwuchs kein Mangel besteht.

Die Engelwurz ist nicht nur im Kräutergarten eine imposante Erscheinung, die alle Blicke auf sich zieht: Sie steht gern im lichten Schatten und kann daher auch in eine gemischte Staudenrabatte integriert werden. Zu den gelblichgrünen Doldenblüten paßt besonders gut eine Unterpflanzung mit Frauenmantel. Form und Farbe der Engelwurzblüten wiederholen sich im kleineren Format beim Frauenmantel. Ein guter Platz für die kraftvolle Pflanze ist an einer Wasserstelle, am Teich oder an einem Bach. Dort fühlt sie sich wie am Naturstandort!

Kandierte junge Angelikastengel sind in Frankreich für Gebäck und Kuchen beliebt. Die leicht bitter schmeckenden Stengel erhalten in der Kombination mit Zucker ein likörartiges Aroma. Samen und Wurzel werden für Kräuterliköre wie „Chartreuse" und „Bénédictine", aber auch für Parfüms genutzt, Blätter für nerven- und magenstärkende Tees und als Gewürz für Rhabarberkompott oder Orangenmarmelade. Auch im berühmten Melissengeist des Karmeliterordens sind Auszüge aus der Engelwurz enthalten.

Als Inhaltsstoffe wirken Bitter- und Gerbstoffe, Harze, organische Säuren und Cumarin. Die getrocknete Wurzel wird als Fixativ in Potpourris genutzt. Früher galt die Engelwurz sogar als Mittel gegen die Pest und wurde mit anderen Kräutern zusammen auf öffentlichen Plätzen verbrannt, um die Seuche auszuräuchern. Die interessante Pflanze mit dem imposanten Erscheinungsbild läßt uns fast an die magischen Kräfte der Kräuter glauben.

Boretsch
Borago officinalis

Das einjährige Kraut mit den himmelblauen Sternblüten wurde vermutlich von den Arabern nach Spanien gebracht. Es ist von Kleinasien bis Syrien und Nordafrika verbreitet, seit langem aber auch in vielen Teilen Südeuropas verwildert. Zusammen mit rotem Mohn und gelbgrüner Wolfsmilch bildet es im Süden im Frühjahr unter alten, knorrigen Olivenbäumen bunte Frühlingswiesen. Die kräftige Pflanze mit den großen ovalen, rauhbehaarten Blättern wird 50 bis 80 Zentimeter hoch. Die hellblauen, manchmal rosafarbenen und selten weißen Blüten haben aparte schwarze Staubgefäße, die sehr kontrastreich wirken.

Blühender Boretsch ist nicht nur im Kräutergarten eine dekorative, die Bienen anziehende Pflanze. Auch in einer blauen Blumenrabatte etwa ist er als Dauerblüher bis zum Frost ein Gewinn. Besonders gut harmoniert Boretsch mit silbrigblättrigen Kräutern wie *Santolina* oder Wermut. Er sät sich reichlich aus, wenn man ihn einmal im Garten hat, läßt sich aber wegen seiner Pfahlwurzel schlecht verpflanzen. Wenn Sie sich hauptsächlich für die Blätter interessieren, sollten Folgesaaten im Abstand von 14 Tagen eingeplant werden. Das ältere Blatt wird derb und haarig, deshalb sollte man zum Würzen nur die ganz jungen Blätter dieses Rauhgewächses nehmen und sie immer ganz fein schneiden!

Eine ausdauernde Form des bekannten Küchenkrauts ist *Borago laxiflora* aus Sardinien und Korsika. Die Blätter sind rauher, werden aber genauso verwendet wie beim einjährigen Boretsch. Der niedrige, etwas herabhängende Wuchs eignet sich gut für Töpfe und Kästen, und das Kraut ist bis minus zehn Grad frostfest. Nicht nur auf den Balkon und die Terrasse, sondern auch in den Garten und in sommerliche, duftende Kräutersträuße bringen Boretschblüten Farbe. Kurz und gut: ein unverzichtbares, dekoratives Kraut mit vielen Vorzügen!

Schon früh wurde Boretsch in Kloster- und Bauerngärten angepflanzt. Er gilt als alte Heilpflanze, die das Herz stärkt und gegen Melancholie wirkt. Das mineralstoffreiche Kraut ist mit seinem hohen Saponingehalt ein wirksames Mittel gegen Erkältungen und hat entwässernde und entzündungshemmende Eigenschaften. Der erfrischende Geschmack nach Gurken (daher auch Gurkenkraut genannt) kommt besonders gut in Getränken zur Geltung.

Schon die alten Griechen gaben Boretschblätter als kühlende Zutat zu Getränken. In jüngster Zeit entdeckte man in der Pflanze jedoch Pyrrolozidin-Alkaloide, denen leberschädigende und krebserregende Wirkung nachgesagt werden. Sicherheitshalber sollten Blätter und Blüten nicht in größeren Mengen und über einen längeren Zeitraum verwendet werden. Ein paar Blätter als Würze und ein paar Blüten als eßbare Dekoration sind aber sicherlich unbedenklich! Blüten und Blätter aromatisieren hausgemachte Zitronenlimonade, kalte Kräutertees und den in England beliebten Aperitif „Pimm's No. 1".

Die Blüten garnieren Salate und Suppen und verzieren kandiert Süßspeisen und Kuchen. Die Blätter werden feingehackt mit Haselnußscheibchen aufs Butterbrot gelegt und als würzende Zugabe unter Spinat und Mangold gemischt. In Italien, wo Boretsch in größeren Beständen wild wächst, wird er auch als Füllung in Ravioli gegeben.

Etagenzwiebel
Allium cepa var. *viviparum*

Diese 30–40 Zentimeter hohe Zwiebelart ist mit ihrem bizarren Wuchs eine originelle Erscheinung im Kräutergarten. Sie ist außergewöhnlich winterhart, stellt keine besonderen Bodenansprüche und liefert den ganzen Winter frisches Zwiebelgrün für die Küche. Die Etagenzwiebel bildet keine Blüten aus, statt dessen entwickelt sich direkt an der Triebspitze ein Nest von Brutzwiebeln, die dort sofort austreiben. Durch das lebende Gewicht dreht sich die Pflanze schlangengleich bis zum Boden. Sobald die Brutzwiebeln Bodenkontakt haben, wurzeln sie sogleich an. Der Kreislauf dieser „ewigen" Zwiebel wird nur unterbrochen, wenn die Zwiebelchen für die Küche geerntet werden. Sie sind sehr wohlschmeckend und gut lagerfähig.

Fenchel
Foeniculum vulgare

Der strauchartig wachsende, nach Anis duftende Gewürzfenchel gedeiht wild in allen Mittelmeerländern an warmen, trockenen und kalkreichen Standorten. Die Römer brachten ihn nach Nordeuropa, und heute ist er in vielen Ländern eingebürgert. Die winterfeste, mehrjährige Pflanze ist an nicht zusagenden Standorten nur kurzlebig; an sonnigen Plätzen jedoch verströmt sie Jahr für Jahr besonders im Herbst einen würzigen, aromatischen Duft nach Anis und Lakritz, der an den Macchiaduft des Südens erinnert.

Im Kräutergarten ist der buschige, bis zu zwei Meter hoch werdende Fenchel eine imposante Erscheinung. Mit seinen feingefiederten hellgrünen Blättern und den ihn von Juli bis September zierenden schwefelgelben Doldenblüten (auch sie können in der Küche verwendet werden!) ist er sehr dekorativ und paßt sogar gut in den Blumen- und Rosengarten. Er sorgt für eine reichliche Selbstaussaat, überzählige Sämlinge können aber im Jugendstadium noch leicht entfernt werden. Später allerdings entwickelt sich eine Pfahlwurzel, die den Fenchel fest im Boden verankert. Der Bronzefenchel *Foeniculum vulgare* 'Atropurpureum' ist etwas kleiner und schwachwüchsiger, er wird bis zu anderthalb Meter hoch. Sein rotbraunes Laub sieht nicht so frisch aus wie das Laub des maigrünen Gewürzfenchels, ist aber interessant zu weißen Strauchrosen wie 'Schneewittchen'. Der grüne Fenchel hingegen sieht zur Blütezeit zu gelben Strauchrosen wie 'Goldstern', 'Yellow Charles Austin' oder 'Lichtkönigin Lucia' wunderschön aus. Im Garten, aber auch in bunten Sommersträußen wirkt blühender Fenchel schmeichelnd und verbindend.

Bei uns werden hauptsächlich die halbmondförmigen, gerippten Fenchelsamen für einen blähungstreibenden, krampflösenden Tee genutzt. Aber Fenchelsamen kann vielseitiger eingesetzt werden! Er macht frisches Brot leichter verdaulich und gehört zusammen mit Koriander, Anis und Kümmel zu den traditionellen Brotgewürzen. In südlichen Ländern wird er zur Reinigung des Atems gekaut, er verringert sogar das Hungergefühl. Fenchel wird in Erkältungstees gemischt, als Spülung für entzündete Augen empfohlen und als Gewürz für Kräuterliköre eingesetzt. In Frankreich gibt es den Fenchellikör „Fenouillette", in Italien wird gar die Salami „Finocchiona" mit Fenchel gewürzt. Die Fenchelfrüchte passen zu süßen und zu salzigen Speisen, zu Brot, Kuchen und sogar zu Fisch. Wenig bekannt ist die Tatsache, daß neben den Samen auch das würzige Fenchelkraut, das sogar im Winter direkt aus der Basis frisch nachwächst und zu Fisch, Krabben und Kräutersuppen eine überraschende Würze liefert, genutzt werden kann. In heißen Ländern, in denen Dill nicht gedeiht, wird es als Ersatz gebraucht. Doch das ist noch nicht alles: Schon die Römer aßen Fencheltriebe als Gemüse, und heute wird der aus dem Wildfenchel gezüchtete Gewürzfenchel *Foeniculum vulgare* var. *dulce* überall angebaut.

Das zarte frische Kraut sollte auch beim Gemüsefenchel mitverwendet werden, denn es enthält reichlich Vitamin A und E. In Kartoffel- und Fischsuppen, zu Gurkensalat und in Salatsaucen, zu Eiern oder zu Lachs und anderen Fischen sollten Sie das aromatische, süßliche Kraut ruhig mal probieren.

Knoblauch
Allium sativum

Knoblauch wird überall auf der Welt kultiviert. Er ist für die asiatische und mediterrane Küche unverzichtbar. Seit Jahrtausenden werden seine antibiotischen Eigenschaften in der Medizin genutzt, und die ägyptischen Arbeiter an den Pyramiden erhielten gar eine tägliche Knoblauchration zur Stärkung. Wegen des Geruchs galt er lange Zeit als vulgär, als Gewürz der Armen und Gastarbeiter. Seit wir in fremde Suppentöpfe gucken, wird Knoblauch auch bei uns kulinarisch aufgewertet.

Im knospigen Zustand sieht Knoblauch dekorativ aus, der Blütenstand ist dann von einem papierdünnen Hochblatt eingehüllt, das sich zum Erblühen öffnet und schließlich abfällt. Die sich aus der Blüte entwickelnden Brutzwiebeln können im Herbst wieder neu gesteckt werden. Knoblauch schützt alle Nachbarpflanzen, ob Rosen, Erdbeeren, Gemüse, Beerenobst oder Obstbäume, vor Pilzkrankheiten. Also sollten Sie an sonnigen Plätzen die Brutzwiebeln ruhig großzügig verteilen. Auch wenn sie hier nie so üppig werden wie die Knoblauchknollen aus dem Süden, lecker ist dieser junge zarte Knoblauch im Frühjahr bestimmt! Man kann übrigens auch nur das frische Grün abschneiden wie beim Schnittlauch; die Pflanze wächst dann wieder nach. Die einzelnen Zehen der Knolle können im Frühjahr oder im Herbst gesteckt werden. Der gesundheitliche Nutzen ist jedenfalls groß, wenn wir Knoblauch häufig verwenden: Er wirkt entgiftend, blutdruck- und cholesterinsenkend und antibiotisch.

Minze
Mentha

Die Minzen mit ihren verwirrenden Verwandtschaftsverhältnissen sind überall auf der Welt beliebt und werden seit Jahrtausenden in Küche und Medizin genutzt. Sie kreuzen sich leicht untereinander und bilden dabei Hybriden, was ihre Klassifizierung schwierig macht. Schon die altbekannte Pfefferminze *Mentha x piperita* (oben abgebildet) ist eine Hybride und keine selbständige Art! Die Wasserminze *Mentha aquatica* und die Ackerminze *Mentha arvensis* sind in Europa wildwachsende Minzearten. Die heilkräftigeren Edelminzen jedoch wachsen nur in Kultur. Sie sind uns wie viele andere Kräuter von den Römern gebracht worden. Griechen und Römer nutzten ihre antiseptischen Eigenschaften und gebrauchten sie zum Abreiben der Tafel und für erfrischende Bäder. Die Römer bereiteten auch Minzsaucen zu und kauten die Blätter wegen des frischen Atems. Dafür ist die Minze ja noch heute beliebt: Sie gibt Zahnpasten und Mundwässern den frischen, kühlenden Geschmack, und vom Zahnarzt werden mentholhaltige Kaugummis (Spearmint) ohne Zuckerzusatz zur Mundpflege empfohlen. Minzgeschmack ist aber auch beliebt in Schokolade, Bonbons, Konfekt und für Liköre, Gelees und Saucen. Die Araber trinken Pfefferminze kombiniert mit grünem Tee, ganz heiß und sehr süß! In ihren Basaren hängt die Minze außerdem büschelweise zur Abwehr von Insekten. Schon im Mittelalter wurde sie als Streukraut genutzt, Mäuse und Ratten mögen den auf uns belebend wirkenden Duft nämlich gar nicht. Ein Pfefferminztee wirkt stimulierend, krampflösend, galletreibend und nervenberuhigend. Neben Gerb- und

Bitterstoffen ist der wichtigste Inhaltsstoff das leicht betäubend wirkende Menthol. Kleinkinder und Säuglinge sollten aber keinen Pfefferminztee trinken, sie könnten auf Menthol mit Erstickungsanfällen reagieren! Der Tee darf nicht täglich getrunken werden, da bei regelmäßigem Gebrauch die Magenschleimhaut gereizt wird. Frische Triebspitzen für Cocktails, Desserts und Salate in kleinen Mengen jedoch können ruhig häufiger verwandt werden. An heißen Sommertagen beispielsweise sind einige Minzeblättchen eine erfrischende Begleitung von Melonenachteln mit Parmaschinken. Mit einem kühlen Glas Weißwein entsteht so ein leichter Abendimbiß oder eine Vorspeise auch für Gäste.

Im Sommer wirkt ein eisgekühlter Tee aus frischer Pfefferminze (Kräutertees aus frischen Kräutern schmecken immer aromatischer als die aus getrockneten!) erfrischend und kühlend. Aus der vielfältigen Minzfamilie eignet sich besonders die Apfelminze *Mentha rotundifolia* 'Bowles' mit ihrem milden Aroma und den schönen lavendelfarbigen Blüten zum Aromatisieren von Speisen in der Küche. Sie ist allerdings sehr eroberungswütig und treibt lange Ausläufer.

Die Apfelminze hat trotz ihres Namens kein Apfelaroma, wie auch die Ananasminze *Mentha suaveolens* 'Variegata' nicht nach Ananas schmeckt. Dafür ist diese Minze mit den weißgerandeten Blättern im Garten vielseitig zu verwenden, da sie sehr kompakt wächst. Schön ist sie als anschmiegsame Unterpflanzung von Buchskugeln, auch im Kräutergarten bildet sie einen zierenden Abschluß. Die Ingwerminze *Mentha x gentilis* 'Variegata' hat zwar ein fruchtiges Aroma, das aber leider auch nicht viel mit Ingwer zu tun hat. In der Küche kann man sie wegen ihres milden Aromas gut verwenden. Mit ihren gelbgefleckten Blättern ist sie im Kräutergarten eine schöne Ergänzung. Sie und auch alle anderen panaschierten Minzen wuchern nicht ganz so stark wie ihre ungebärdige Verwandtschaft. Im Staudenbeet lassen sich mit ihren farbigen Blättern schöne Kombinationen gestalten: Sie passen zu weiß- oder gelbrandigen Hostaarten, zu Glockenblumen, Eisenhut und anderen Stauden, die gerne im Halbschatten stehen. Minzen mögen einen feuchten und halbschattigen Platz und einen Standortwechsel alle zwei bis drei Jahre. Wenn sie sich nicht zu stark ausbreiten sollen, empfiehlt es sich, ihre Möglichkeiten durch eingegrabene Gefäße ohne Boden zu begrenzen. Natürlich können die Ausläufer ab und zu auch einfach ausgerissen werden! Das verhindert zudem, daß die Minze zu eng steht, denn dann wird sie rostanfällig.

In einem größeren Garten mit halbschattigen Partien könnten Sie viele interessante Vertreter der großen Minzefamilie ausprobieren. Die Englische Grüne Minze *Mentha spicata* etwa, auch als Spearmint bekannt, ist hocharomatisch. Sie ist die ideale Minze für die original englische Minzsauce zu Lammfleisch und für Minzgelee. Die Türkische Minze *Mentha spicata* var. *crispa* (es gibt verschiedene Varianten der sogenannten Krauseminze) wird häufig in der türkischen Küche verwendet. Ihre stark gekrausten Blätter haben einen fruchtigen, leicht an Kümmel erinnernden Geschmack. Wenig Menthol hingegen weisen einige aromatische Minzen mit besonderen Duftnoten auf. Sie können auch die Lavendelminze, die vitalen Limonen- und Orangenminzen *Mentha x piperita* var. *citrata* und die Grapefruitminze *Mentha suaveolens x piperita* testen. Mehr oder weniger passen hier Duft und Aroma wirklich zum Namen. In einem Minzenweg finden alle diese und noch viele mehr Platz. Geht man ihn entlang, ist es ein besonderes Vergnügen, ab und zu mit der Hand durch die Blätter zu streichen, um die aromatischen Düfte zu genießen! Die lavendelfarbenen Ährenblüten sind schön in einem Strauß, und überzählige Ausläufer kann man einfach für einen Tee verwenden.

Salbei
Salvia

Der hocharomatische, immergrüne Halbstrauch wächst in den Mittelmeerländern wild auf trockenen, kalkhaltigen Felshängen. Mit seinen graufilzigen, länglichen Blättern und den üppigen violetten Blütenähren, die ihn von Juni bis August schmücken, ist er ein auffallender Strauch im Kräutergarten. Er wird bis zu 70 Zentimeter hoch und wächst breit ausladend.

Es gibt viele Salbeivarietäten, die für die Küche und für den Garten gleichermaßen nützlich und schön sind. Eine breitblättrige Form des „normalen" Salbeis ist der oben gezeigte *Salvia officinalis* 'Berggarten', der im Garten mit seinen weichfilzigen, großen Blättern sehr dekorativ wirkt. Die attraktiven buntlaubigen Salbeisorten sind leider nicht immer ganz winterhart. Dafür lassen 'Ictarine' mit gelbgefleckten, 'Purpurascens' mit purpurroten und 'Tricolor' mit weißbunten Blättern aber viele Kombinationsmöglichkeiten mit anderen Kräutern, Stauden und Rosen zu, die immer raffiniert aussehen. Auch die Blätter dieser Zierformen sind in der Küche verwendbar, ihr Aroma ist allerdings schwächer.

Der rosablühende Salbei 'Rosea' hat kleinere Blätter und ein süßeres Aroma. Die weißblühende Sorte 'Albiflora' ist besonders dekorativ. Die verschiedenen Sorten lassen sich auch gut in Gruppen zusammenpflanzen, die dann in Blattform, Blütenfarbe und Höhe variieren. Besonders schön blüht der Spanische Salbei *Salvia lavandulifolia*, der kleinere und schmalere Blätter hat. Alle genannten Salbeiarten und - sorten sind küchengeeignet. Unser einheimischer Wiesensalbei *Salvia pratensis* wird hingegen in Küche und Medizin nicht genutzt, da sein Gehalt an ätherischen Ölen zu gering ist.

Im Garten erhält Salbei wie alle mediterranen Kräuter einen sonnigen, trockenen Platz. In kalten Gegenden ist zudem ein leichter Winterschutz ratsam. Alle drei bis vier Jahre sollte Salbei neu gepflanzt werden, denn er erfriert leicht, wenn er zu stark verholzt ist. Die Pflanze wird erst im Frühjahr zurückgeschnitten, wenn sich die ersten frischen Austriebe zeigen. Nachwuchs ist leicht durch Kopfstecklinge oder Absenker, die sich oftmals von alleine bilden, zu beschaffen.

Die Salbeiauswahl ist aber mit den verschiedenen Varianten von *Salvia officinalis* noch nicht erschöpft. Der dekorative zweijährige Muskatellersalbei *Salvia sclarea* wird bis zu anderthalb Meter hoch und stammt aus Südeuropa und Syrien. Seine schillernden Blüten, die zwischen rosa und hellblau changieren, sind auch nach dem Verblühen noch schön. Im Mittelalter wurde dieser Salbei zum Aromatisieren von Wein genutzt, der dann das begehrte Muskateller-Aroma erhielt.

Die exotische Verwandtschaft aus Übersee mit wunderbar delikaten Aromen ist bei uns leider nicht winterhart. *Salvia rutilans*, der wüchsige, bis zu zwei Meter hoch werdende Ananassalbei, der wirklich ganz köstlich nach Ananas duftet, kann aber auch in kühlen Sommern im Topf draußen stehen oder auch im Garten ausgepflanzt werden. Nur den Winter muß er kühl und hell im Haus oder im frostfreien Wintergarten verbringen. Dort kann man dann auch seine karminroten Blüten bewundern, denn er blüht erst im Oktober / November, wenn es draußen schon längst zu kalt für ihn ist. Der Duft des Honigmelonensalbeis *Salvia elegans* erinnert an reife Honigmelonen. Die Pflanze ist in allen Teilen kleiner und blüht schon im Sommer leuchtendrot. Große, herzförmige, weiche Blätter, fast wie bei einer Zimmerlinde, hat der tropische Fruchtsalbei *Salvia dorisiana*, der intensiv fruchtig nach Guaven duftet. Dieser Salbei erreicht eine Höhe von 1,80 Meter und ist als Topfpflanze sehr eindrucksvoll. Die rosa Blüten entwickeln sich nur bei

viel Licht und Wärme im Winter. Die Blätter dieser drei exotischen Salbeiarten können für Tees und zum Aromatisieren von Getränken, Fruchtsirupen und Desserts verwendet werden. Sie alle brauchen viel Wasser und möchten lieber etwas halbschattig stehen. Sie werden im Frühjahr zurückgeschnitten, damit sie schön buschig wachsen. Auch während des Sommers sollten ruhig öfter die Triebspitzen gekappt werden. Sie lassen sich sehr leicht bewurzeln, indem sie einfach in einen Topf mit feuchter Erde gesteckt werden. So hat man immer Jungpflanzen zur Hand – auch ein schönes Geschenk!

„Warum soll jemand sterben, der Salbei in seinem Garten hat", sagt ein altes Sprichwort; und die Wertschätzung, die schon die Griechen und Römer dem Heilkraut entgegenbrachten, spiegelt sich im Namen, der von „salvere", heilen, stammt. Dementsprechend vielfältig sind seine Wirkungen: Die astringierende Eigenschaft des Salbeis wird im Gurgelmittel gegen Entzündungen im Mund- und Rachenraum genutzt. Salbei wird für Hustenbonbons und Zahnpasta verwendet (früher ersetzte ein Salbeiblatt auch schon mal die Zahnbürste) und als Tonicum für die Nerven. Salbeitee ist gut für den Kreislauf, er regelt die Menstruation, hemmt nächtliche Schweißausbrüche und beeinflußt Magen und Darm durch die Gerb- und Bitterstoffe günstig.

Auch kulinarisch ist Salbei ein Gewinn. Das würzig-bittere, leicht kampferartige Aroma wird besonders in der italienischen Küche geschätzt. Salbei gehört unverzichtbar zum „Saltimbocca", dem berühmten Kalbsschnitzel, das mit geräuchertem Schinken zusammen gebraten wird, und zur Salbeibutter, die leicht gebräunt zu selbstgemachten Ravioli gereicht wird. Eine Hackfleischsauce zu Spaghetti erhält durch die Zugabe von feingeschnittenen Salbeiblättern einen interessanten Geschmack. Mit kräftigen Fleischgerichten harmoniert sein Aroma am besten. Salbei wirkt verdauungsfördernd und paßt deshalb besonders gut zu fettem Schweinefleisch, Aal, Schinken und zu Hülsenfrüchten. Auch ein bekannter engli-

scher Käse, der Sage Derby, wird mit Salbei gewürzt. Und in Teig ausgebacken werden die Blätter zu den beliebten „Salbeimäusen" (Rezept siehe Seite 130), die man vorzugsweise mit Aprikosensauce serviert. Salbeiblätter können auch im Winter geerntet werden. Es sollten aber nur die Triebspitzen genutzt werden, ältere Blätter schmecken zu sehr nach Medizin. Kurz vor der Blüte ist die Konzentration der Inhaltsstoffe im Salbei am höchsten, dann sollte er zum Trocknen gepflückt werden. Auch die schönen lilafarbenen Blüten, die milder schmecken als die Blätter, können zum Würzen von Käse und Salaten verwendet werden. Appetitanregend wirkt beispielsweise ein Salbeikäse, der mit Blättern der Pflanze und mit blühenden Triebspitzen garniert wird.

Und wenn Sie alle Varianten der fruchtigen Salbeiarten besitzen, durchdringen die Düfte eines exotischen Obstsortiments den ganzen Sommer lang Haus und Garten.

Süßdolde
Myrrhis odorata

Der Myrrhenkerbel, auch Spanischer Kerbel genannt, wächst in Nordeuropa wild. Die farnblättrige, bis zu anderthalb Meter hohe Staude liebt frische Böden und lichten Schatten; Wurzeldruck von Bäumen verträgt sie jedoch nicht gut. In einer lichten Strauchrabatte oder in einem halbschattigen Teil des Kräutergartens ist sie eine interessante, schon früh austreibende und blühende Pflanze, die sich reichlich aussät, ohne jedoch lästig zu werden. Ihre weißen Blütendolden erscheinen von April bis Juni und zieren zusammen mit Tulpen, Vergißmeinnicht und blühendem Waldmeister die ansonsten noch leeren Frühlingsbeete. Später verdeckt sie dann mit ihren Blättern das vergilbende Laub der Zwiebelblumen.
Ihre weichen, zartgefiederten hellgrünen Blätter können jung in Salate und Obstsalate gemischt werden. In säurehaltigen Kompotten wie Rhabarber- und Stachelbeerkompott mildert die Beigabe von jungen Triebspitzen die Säure und spart so Zucker ein. Auch die zarten Stengel können feingeschnitten zum Aromatisieren für Sahne, Kuchen und Dessert verwendet werden.
Besonders lecker sind die weichen, noch grünen Samen, sie schmecken fast wie Lakritzbonbons mit Anisaroma. Die braunen, hartschaligen reifen Samen werden in England gemahlen als Gewürz für Apfelkuchen und Apple-Pie verwendet. Dort ist die Süßdolde überhaupt viel bekannter als bei uns. All ihre Teile wurden in vergangenen Jahrhunderten genutzt: die duftenden Samen als Möbelpolitur, Wurzel und Blätter als stimulierender und verdauungsfördernder Tee und Früchte, Blätter und die zarten weißen Blüten als Gewürz.

Thymian
Thymus

Der niedrige aromatische Halbstrauch *Thymus vulgaris* (oben abgebildet) mit den schmalen eliptischen, graugrünen Blättchen ist das typische Kraut des Südens. Die Mittelmeerküche ist ohne Thymian und Rosmarin, die beide so gut zu Knoblauch und Olivenöl passen, nicht vorstellbar. Zur Blütezeit leuchten felsige, kalkhaltige Südhänge in lila Farbtönen, dazwischen blühen der buschige Rosmarin mit blaßblauen Blüten, Lavendel und Zistrosen in Creme und in Pink mit Blüten wie aus zerknittertem Seidenpapier. In Kultur ist der Thymian nur eine kurzlebige Pflanze, da unsere Winter zu kalt und zu naß sind. Der Standort im Garten kann für ihn gar nicht sonnig und trocken genug sein, damit er sich hier einigermaßen zu Hause fühlt. Es gibt viele Arten und Sorten, mit einer Fülle von aromatischen Düften und Geschmacksnuancen, die auch als Zierpflanzen angeboten werden.
Das antiseptisch wirkende Kraut wurde in vielen Kulturen als Räuchermittel gebraucht. Römische Soldaten badeten vor dem Kampf in Thymianwasser, um sich zu kräftigen. Thymian gehörte auch in den „Vierdiebe-Essig", der vor der Pest schützte, denn das ätherische Öl Thymol tötet Bakterien in kürzester Zeit. Die Ägypter

nutzten ihn zum Einbalsamieren der Pharaonen. Heute noch wird er als wirksames Mittel in Hustensäften und Tees gegen Erkältungen, Keuchhusten und Asthma gebraucht. Regelmäßige Gaben als Würze in den Mahlzeiten sind eine angenehme Art der Gesundheitsvorsorge! Er wirkt in fetten Speisen verdauungsfördernd und paßt gut zu Lamm, Kaninchen, Perlhuhn, Wildschwein und zu Pasteten aller Art. Zusammen mit Lorbeer und Petersilie bildet er das Bouquet garni, mit dem Suppen, Eintöpfe und Braten gewürzt werden.
Neu entdeckt hat man heutzutage die gesundheitsfördernde Wirkung der Mittelmeerküche mit ihrer reichlichen Verwendung von kräftigen Kräutern, Knoblauch, Wein, Olivenöl und viel Gemüse. Gesund ist das sicherlich auch in unseren Breiten! Obwohl der Gartenthymian in unseren Gärten nie dieses Aroma von Sonne und Süden erreichen wird, ist er dennoch in seiner Vielfalt eines der wichtigsten Kräuter in der Küche. Sein Aroma ist am intensivsten kurz vor und während der Blüte. Die Blüten würzen besonders fein. Im Kräuterspezialhandel gibt es verschiedene Auslesen des Echten Thymians, die sich im Aroma unterscheiden. Der Französische Thymian hat ein lieblicheres Aroma, dem Englischen Thymian fehlt der harzige Beigeschmack, den manche wiederum am Deutschen Thymian schätzen. Wem es also beim Kochen auf die feinen Nuancen ankommt, der muß einfach verschiedene Thymiansorten durchprobieren! Zur Thymusgattung gehören mehr als 100 Arten und Sorten mit aufrechtem und niederliegendem Wuchs, mit Blüten in Violett, Rosa, Rot und Weiß. Ganz anders würzen die diversen Zitronenthymiane *Thymus citriodorus*, die es mit weiß- oder goldgefleckten Blättern gibt. Ihr eindeutiger frischer Zitronengeschmack paßt zu milden Gemüsearten wie Spargel und Blumenkohl und sogar zu Süßspeisen, in Salate, aber auch zu Fisch.
Der einheimische Feldthymian *Thymus serpyllum*, auch Quendel genannt, ist eine ebenfalls formenreiche Art mit vielen Sorten, die von Mai bis September blühen. Er wächst wild an trockenen Wegesrändern und hat ein

Der Salbei *Salvia lavandulifolia*, auch Spanischer Salbei genannt, hat schmalere Blätter als *Salvia officinalis,* ist aber ebenfalls küchengeeignet.

Salvia officinalis 'Tricolor' ist mit seinen cremefarbenen, rötlich gefleckten Blättern eine schöne Zierpflanze.

Salvia officinalis 'Ictarine' wird wegen der schönen Farbwirkung auch Goldsalbei genannt. Alle farbigen Salbeiarten brauchen in unserem Klima Winterschutz, denn sie sind hier nicht immer ganz winterhart. Sie können auch in der Küche verwendet werden.

mildes Aroma und schwächere Würzkraft als *Thymus vulgaris*. Eine dekorative, kräftig lilarot blühende Sorte ist 'Coccineus Majus'.

Der rosablühende *Thymus herba-barona* hat ein ungewöhnliches Kümmelaroma, die Varietät *Thymus herba-barona* var. *citriodorus* ein angenehmes Zitronenaroma. Es gibt aber auch einen Orangenthymian: *Thymus fragrantissimus*. Duft- und Aromanuancen sind wie das Aussehen sehr variantenreich, so daß Sie Ihren Lieblingsthymian selbst herausfinden müssen! Im Garten findet sich sicherlich ein sonniges Plätzchen für diese unentbehrliche Pflanze, denn viel Platz braucht man nicht für sie. Nur der richtige muß es sein!

Vita Sackville-West hatte in ihrem berühmten Garten im englischen Sissinghurst die besondere Idee, einen Thymianrasen mit dem mattenbildenden, niedrigbleibenden Quendel anzulegen. Zur Blütezeit ist dieses Bild noch heute zu bewundern, ein persischer Teppich, geknüpft aus rosa, violetten, roten und weißen Blüten. Thymian läßt sich leicht durch Absenker vermehren, die sich oftmals auch von selbst bilden oder aussäen. So hat man schnell neue Pflänzchen zur Hand, um eventuelle „Löcher" im Teppich zu stopfen. Aber auch eine Thymiantreppe wäre denkbar: Auf den Stufen läßt es sich an warmen Tagen auch sitzen. So genießt man den Duft des Krauts und fühlt sich wie im Süden.

Wer den passenden sonnigen Platz im Garten nicht hat, kann Thymian auch sehr gut im Topf ziehen. Dort kann man ihm leicht die Bedingungen schaffen, die er so notwendig braucht. Zuunterst sollte eine ausreichende Drainage aus Tonscherben gegeben werden, damit das Wasser gut abziehen kann. Die Pflanzerde wird mit Sand und Algenkalk gemischt. Für den Thymian im Topf sollte ein sonniger Platz auf der Terrasse ausgesucht werden. Vielleicht reicht der Platz auch für eine kleine Thymiankollektion mit verschiedenen Duftrichtungen – so kann man immer mal daran schnuppern und den Duft genießen! Und für den Gebrauch in der Küche ist dann der passende Thymian ganz schnell zur Hand.

Weinraute
Ruta graveolens

Die herbaromatische Weinraute ist eine im unteren Bereich leicht verholzende Staude, die in milden Gegenden wintergrün bleibt. Sie stammt ursprünglich aus Südeuropa, wo sie auf steinigem, trockenem Boden in voller Sonne wächst, wird aber in aller Welt wegen ihres Würzwerts kultiviert.

Ihre blaugrünen, dekorativ gefiederten Blätter sind Schmuck und Würze zugleich. Sie wird 60 bis 100 Zentimeter hoch und trägt von Juli bis August grünlichgelbe Blüten. Auch ihre kantigen Samenstände sind noch dekorativ und lassen sich gut für die Vase trocknen.

Eine kompakte, niedrige Zierform mit bläulichen Blättern, *Ruta graveolens* 'Jackmann's Blue' (oben abgebildet), ist für den Kräutergarten, aber auch für Blumenbeete eine dekorative Ergänzung. Sie ist vielseitig einsetzbar und besonders gut für niedrige Hecken geeignet. Das interessante Blattwerk in der besonderen Farbe eignet sich auch gut für Sträuße. Zusammen mit fruchtig duftenden gelben Rosen entsteht dabei ein ganz neuer, würziger Duftakkord!

Die Weinraute wird seit Jahrtausenden als Heil-, Garten- und Zierpflanze genutzt. Die Ägypter, die Griechen und die Römer kannten sie schon, und im Mittelalter gehörte sie mit zu den wichtigsten Heilkräutern. Sie wurde im Capitulare Karls des Großen aufgeführt. Man nutzte sie damals als Gewürz für Wildgerichte, schrieb ihr aber auch große Kräfte als Heilpflanze zu: Sie sollte Krankheiten, Insekten und Tiere fernhalten (die leicht giftigen Samen vertreiben Ameisen) und galt zudem als Mittel gegen die Pest. Wenn die Seuche wütete, gehörte sie daher auch in

den „Vierdiebe-Essig", mit dem sich die Diebe, die die Pesttoten beraubten, vor Ansteckung schützten. Ihrer krampflösenden, gefäßerweiternden Wirkung wegen wurde sie als Tee gegen Kopfschmerzen empfohlen. Man darf jedoch nie mehr als eine Tasse (ein Teelöffel pro Tasse) davon trinken, da er in höherer Dosis giftig wirkt. In der Schwangerschaft ist die Weinraute wegen ihrer wehenauslösenden Wirkung sogar streng verboten!

Blätter und Blüten dieser interessanten Pflanze sind mit Öldrüsen bedeckt. Bei empfindlichen Menschen ruft die Berührung der Blätter an sonnigen Tagen Hautentzündungen und Verbrennungen hervor. Eine gewisse Vorsicht dieser aparten, besonderen Pflanze gegenüber ist daher angebracht, es wäre jedoch übertrieben, ganz auf sie als Gewürz oder Heilkraut zu verzichten.

An warmen Tagen geht von der Weinraute ein eigentümlich aromatischer Geruch aus. Dieses exotische Aroma mit einem Hauch von Kokosnuß wird schon durch das Mitkochen von ein bis zwei Blättchen an Suppen oder Saucen weitergegeben. Besonders gut paßt der Geschmack zu Hackfleischfüllungen, zu Kartoffelsuppen und zu Käse. Und: In Italien verfeinert sie als Aromaträger außerdem den auch bei uns gern getrunkenen Grappa.

Wegen der oftmals kleinen Blättchen benötigen Kräuterpflanzungen im Garten strukturgebende Elemente, um zur Geltung zu kommen. Die vier symmetrisch angeordneten kugeligen Ligusterbäumchen sind in diesem schönen Kräutergarten der zentrale Blickfang.

Dekorative Geschenke und Anregungen

Der Aufenthalt im duftenden Kräutergarten verlockt dazu, die Düfte und die beruhigende Atmosphäre auch ins Haus zu holen oder für den Winter zu konservieren. Dazu eignet sich die alte, heute in Vergessenheit geratene Tradition, Kräuersträuße zu binden. In ländlichen Gegenden Deutschlands wurde früher zu Mariä Himmelfahrt am 15. August ein Krautweihfest gefeiert. In den Gärten und in freier Natur pflückte man dafür Heilkräuter und Blumen, die nach bestimmten Regeln zu einem Strauß gebunden wurden. Zu einem Krautbund gehörten mindestens neun verschiedene Kräuter – die heilige Zahl der Germanen. Je nach Gegend und Bodenbeschaffenheit konnten es aber bis zu 33 sein. Diese Kräuterbunde wurden in der Kirche geweiht und dann im Laufe des Jahres im Krankheitsfall für Mensch und Vieh gebraucht.

Zum Binden nutzte man Strohhalme, bunte Bänder und Wollfäden. Zu den gebräuchlichsten Kräutern gehörten Johanniskraut, Salbei, Schafgarbe, Thymian, Pfefferminze, Königskerze, Odermennig, Knoblauch und Tausendgüldenkraut. Mancherorts wurden auch die bunten Georginen hineingebunden, die heute Dahlien heißen. Aber auch ohne Blumen sieht ein Kräuterstrauß farbenfroh aus: Denn die in Rot- und Lilatönen blühenden Indianernesseln, die farbenkräftigen Blüten der Kapuzinerkresse und die Ringelblumen wachsen auch im Kräutergarten und zählen zu den heilkräftigen Pflanzen. Sie bringen Farbe zu den ausdrucksvollen Blättern der Kräuter in verschiedenen Grün- und Silbertönen.

Die herbaromatisch duftenden Blätter von Angelika halten sich besonders lange in der Vase und eignen sich gut als Basis des Straußes, wie auch die weichfilzigen, breiten Blätter von *Salvia officinalis* 'Berggarten'. Die fliederfarbenen Blütenähren von Minze, lila Salbeiblüten und die zartgelben Dolden des Fenchels lockern das kompakte Gebinde auf. Auch die Weinraute mit ihrem bläulichgrünen Blatt und den schönen gelben Blüten oder mit den kan-

tigen Samenständen, die sich gut trocknen lassen, bietet sich für einen Strauß an.

Außer der Weinraute lassen sich noch Salbei, Thymian, Minze, Oregano und der silbrigblättrige Wermut gut trocknen. Die Kräuter werden gebündelt und einfach kopfüber an einem dunklen, warmen Platz zum Trocknen aufgehängt. Nach alter Tradition sind dann im Winter die Kräuter für einen heilenden Tee zur Hand.

Auch zu einem Kräuterkranz lassen sich die Kräuter für den Wintervorrat binden: Auf einem Strohkranz werden kleine Kräutersträußchen von Estragon, Salbei, Rosmarin, Oregano und Minze mit Kranznadeln festgesteckt. Nach dem Trocknen lassen sich noch rote Peperoni und Knoblauchknollen zufügen. Wenn Sie dann mal im Winter eine Prise zum Würzen benötigen– einfach ein paar Blättchen abzupfen!

Apfelgelee mit Minze

2 kg nicht zu reife Äpfel
1 kg Gelierzucker
2 Zitronen
Minzezweige
Duftpelargonienblätter

Äpfel im Dampfentsafter entsaften,
1 1/2 l Saft abmessen und mit dem Gelierzucker verrühren. Die Zitronen auspressen,
vorher mit dem Zestenreißer die Schale abreiben. Den Apfelsaft mit dem Gelierzucker und
dem Zitronensaft erhitzen und 4 Minuten
sprudelnd kochen lassen. Minzezweige zufügen
und etwas abkühlen lassen. Kurz vor dem
Gelieren die Minzezweige entfernen und das
Gelee in heiß ausgespülte Gläser füllen. In
jedes Glas 1–2 Duftpelargonienblätter von der
Zitronenpelargonie zusammen mit ein paar
sehr fein geschnittenen Minzeblättern geben,
die abgeriebene Zitronenschale zufügen. Etwas
abkühlen lassen und gut durchrühren (die
Kräuterblättchen sollten in dem Gelee schwe-
ben). Die Gläser mit Twist-off-Deckeln verschließen, fünf Minuten auf den Kopf stellen,
dann Gläser mit Tortenspitzendeckchen überspannen. Mit Bast oder mit einem schönen
Band zubinden.

Tip: Zur besseren Haltbarkeit kann ein rundes
Blatt Einmachfolie mit Calvados angefeuchtet
auf das Gelee gelegt werden.

Käse in Kräuteröl

1 großes Stück Schafskäse
8 Knoblauchzehen
2 El Oliven
2 El getrocknete Tomaten
1 El Pfefferkörner
1 Zweig Rosmarin
2 Zweige Thymian
Olivenöl

Den Käse würfeln und mit den abgezogenen
Knoblauchzehen, den in Streifen geschnittenen
Tomaten (aus dem Feinkostladen oder selbst-
getrocknet), den Oliven, den Kräutern und den
Gewürzen in ein schönes Glasgefäß schichten.
Mit Olivenöl auffüllen, so daß alle Zutaten gut
bedeckt sind. An einem kühlen Ort 3 Tage zie-
hen lassen.

Kandierte Angelikastengel

einige junge Angelikastengel
Zucker
Puderzucker

Die Stengel in 6 cm lange Abschnitte zerteilen, mit wenig Wasser bedeckt weich kochen. Abkühlen lassen und eventuell schälen, dann nochmals aufkochen. Gut abtrocknen, im Verhältnis 1:1 mit Zucker bedeckt in eine Schüssel geben und zwei Tage stehenlassen. Danach wieder aufkochen. Mehrere Tage auf einem Kuchenrost trocknen lassen. Mit Puderzucker bestreuen und in einem festverschließbaren Glas aufbewahren, für Kuchengarnituren verwenden. In einem schönen Glas sind die Angelikastengel ein ausgefallenes Geschenk!

Pfefferöl

5–6 Knoblauchzehen
20 Pfefferkörner
1 Rosmarinzweig
1 Salbeizweig
1 Thymianzweig
1/2 l Sonnenblumenöl
Salz

Kräuter einen Tag antrocknen lassen. Die Knoblauchzehen enthäuten, mit etwas Salz bestreuen und zerdrücken. Mit den Pfefferkörnern und den Kräutern in eine Flasche füllen und mit dem Öl auffüllen. 10–14 Tage ziehen lassen, dann absieben. Zum Verschenken in eine hübsche Flasche oder Karaffe umfüllen, als Dekoration neue Kräuterzweige mit ein paar Pfefferkörnern hinzufügen. Für würzige Salatsaucen, aber auch zum Braten geeignet.

Der englische Salbeikäse „Sage Derby" wirkt besonders appetitlich, wenn er mit Salbeiblättern und -blüten serviert wird. In den Töpfen sind links der breitblättrige *Salvia officinalis* 'Berggarten' und rechts 'Tricolor' zu sehen.

Kartoffelsuppe mit Fenchel

500 g Kartoffeln
1 Lauchstange
2 El Butter
1 l Gemüsebrühe
1 Knoblauchzehe
1 Becher Sahne
1 Scheibe Lachsfilet
16 Garnelen
Salz, Pfeffer
1 El Pernod
1 Bd Fenchelspitzen

Kartoffeln schälen und würfeln, Lauch in Streifen schneiden und beides in Butter kurz andünsten. Mit Gemüsebrühe auffüllen und die durchgepreßte Knoblauchzehe zufügen. 10–15 Minuten köcheln lassen. Die Sahne zufügen und alles mit dem Mixstab pürieren. Den in Würfel geschnittenen Lachs und die Garnelen zugeben. Noch etwas ziehen lassen. Mit Salz, Pfeffer und Pernod abschmecken. Den Fenchel fein hacken und in die Suppe geben.

Fenchelkäse

200 g Frischkäse
2 El Sahne
Fenchelgrün
Fenchelsamen (noch grün)
Garnitur: Fenchelzweige und -blüten

Den Frischkäse mit dem feingehackten Fenchelgrün und der Sahne vermischen, mit Salz und Pfeffer würzen. Zu einer Rolle formen und im Kühlschrank gut durchkühlen lassen. Dicht mit den noch grünen und weichen Fenchelsamen bestreuen. Auf Fenchelzweigen anrichten und mit den Blütendolden garnieren.

Gemüsesalat mit Fenchelspitzen

500 g Tomaten
1 Römischer Salat
250 g Grünspargel
1 grüner Blumenkohl
2 El Sahne
1 Joghurt
2 El Walnußöl
2 El Weinessig
1 Schalotte
Pfeffer, Salz
Garnitur:
1 Bd glatte Petersilie,
1 Bd Fenchelspitzen

Die Tomaten achteln und den Römersalat in Streifen schneiden. Vom Grünspargel nur das obere Drittel verwenden und roh halbieren. Den Blumenkohl in kleine Röschen zerteilen, in kochendem Salzwasser 2–3 Minuten blanchieren, kalt abschrecken. Die Zutaten dekorativ in einer großen Schüssel anrichten. Mit ganzen Petersilienblättern und Fenchelspitzen garnieren. Aus Sahne, Joghurt, Öl, Essig, Pfeffer, Salz und kleingehackter Schalotte eine Sauce rühren und dazu servieren.

Frühlingsgemüse in der Kohlrabischale

4 Kohlrabi
1 Bd Möhren
1 Bd Grünspargel
2 El Wein (Riesling)
2 El Butter
1 El Mehl
Sahne
Salz, Pfeffer
Fenchelspitzen

Kohlrabi schälen und halbieren. Aus dem Inneren der Hälften mit einem Melonenausstecher Bällchen formen, einen ausreichenden Rand stehenlassen. Möhren zu Kugeln schnitzen. Die Spargelspitzen abschneiden, alle Gemüsereste für eine Suppe verwenden.
Die ausgehöhlten Kohlrabihälften in etwas Salzwasser 10–15 Minuten dünsten, dann abtropfen lassen und warmstellen. Möhren, Kohlrabikugeln und Spargelspitzen im Kochwasser knackig dünsten.
Mit Butter, Mehl und dem Gemüsesud eine Sauce bereiten, mit Sahne, Wein und den Gewürzen abschmecken. Das Gemüse in die Kohlrabischalen füllen und mit der Sauce und den Fenchelspitzen anrichten.

Tip: Als Vorspeise oder Gemüsebeilage servieren.

Frühlingskartoffeln mit Minze

1 kg junge Kartoffeln, in der Schale gekocht
3–4 Minzezweige (möglichst von *Mentha rotundifolia* 'Bowles')
Butter

Die Minzeblättchen fein schneiden, die Triebspitzen für die Garnitur aufbewahren. Butter auslassen und die gehackte Minze zufügen. Die Kartoffeln pellen und auf einer Platte anrichten. Mit den Minzetrieben garnieren. Die Minzbutter dazu reichen.

Tip: Besonders gut passen zu den Minzkartoffeln gedünsteter Grünspargel mit Orangenbutter und gekochter Schinken. Spargel wie üblich zubereiten. Für die Orangenbutter die Butter zerlassen und den Saft von 1/2 unbehandelten Orange zufügen. Nochmals erhitzen und über den Grünspargel gießen. Mit einigen feinen Orangenstreifen (mit dem Zestenreißer geht das ganz schnell) garnieren.

Ravioli mit Weinraute und Salbei

300 g Mehl
2 Eier
1 Prise Salz
3 El Walnußöl
6 El lauwarmes Wasser
Für die Füllung:
250 g Hackfleisch
1 Schalotte
2 Weinrautenblätter
4 Salbeiblätter
Salz, Pfeffer
Für die Sauce:
100 g Butter
16 Salbeiblätter

Das Mehl mit den Eiern, dem Salz, dem Öl und soviel Wasser verkneten, daß der Teig sich geschmeidig anfühlt.

Mit etwas Öl bestreichen und eine Stunde ruhen lassen.
Das Hackfleisch mit der feingehackten Schalotte, den feingehackten Kräuterblättchen und Salz und Pfeffer würzen. Den Teig in zwei Portionen teilen, auf einer bemehlten Arbeitsfläche 2 mm dick ausrollen. Die Hackmischung in kleinen Portionen regelmäßig auf der Teigplatte verteilen, die freien Flächen mit Wasser bepinseln. Die zweite Teigplatte darauflegen und zwischen den Füllungen gut andrücken. Die Ravioli mit einem Teigrädchen ausradeln und in kochendem Salzwasser, dem 1 El Öl zugefügt wurde, 5 Minuten garen. Für die Sauce die Butter erhitzen und die Salbeiblättchen darin knusprig braten. Zu den abgetropften Ravioli servieren.

Rotbarbe mit Thymian

2 Rotbarben
4 Knoblauchzehen
1 Bd Petersilie
2 El Semmelbrösel
1 Bd Thymian mit Blüten
8 Kartoffeln, festkochend
10–12 Cocktailtomaten
6 El Olivenöl
Salz
1 El Butter
2 Bd Frühlingszwiebeln

Die Fische (vom Fischhändler ausnehmen lassen) säubern und trocknen, von innen und außen salzen. Die Knoblauchzehen hacken, die Hälfte des Thymians abrebbeln und mit den Semmelbröseln, den Knoblauchzehen und der gehackten Petersilie vermischen. Einen Teil als Füllung in die Rotbarben geben. Die Kartoffeln schälen und in Scheiben schneiden. In Salzwasser 8 Minuten vorkochen. Eine feuerfeste Form mit Olivenöl auspinseln. Die Kartoffeln hineingeben und den Fisch darauf legen. Mit

der restlichen Thymianmischung bestreuen. Die Cocktailtomaten im Ganzen obenauf legen. Alles mit Olivenöl beträufeln, auf den Fisch ein paar Butterflöckchen setzen und bei 200 °C 20 Minuten im Backofen dünsten. Die Frühlingszwiebeln mit dem restlichen Thymian in etwas Öl in der Pfanne andünsten. Zu dem Fisch servieren. Dazu paßt ein kühler Rosé.

Saltimbocca alla Romana

4 dünne Kalbsschnitzel
4 Scheiben Parmaschinken
2 El Butterschmalz
12 Salbeiblätter
1/8 l trockener Weißwein
Salz, Pfeffer

Auf jedem Schnitzel eine Scheibe Schinken mit einem Holzspießchen feststecken. In der Butter von jeder Seite 2–3 Minuten braten. Nach dem Wenden die Salbeiblätter zufügen und knusprig, aber nicht zu braun braten. Den Bratensatz mit dem Weißwein lösen und die Sauce zu den mit den Salbeiblättern garnierten Schnitzeln reichen. Dazu passen Baguette und ein kühler Weißwein.

Tip: Mit einem Salat ein leichtes Sommeressen, das schnell zubereitet ist. Wer gerne Salbei mag, kann natürlich die Salbeimenge erhöhen. Nur junge Blätter nehmen, ältere schmecken nach Medizin.

Fruchtspieße mit Süßdolde

500 g Erdbeeren
2 Kiwis
200 g Sahne
1 Tl Zucker
Süßdoldenblätter
grüne Süßdoldensamen

Die Erdbeeren mit dem Kelch waschen, Kiwis schälen und vierteln. Abwechselnd auf Holzspießchen stecken. Die Sahne mit dem Zucker schlagen und die feingehackten Süßdoldensamen unterheben. Die Spieße auf Süßdoldenblättern anrichten und auf jeden Teller mit dem Spritzbeutel zwei Sahnehäubchen spritzen. Mit Süßdoldensamen garnieren.

Tip: Die Süßdoldenblüten mit dem interessanten Anis-Lakritz-Aroma sind eßbar und können ebenfalls zum Garnieren verwendet werden.

Käsekuchen „Angelika"

250 g Mehl
200 g Butter
150 g Zucker
1 Ei
2 El Eiswasser
1 Prise Salz
Für die Käsecreme:
500 g Magerquark
1/4 l Crème double
200 g Zucker
4 Eier
1 Prise Salz
2 El feingehackte junge Angelikastengel
1 El Zucker
Garnitur: Puderzucker, Angelikablätter

Die sehr feingehackten Angelikastengel mit dem Zucker bestreuen und über Nacht ziehen lassen. Mehl, kalte Butterflöckchen, das Ei, Zucker, Salz und das Eiswasser verkneten und eine Stunde kalt stellen. Dann den Teig ausrollen und eine Springform damit auslegen, dabei einen Rand andrücken. Mit der Gabel einstechen und 5 Minuten bei 200 °C vorbacken. Etwas auskühlen lassen. Den Quark mit den feingehackten Angelikastengeln und dem Saft, der sich gebildet hat, glattrühren. Zucker, Crème double, Salz und Eier unterrühren. Die Quarkcreme auf den vorgebackenen Boden streichen. Bei

200 °C 35–40 Minuten backen. Nach dem Abkühlen dick mit Puderzucker bestreuen.

Tip: Zum Servieren den Kuchen in Stücke schneiden, auf einem Kranz von Angelikablättern anrichten und in die Mitte ein Angelikablatt legen.

Salbeimäuse mit Aprikosensauce

125 g Mehl
2 Eier
2 El Weißwein
1 El Öl
3 El Wasser
1 Prise Salz
Fett zum Ausbacken
Salbeiblätter
Für die Sauce:
200 g Aprikosenmarmelade
3 El weißer Rum
0,2 l Wasser

Die Eier mit Weißwein, Öl und Wasser verrühren, Mehl und Salz zufügen und gut verquirlen. Die Salbeiblätter mit den Stielen durch den Ausbackteig ziehen und in heißem Fett knusprig ausbacken. Auf Küchenpapier abtropfen lassen. Für die Sauce die Marmelade mit dem Wasser unter Rühren erwärmen. Den Alkohol zufügen und warm oder kalt servieren.

Tip: Ohne die Sauce sind die Salbeimäuse auch ein leckerer Snack zu einem Glas Wein.

Aperitif Pimm's No. 1

1 Fl. Pimm's No. 1
1 l Zitronenlimonade, klar
1 Orange
1/4 Gurke, ungeschält
4 Minzezweige
8 Boretschblüten

Den grünen Kelch der Boretschblüten abzupfen und die Blüten in
Eiswürfelschalen legen. Mit Wasser
auffüllen und gefrieren lassen.
In 4 Gläser zunächst einen Schuß
Pimm's No. 1 geben und mit Zitronenlimonade auffüllen. Die unbehandelte Orange gut waschen und in
Scheiben schneiden, die Gurke längs
vierteln. In jedes Glas eine Orangen-
scheibe, ein Stück Gurke und einen
Minzezweig geben. Mit den Blüten-
eiswürfeln servieren.

Campari-Cocktail

8 El Campari
1 Fl. Grenadinesirup
1 Fl. Grapefruitsaft
1 Fl. Sekt (extra dry)
Boretschblüten

Die Boretschblüten in einer Eiswürfelschale mit Wasser einfrieren. In
jedes Glas 2 El Campari und jeweils 1
Schuß Grenadine- und Grapefruitsaft
geben. Mit kaltem Sekt auffüllen und
die Boretscheiswürfel zufügen.

Ninas Kräutertee

2 Zweige Apfelminze
1 Zweig Monarde
4 Zweige Melisse
1 Zweig Estragon
Zucker oder Honig

Die Kräuterzweige im Ganzen in eine
Kanne geben und mit kochendem
Wasser überbrühen. 10 Minuten ziehen lassen. Nach Geschmack süßen.
Eisgekühlt in einem schönen Glas-
krug servieren, einen frischen Kräu-
terzweig als Dekoration dazugeben.

Tip: Der Tee schmeckt besonders
würzig durch den Estragonzweig. Das
Mischungsverhältnis der anderen
Kräuter ist variabel.

Der knoblauchduf-
tende Bärlauch
Allium ursinum bil-
det blühende Tep-
piche in feuchten
Wäldern. Er läßt
sich aber auch in
naturnahen Berei-
chen im Garten
ansiedeln. Das
Knoblauchkraut
mit der schönen
weißen Blüte ist ein
besonders gesundes
Wildkraut für die
Frühjahrskur.

Der naturnahe Garten

Der naturnahe Garten ist eine „Erfindung" unserer Zeit, der die Naturnähe fehlt. Die ausgeräumten Kulturlandschaften ohne Sträucher und Bäume sind pflanzlich verarmt. Rückzugsgebiete für Vögel, Insekten und seltene Pflanzen fehlen. Drainagen und Kanalisierung der Bäche haben Feuchtgebiete verschwinden lassen, und auch die einstige Dorfflur, in der Heilkräuter und Nahrungspflanzen gesammelt wurden, ist zum größten Teil Vergangenheit. Die Dörfer sind so aufgeräumt wie die Städte. Wildkraut hat dort keinen Platz mehr. Aber man kann Ansätze eines Wandels erkennen. „Renaturierung" und „Ökologie" sind Schlagworte der neuen Tendenz. Der Aufruf Rousseaus „Zurück zur Natur" scheint immer dann von neuem aktuell zu sein, wenn die Naturferne ihren höchsten Stand erreicht hat.

Einen naturnahen Garten hat es früher nicht gegeben. Die Wildpflanzen und Wildbeeren wurden in der freien Natur gesammelt, im umzäunten geschützten Garten hegte man die Kulturpflanzen. Nun hat sich das Bild gewandelt: Die schützenswerten Wildkräuter werden im Garten gehegt, weil sie in der freien Natur verdrängt werden.

Der naturnahe Garten bietet ganz andere Gartenerlebnisse als der normale Hausgarten mit einem Rasen, der jeden Samstag gemäht wird, und mit gepflegten Rabatten, in denen kein Wildkraut überlebt. Der Garten wirkt überraschend lebendig, wenn nicht mehr überall so gründlich gejätet wird. Er macht weniger Arbeit und bringt mehr Muße, es bleibt Zeit zum Beobachten und Träumen. Inmitten einer von Schmetterlingen, Marienkäfern, Hummeln und Bienen besuchten Wildwiese ist das Naturerlebnis hautnah. Um sie begehen zu können, werden Rasenwege hineingemäht und vielleicht auch eine Schneise mit Platz für ein Picknick oder ein Sonnenbad.

Wie natürlich nun die wilde Wiese aussehen soll, bleibt jedem selbst überlassen. Korrekturen nach eigenen Wünschen und Vorstellungen stellen noch nicht das Prinzip in Frage. Der Grad der Abstufung reicht von „Natur pur" bis zu einem Wildgarten, wie ihn der englische Gärtner Robinson propagierte: naturnah, aber nicht nur mit einheimischen Pflanzen, sondern auch mit Wildpflanzen aus fernen Ländern. Nur robust sollen die Pflanzen sein, mit einigem Durchsetzungsvermögen, sie müssen sich gut an die jeweiligen Verhältnisse anpassen können.

Auch der gepflegte Gartenstil mit üppigen Blumen und grünem Rasen läßt sich mit dem naturnahen Garten kombinieren. In der Nähe des Hauses und der Terrasse werden die Kulturpflanzen sorgsam gehegt, in einem etwas abgelegenen Teil aber bleibt ein Bereich des Gartens natürlich. Der Übergang sollte jedoch nicht allzu abrupt sein. Auch in dem gepflegten Gartenteil kann die Gruppierung von Stauden und Sträuchern natürlich wirken, und im Rasen dürfen auch mal Gänseblümchen wachsen.

Die Wildwiese

Rasen und Wildkräuterwiese lassen sich sogar kombinieren: Ein Teil wird regelmäßig gemäht, und Teilbereiche vor Gehölzen dürfen sich frei entfalten. Eine Blumenwiese aus der Samentüte ist jedoch meist nur etwas für das erste Jahr. Danach verschwinden die nicht bodengeeigneten Kräuter und Wildblumen, nur das den regionalen Bedingungen gut angepaßte Kraut setzt sich durch.

Für den kochenden Gärtner oder die Gärtnerin kommt es ja auch nicht unbedingt auf die blühenden Blumen an; wichtig sind ihnen die nutzbaren Wildkräuter wie Löwenzahn, Sauerampfer, Scharbockskraut und wilder Schnittlauch, Schlüsselblumen und Veilchen. Gerade die Schlichtheit der wilden Wiese ist das Schöne an ihr, nicht die bunte Farbenpracht der Blüten. Eine blühende Löwenzahnwiese mit Wiesenkerbel an den Gebüschrändern und mit Wiesenschaumkraut, das zur Blütezeit von tanzenden Aurorafaltern besucht wird, ist im Frühjahr ein bezaubernder Anblick. Im Sommer übernehmen dann die Gräser in erstaunlicher Vielfalt und graziler Schönheit das Feld.

Ein- bis zweimal im Jahr sollte die Wiese gemäht werden. Das sind dann zwar Arbeitstage im Paradies, aber in den übrigen Zeiten gibt es dort nicht viel zu tun.

Wenn der Platz für eine Wildwiese im Garten nicht ausreicht, genügt es, den Wildkräutern eine kleine Ecke zu überlassen. Am Kompost kann ein Bereich für Brennesseln, Taubnesseln und Bärlauch eingeplant werden; Waldmeister dient als Bodendecker in schattigen Rabatten; und in den Fugen von Pflastersteinen gedeiht der Löwenzahn als immer wieder nachwachsende Salatbeigabe.

Wildkräuter behaupten sich in unserer unwirtlichen Welt. Sie sind zäh und resistent, sie werden mit ihrer großen Anpassungsfähigkeit und Überlebenskraft auch unsere Zeit überdauern. „Unkraut vergeht nicht": Diese Fähigkeit, die Gärtner seufzend zur Kenntnis nehmen, sichert schon seit Jahrhunderten das Überleben der wichtigsten Wildkräuter und Wildgemüse. Das Urpotential aller Gemüsezüchtungen ist in ihnen noch vorhanden.

Unkraut ist eine Pflanze am falschen Platz, deren Tugenden noch nicht entdeckt oder wieder in Vergessenheit geraten sind. Nach dieser Definition ist es vom „Unkraut" zum Nutzkraut nur ein kleiner Schritt. Und so besann man sich in Notzeiten während und nach Kriegen immer auf den Reichtum der Kräuter, Wildgemüse und Wildbeeren, vergaß aber vieles in guten Zeiten wieder.

Die Vitaminhecke

Die wilden Beeren und Früchte wurden früher regelmäßig gesammelt und verwertet. Ihre prachtvollen Färbungen sind nicht nur ein schöner Farbausklang im Herbst; Beeren bieten zudem Vitamine, Mineralien und andere Wirkstoffe in oft hoher Konzentration, so daß sich schon kleine Beigaben der Früchte für Marmeladen, Säfte und Desserts lohnen. Den hohen Carotingehalt kann man den farbenprächtigen Beeren schon ansehen, obwohl man die auffallende Farbe oftmals fälschlicherweise mit Giftigkeit assoziiert. Aber die leuchtenden

Vogelbeeren und Hagebutten, die lackroten Kornelkirschen und die dunkelroten Weißdornbeeren sind jahrhundertelang in der menschlichen Ernährung genutzt worden. Das intensive Aroma vermittelt ungewöhnliche Geschmackserlebnisse, die man nicht nur den Vögeln überlassen sollte. Oftmals müssen die Menschen schneller als ihre gefiederten Konkurrenten sein, um etwas zu ernten. Aber die Natur deckt den Tisch reichlich: Das Angebot ist so vielfältig, daß für Menschen und Vögel genug da ist. In der eßbaren naturnahen Vitaminhecke können auch fremde Gäste wie die japanische Zierquitte (wegen ihrer Robustheit häufig in den Bauerngärten zu finden) mit einheimischen Sträuchern wie Brombeeren, Schlehen, Haselnüssen und Wildrosen gemischt werden.

Zweimal im Jahr bietet die Wildhecke einen besonders schönen Anblick: Die duftige Frühjahrsblüte steht der Obstbaumblüte in nichts nach, und die fruchtbeladenen Sträucher und Bäume im Herbst bieten einen weiteren optischen Höhepunkt.

Ernten, ohne zu säen

Die Schätze der Natur können nicht auf dem Markt gekauft werden, man muß sie schon selber sammeln. Ungewöhnliches und Gewöhnliches bieten neue kulinarische Reize im eßbaren, naturnahen Garten. Wenn Kinder in einem solchen Garten aufwachsen, braucht man eigentlich nicht vor den giftigen Beeren zu warnen, sie können unbesorgt auch einmal etwas vom Strauch probieren. Ebereschen- und Holunderbeeren aber sind nur gekocht genießbar. Eine gewisse Aufklärung über giftige und eßbare Beeren sollte deshalb auf jeden Fall möglichst früh erfolgen. Auch die Freude am Naturerlebnis und die Hochachtung vor der Natur sollten Kindern unbedingt mit auf den Lebensweg gegeben werden – sie sind es, die später die Natur schützen sollen. Unsere Zeit weiß nicht mehr, wie man die kostbaren Geschenke aus der Natur annimmt. Das Staunen und Wundern müssen wir erst wieder lernen!

Bis in den Winter hinein trägt die Zierquitte *Choenomeles japonica* ihre quittenähnlichen Früchte, die wie echte Quitten verwendet werden können.

Rosa rugosa, die robuste „Kartoffelrose", trägt Blüten und Früchte gleichzeitig. Die weichschaligen großen Hagebutten eignen sich gut für die Küche.

Als Kulturbegleiter wächst Holunder gern in Hausnähe, an Mauern oder Scheunen. Er bringt zweimal im Jahr reiche Ernte. Die duftenden Holunderblüten werden für Tee und Holundersirup genutzt, die Früchte für eine Holunderbeersuppe, für Saft und Gelee.

Bärlauch
Allium ursinum

Die große Alliumfamilie hat einen hervorragenden Knoblauchersatz für Empfindliche hervorgebracht: Wenn man nach dem Essen nicht nach Knoblauch riechen möchte, ist der schmackhafte junge Bärlauch ideal. Er ist in Mitteleuropa in feuchten Laub- und Mischwäldern auf zeitweise nassen und nährstoffreichen Böden verbreitet. Der Bärlauch wächst in kleinen Gruppen, aber auch in größeren Beständen. Man riecht ihn schon von weitem, ehe man ihn gesehen hat. Der durchdringende Knoblauchduft wird aber beim Dünsten zu einem milden Knoblaucharoma. Die wertvollen Inhaltsstoffe machen ihn für die gesunde Küche interessant, Lauchöl, Flavonoide, Biokatalysatoren, Fructosane und reichlich Vitamin C gehören zu seinen Vorzügen. Hauptbestandteil der Pflanze ist das Bärlauchöl, das auch das blutdruck- und cholesterinsenkende Adenosin aufweist, und zwar in rund zwanzigmal höherer Konzentration als beim Knoblauch. Diese erst vor kurzem erkannte Tatsache wurde von der Fachpresse als Sensation angesehen und trug dem Bärlauch die Schlagzeile „Neuer Stern am Knoblauchhimmel" ein. Die Bären wußten schon immer von den beachtlichen Inhaltsstoffen: Das Knoblauchkraut

war ihre erste stärkende Nahrung, wenn sie aus dem Winterschlaf erwachten. Inzwischen gibt es Bärlauch auch als Granulat für Gesundheitsbewußte in der Apotheke. Umsonst sind seine Vorteile aus Wald oder Garten zu haben. Der Platz im Garten muß jedoch schattig und feucht sein, damit er gedeiht. Wenn es ihm dort gefällt, sät er sich sogar ein bißchen zu reichlich aus. Es ist günstig, wenn im Herbst Laub auf die Stelle gehäuft wird, an der der Bärlauch im Frühjahr seine schönen weißen Blütendolden treibt. Nach der Blüte zieht die Pflanze ganz ein und sollte dann ungestört bleiben.
Seine Zwiebeln sind wie die Blüten eßbar. Um sie im Herbst zu ernten, muß man sich natürlich genau den Standort der Pflanzen merken. Aus jeder Zwiebel wachsen in der Regel nur zwei bis drei große, eliptische Blätter und ein blütentragender Stiel. Zur Blütezeit sollten nur noch die kleinen, nachgewachsenen Blätter verwendet werden, sie sind zarter als die ausgewachsenen.
Der wilde Knoblauch aus den Wäldern wurde schon im 16. Jahrhundert für eine Sauce zu Fisch genutzt. In der Nachkriegszeit sammelten ihn viele zusammen mit anderen Wildkräutern und bereiteten Gemüse daraus. Nun wird dieses erstaunliche Würzkraut wiederentdeckt.
Die Blätter sollten möglichst gleich nach dem Pflücken verwendet werden, denn sie welken schnell. Damit Sie das angenehme Knoblaucharoma auch noch im Winter zur Verfügung haben, können Sie es als Paste mit Öl konservieren (Rezept siehe Seite 148).
Die jungen Blätter sind vor der Blüte der Pflanze, aber auch roh geschnitten im Salat, als Würze fürs Butterbrot, zu Quark oder zur Kräuterbutter hervorragend. Die Blüten sind als eßbare Garnitur schön und nützlich zugleich. Wenn der Bärlauch im Wald gesammelt wird, muß man darauf achten, daß er nicht mit den ähnlichen, aber giftigen Maiglöckchenblättern verwechselt wird! Eine Geruchsprobe genügt. Im Garten ist es einfacher: Man weiß ja, wo der Bärlauch steht, und kann die Maiglöckchen von ihm fernhalten!

Brennessel
Urtica dioica

Die Zeiten, als aus der einheimischen Brennessel Bettwäsche, Handtücher und Hemden gewebt wurden, sind vorbei; aber noch 1918 wurden Nesselstoffe für die Unterbekleidung des Heers hergestellt. Die gegen Schädlinge widerstandsfähige, aber ungeliebte Pflanze könnte vielleicht einmal wieder interessant werden, denn sie gedeiht ohne Hilfe von Chemie. Daher sind Nesselstoffe schadstofffrei. Auch Papier kann aus der Brennessel gewonnen werden. Vielleicht hat diese unscheinbare Pflanze noch eine große Zukunft vor sich!
Sie ist fast überall auf der Erde verbreitet, wächst gerne in der Nähe menschlicher Siedlungen und liebt nährstoffreichen, feuchten, kalkhaltigen Boden. Mit ihren kantigen, bis zu anderthalb Meter hohen Stengeln und den dunkelgrünen, stark gezähnten Blättern ist sie allerdings nicht gerade attraktiv. Reizvolle Gartengestaltungsideen kann man sich für die unscheinbare Brennessel nicht ausdenken. Aber ein Plätzchen am Kompost oder an der Hecke sollte für sie reserviert bleiben. Wenn Sie sie regelmäßig ernten, kann sich das gesunde, aber verpönte Kraut ja auch gar nicht so ausbreiten. Und indirekt trägt sie durchaus ihren Teil zur Verschönerung des Gartens bei: Die Raupen unserer

schönsten Tagfalter wie Kleiner Fuchs, Distelfalter, Admiral oder Pfauenauge brauchen sie als Nahrungspflanze.

Jeder hat sich schon einmal „in die Nesseln gesetzt" – eine unangenehme Erfahrung, denn die kleinen Brennhaare auf Stengeln und Blätter brechen bei Berührung ab, und der brennende Inhalt wird wie mit einer Injektionsspritze in die Haut gespritzt. Durch diese Schutzeinrichtung lebt die Brennessel vortrefflich, denn sie würde viel stärker ausgerottet, wenn man nicht zur Beseitigung Handschuhe benötigen würde. Aber mit einem fest zupackenden Griff können die Brennhaare außer Gefecht gesetzt werden. Sie brechen dann nicht, sondern legen sich nur um.

Die wenig geschätzte Pflanze steckt voller Inhaltsstoffe, und „von Kopf bis Fuß" kann alles von ihr genutzt werden. Aus den Wurzeln wird ein Absud gegen Haarausfall gewonnen, aus den frischen Blättern ein Spinat oder eine herrlich samtige Brennesselsuppe gekocht, Gerichte, die garantiert nicht mehr brennen. An der Käsetheke gibt es einen Brennesselkäse zu kaufen; und die getrockneten Samen gelten als geriatrisches Mittel und wirken angeblich potenzsteigernd. Alte Kräuterbücher empfehlen gegen kalte Füße, Brennesseln in die Schuhe zu legen, und gegen kalte Nächte, sie als „Bettstroh" zu nutzen!

Unverzichtbar ist das „Unkraut" heutzutage für ökologisch arbeitende Gärtner. Die Brennesseljauche mit ihrem Reichtum an Kali, Kieselsäure und Stickstoff ist ein kostenloser, wertvoller Dünger. Sie stärkt die Pflanzen und macht sie widerstandsfähiger gegen Schädlinge. Als Mulch für den Kompost und als brennende Brühe gegen Schädlinge ist sie gleichermaßen wertvoll. Die kleine, aggressiver brennende Schwester der *Urtica dioica* heißt *Urtica urens* und wird gleichfalls genutzt.

Brennesseln sind besonders reich an Eisen, Kieselsäure, Kalzium und den Vitaminen A, B und C. Wegen ihres recht hohen Nitratgehalts sollte sie nicht zu häufig verwendet werden. Andererseits verhindert der hohe Vitamin-C-Gehalt die Bildung von schädlichen Nitrosaminen. Der Zeitraum, in dem man die Pflanze nutzen kann, ist ohnehin auf die Monate April bis Mai begrenzt, danach schmeckt sie zu derb. Ein Abwägen von Nutzen und Schaden wird daher sicherlich zugunsten der Brennessel ausfallen: Auch bei rheumatischen Beschwerden, gegen Gicht und zur Stoffwechselanregung wird der harntreibende Tee aus dem frischen oder getrockneten Kraut empfohlen. Er ist blutbildend, senkt den Blutzuckerspiegel bei Diabetikern und hilft bei Prostataleiden.

In Hungerzeiten wurde die mineralstoff- und proteinreiche Pflanze als Spinat gekocht. Nicht alle haben daran gute Erinnerungen; aber es kommt natürlich auf die Zutaten an. Mit Butter und Crème fraîche ist es heute einfacher, ein schmackhaftes Gericht aus Brennesseln zu bereiten, als mit der Mehl-Einbrenne früherer Zeiten. Brennesselgemüse schmeckt erstaunlich mild, milder sogar als Spinat. Mit einer Mischung aus gehacktem Ei, Quark und Brennesseln wurden früher die Küken aufgezogen. Sie schmeckt auch Menschen und ist sehr gesund (Rezept siehe Seite 176). Im Frühling bringt das „Kükenfutter" Vitalstoffe gegen die Frühjahrsmüdigkeit. Wenn dazu dann noch eine Brennesselsuppe gereicht wird, ist das fast schon eine Frühjahrskur …

Eberesche
Sorbus aucuparia

Die Gemeine Eberesche ist fast in ganz Europa und noch in Kleinasien heimisch. Im frühen Mittelalter pflanzte man diese schöne Kombination aus Zier- und Obstbaum überall an. Ihre geringen Ansprüche und der gleichmäßig gute Ertrag machen die Eberesche auch heute noch zu einem idealen Gehölz, besonders für kleine Gärten. Der zehn bis 15 Meter hoch werdende Vogelbeerbaum ist raschwüchsig und bevorzugt humose, frische, genügend feuchte Böden. Der weiße Blütenstand ist eine reichblühende, breite Doldentraube, die mit ihrem Marzipanduft Insekten anzieht. Die orangeroten Beerendolden wirken so exotisch, als kämen sie aus fernen Ländern.

Der Name der Eberesche ist von „aber" abgeleitet: Sie ist eine „Aberesche", also keine echte. Die gefiederten Blätter, die früher für Haustee genutzt wurden, haben nämlich Ähnlichkeit mit den Eschenblättern, die man ebenfalls für Tee verwendete. Der hohe Vitamin-C-Gehalt der Beeren gab ihr auch den Beinamen „Nordische Zitrone". Apfelsäure, Carotin und Vitamin-P-aktive Substanzen gehören ebenfalls zu den beachtlichen Inhaltsstoffen. Zudem wirken Para-Sorbitsäure und Sorbit bakterientötend und entzündungshemmend. In der Volksheilkunde wurde sie wegen dieser Eigenschaften bei Durchfällen und Ruhr eingesetzt. 1810 entdeckte man eine fast bitterstofffreie Edeleberesche als Mutante: *Sorbus aucuparia* var. *edulis*, nach ihrem Fundort auch Mährische Eberesche genannt. Diese Varietät braucht einen besseren und wärmeren Boden, um gut zu gedeihen. Sie wird ab und zu als Straßenbaum angepflanzt. Man erkennt sie an der braunvioletten

Blattfärbung im Herbst; die Blätter der Gemeinen Eberesche hingegen bleiben lange gelblichgrün. Die Beeren sind glänzend scharlachrot und hellgelb punktiert, die der Gemeinen Eberesche sind kleiner, matt und ohne Punkte. Die großfrüchtige Sorte 'Rosina' kann von spezialisierten Baumschulen bezogen werden.

Die bitteren Früchte der Stammart können durch verschiedene Methoden entbittert werden: durch Einlegen der Früchte über Nacht in nicht zu starkem Essigwasser (vorher kurz aufkochen) oder durch Einfrieren. Aber ganz bitterstofffrei bekommt man die Beeren nicht. Wer das nicht mag, läßt sie nur als Aromaträger in Saft, Gelee oder Fruchtsaucen ziehen und siebt sie dann ab. Das likörartige Aroma ist überraschend!

Felsenbirne
Amelanchier ovalis

Die Felsenbirne ist von Portugal bis zum Kaukasus in Europa verbreitet. In freier Natur bevorzugt sie felsige, kalkhaltige Böden und sonnige Hänge. Sie ist aber auch als Ziergehölz in Gärten und Parkanlagen sehr beliebt. Es ist jedoch wenig bekannt, daß ihre Beeren eßbar sind; und so bietet der frühblühende, bis zu drei Meter hohe Strauch während einer Saison viele Attraktionen. Vor den rahmweißen Blüten erscheinen die wollig-filzigen Blätter, die im Austrieb sehr dekorativ wirken, später verliert sich der weiße Belag auf ihnen. Im frühen Sommer, zur Beerenzeit, wenn noch keine anderen Wildfrüchte reifen, erscheinen die schwarzvioletten, erbsengroßen, süßen Beeren.

Die Früchte der Felsenbirne sind frisch vom Strauch eßbar; aber auch die Vögel mögen sie gern. Oftmals kann man daher nur ein paar „retten", wenn man sie nicht ganz reif werden läßt. Die Beeren lassen sich gut trocknen und als Rosinenersatz fürs morgendliche Müsli oder für selbstgemachte „Rosinen"brötchen verwenden. Frisch schmecken die Früchte in rohgerührter Beerenmarmelade, aber auch als Würze zu anderen Marmeladen.

Amelanchier lamarckii aus Nordamerika ist in Europa seit dem 18. Jahrhundert in Kultur. Sie wird bis zu zehn Meter hoch und wächst auf sauren oder neutralen Böden. Im Austrieb erscheinen ihre Blätter kupferfarbig, daher wird sie auch Kupferfelsenbirne genannt.

Schöne Blüten im Frühjahr, leckere Früchte zum Naschen, eine herrliche, orangerote Herbstfärbung, dazu noch robust und unanfällig für Krankheiten: Mehr können Sie von einem Zierstrauch nicht verlangen!

Gänseblümchen
Bellis perennis

Das Gänseblümchen oder Tausendschön ist in ganz Europa und Kleinasien anzutreffen. Es blüht auf Wegen, an Bächen, in Wiesen und im Rasen fast rund ums Jahr. Als „Trittpflanze" wächst es überall da, wo der Boden verdichtet, lehmig und kalkhaltig ist und das Gras kurzgemäht wird. Die Samen werden von den Ameisen verschleppt.

Über Gänseblümchen freuen sich nur die Kinder, aber nicht die Gärtner. Der Wunschtraum vieler Gärtner ist ein makelloser Rasen ohne „Unkräuter". Im naturnahen Garten jedoch ist das Tausendschön erwünscht. Auf der wilden Wiese steht es auf den gemähten Wegen, und man findet es an ihrem Rand zusammen mit Schlüsselblumen und Wiesenschaumkraut. Unempfindlich gegen Kälte, hält das Gänseblümchen Temperaturen bis zu minus 15 Grad aus und blüht manchmal noch im Schnee. Die Blütenkörbchen sind gelb, umgeben von einem weißen, manchmal rötlich überhauchten Strahlenkranz. Sie öffnen sich nur bei Sonnenschein und drehen sich mit der Sonne.

Das stoffwechselanregende Heilkraut wurde früher als Tee bei Rheuma und Gicht, Hautausschlägen, Ekzemen und schlecht verheilenden Wunden eingesetzt. Es wirkt blutreinigend, entzündungshemmend und harntreibend. Auch für eine Frühjahrskur sind diese Eigenschaften ideal, die auf den Gehalt der Blüten und Blätter an Flavonoiden, Saponinen, Inulinen, Gerbstoffen und Vitamin C zurückzuführen sind. Die flache Rosette mit den gekerbten, spateligen Blättern sieht dem Feldsalat etwas ähnlich und schmeckt auch fast so: nussig und mild.

Bekannt ist die Verwendung der Blütenknospen als falsche Kapern, wozu sie in Essig und Salz eingelegt werden. Die Blüten zieren Salat, Wildkräutergemüse und die Gründonnerstagssuppe. Kandiert schmecken sie leicht nach Marzipan und sind eine schöne Garnitur für Zitronenkuchen, Rhabarbertorten oder Obstsalate. Und noch ein ganz anderer Nutzen: Schon seit Generationen flechten kleine Kinder die bescheidene, ausdauernde Schönheit gern zu unschuldig aussehenden Blütenkränzen und überraschen ihre Mütter mit kleinen zerdrückten Sträußchen.

Heckenrose
Rosa canina

Die Früchte der zartrosa blühenden einheimischen Heckenrose sind die länglichen, lackroten Hagebutten, die von September bis November die drei Meter hohen Sträucher an Wegen, Bahndämmen und sonnigen Hängen schmücken. Die elegant überhängenden Sträucher lieben kalkhaltige Böden. Im Mai / Juni sehen sie mit ihren regelmäßig verteilten Blüten und den fünf- bis siebenzähligen gefiederten Blättchen harmonisch und gut proportioniert aus.

In Europa wird die wilde, sehr formenreiche Heckenrose seit Urzeiten auch als Nutzpflanze gebraucht. Wildrosenhecken schützten Siedlungen und Gärten. Durch das dichte Strauchwerk wurden die wilden Tiere ferngehalten. Hagebutten sind auch bei den Vögeln beliebt. Das erklärt, warum die Wildrosen überall verbreitet sind, auch an unwegsamen Stellen an felsigen Gebirgshängen. Auf kargem Boden bleiben die Sträucher klein, auf fruchtbaren werden sie zum unwegsamen Dickicht. Für den kleinen Garten ist die einheimische Wildrose deshalb nicht empfehlenswert. In die Vitaminhecke integrieren lassen sich aber andere, kleiner bleibende Wildrosen, Wildrosenhybriden oder Rosen mit Wildcharakter. Besonders günstig für die Verwertung sind die weichschaligen, kugeligen Hagebutten der japanischen Kartoffelrose *Rosa rugosa*. Aus den rosa- und weißblühenden Sträuchern mit dem gesunden, leicht runzeligem Laub, die robust sind und kaum von Schädlingen befallen werden, lassen sich schöne Rosenhecken kombinieren. Die Gelbfärbung der Blätter im Herbst ist eine attraktive Zugabe.

Im Altertum galten die Früchte als Heilmittel gegen Vitaminmangelerkrankungen. Ihre Formen variieren je nach Art und Sorte von eiförmig bis kugelig und flaschenförmig, von grünlichgelb bis orangerot und sogar schwarz. Alle Hagebutten aber sind verwertbar, auch die Früchte der Kulturrosen.

Im Mittelalter, als es noch nur wenige Kulturobstsorten gab, wurden die Hagebutten zu Desserts verarbeitet. Hagebuttentee gab es bei Erkältungen und Fieber zur Steigerung der Abwehrkräfte. Der Tee wirkt blutreinigend und -bildend, harntreibend und blutdrucksenkend. Zwei bis drei Hagebutten decken den gesamten Tagesbedarf an Vitamin C. Und die Empfehlung aus der Ritterzeit, drei Hagebutten pro Tag zur Stärkung zu essen, war ein guter Gesundheitstip, der auch heute nicht schaden könnte! Vom Hagebuttentee über Hagebuttenmarmelade, -wein und -likör mit Südweinaroma bis zum kulinarischen Highlight „Hagebuttensuppe mit Madeira, geschlagener Sahne und gehackten Mandeln" reicht das Spektrum. Natürlich ist es zeitraubend, die Hagebutten zu verarbeiten. Man braucht dazu geduldiges „Küchenpersonal", denn die Früchte müssen halbiert und von Kernen und Härchen (Juckpulver!) befreit werden. Die Härchen könnten die Magenschleimhäute reizen. Die verlesenen Kerne hingegen ergeben gewaschen einen schmackhaften Kernlestee mit Vanillearoma, der nieren- und blasenreinigend wirkt. Sie werden dazu zerstoßen, über Nacht mit kaltem Wasser angesetzt und noch eine halbe Stunde gekocht, damit Aroma und Inhaltsstoffe frei werden. Auch die Hagebutten (2 Teelöffel pro Tasse) werden über Nacht kalt angesetzt und dann noch zehn Minuten gekocht. Die Inhaltsstoffe der Hagebutten lohnen alle Mühe: Hagebutten haben zwanzigmal mehr Vitamin C als Zitronen, reichlich Carotin, die Vitamine E, K, A und B, Eisen und Magnesium. Sie gehören mit zu den vitaminreichsten Früchten!

Zur Ernte sollten die Hagebutten schon etwas weich sein, bei den besonders hartschaligen Früchten, etwa von *Rosa canina*, ist es sinnvoll, den ersten Frost abzuwarten. Ein einfaches Verfahren zum Entfernen der juckenden Härchen ist ein Rezept aus einem alten Kochbuch: Die gewaschenen Hagebutten (Stiel und Blütenansatz entfernen) mit Wasser oder Wein bedeckt über Nacht stehenlassen. Am nächsten Tag durch ein Sieb geben und im Verhältnis eins zu eins kalt mit Zucker mischen. So bleiben die Inhaltsstoffe gut erhalten. Hagebuttenmus kann mit Kirschwasser, Rum oder Wein verfeinert werden. Zum Aufbewahren kühl stellen und bald verbrauchen oder für den Wintervorrat einfrieren.

Einfach anzusetzen ist auch ein Hagebuttenlikör: Die Früchte bleiben ganz und werden mit Korn und Kandis in eine weithalsige Flasche gefüllt. Nach zwei bis drei Monaten kann dann abgefiltert werden. Durch längere Lagerung wird das Aroma noch weiter verbessert.

Holunder
Sambucus nigra

Der schwarze Holunder, ein rasch wachsender Strauch oder kleiner Baum, der bis zu sieben Meter hoch wird, ist überall in Europa und Asien heimisch. In manchen Gegenden wird er auch Hollerbusch oder Fliederbeerstrauch genannt. Er bevorzugt humusreiche Böden entlang von Bächen, an Wegrändern und in feuchten Wäldern und wächst auch gern in der Nähe menschlicher Siedlungen. Auf dem Land stand er früher an Scheunen und Hofeinfahrten oder in der Dorfflur; er wuchs aber auch schon in der Nähe der Pfahldörfer in der Jungsteinzeit und säumte die römischen Siedlungen in Germanien. Zweimal im Jahr macht dieser sonst so unauffällige Strauch auf sich aufmerksam. Im Frühjahr bedeckt er sich mit den duftenden cremeweißen Blütendolden, die aussehen wie aus handfester Bauernspitze gemacht. Im Herbst neigen sich die Zweige des fruchtbeladenen Strauchs unter der Last schwarz-violetter Beeren. Die Vögel ernten manchmal schneller, als die Menschen es können. Und sie sorgen für die Verbreitung des Strauchs! Holundersträucher braucht man nicht in der Gärtnerei zu kaufen, außer man wünscht sich größere Blüten und Beeren wie bei der Züchtung 'Haschberg'. Für die Naturhecke sind beide eine schöne Ergänzung. Einen guten, beschirmenden Platz nimmt Holunder am Kompost ein.

„Vor dem Holunder soll man sich siebenmal verneigen und den Hut ziehen", sagen heute noch die alten Leute auf dem Land. Hochachtung gebührt diesem Strauch, der schon für die Gesundheit von Generationen gesorgt hat. Und zweimal im Jahr ist Erntezeit – welcher Strauch kann das sonst noch bieten? Die duftenden Blütendolden wurden getrocknet und als schweißtreibender Grippetee zusammen mit Lindenblüten getrunken. Heute hat man entdeckt, daß er auch prophylaktisch gegen Erkältungskrankheiten schützt. Er wird möglichst heiß getrunken, bevor man zu Bett geht. Die Blüten enthalten Flavonoide, ätherische Öle, Glykoside und Saponine. Die Beeren sind reich an Vitamin A, B und C. Der hohe Gehalt an Vitamin B 1 und B 6 wirkt heilend bei verschiedenen Nervenschmerzen, etwa bei Migräne, Tic und Ischias. Allgemein gelten die Beeren als aufbauend, sie erhöhen die Widerstandskräfte.

Die Beeren dürfen nicht roh probiert werden, sie bewirken dann Erbrechen und Magenbeschwerden. Auch gekocht sollten sie nicht in größeren Mengen verzehrt werden. Als Saft sind sie jedoch ganz unbedenklich und sehr empfehlenswert. Beim Entsaften sollten die grünen, unreifen Beeren und die Stengel entfernt werden, da sie reizende Stoffe enthalten und schwach giftig sind.

Viele empfinden den Geruch der Rinde und der Blätter als unangenehm: ein grünlich-modriger Duft. Er kann aber auch Erinnerungen hervorrufen: an die geschälten Holunder-Pusterohre der Kindheit und an selbstgebaute Hütten im Wald …

Der vielseitige Strauch begleitet uns mit ganz unterschiedlichen Erzeugnissen, teils aus der duftigen Blüte und teils aus der aromatischen Frucht. Holundersirup, mit heißem Wasser aufgegossen, ist ein angenehmer Erkältungstrunk, besonders beliebt bei den Kindern. Mit Mineralwasser und Eiswürfeln ist er im Sommer sehr erfrischend. Aber dieser „Zaubertrank" hat auch kulinarische Kräfte: Teelöffelweise an Salatsaucen, an Obstsalaten oder in einer Weinschaumsauce bringt er fruchtige Würze. Es lassen sich daraus Sorbet, Pudding oder eine Holundermilch herstellen.

Die Beeren werden zu Saft, Kompott, Gelee, Likör und Wein verarbeitet. In der kalten Jahreszeit gab es zu Großmutters Zeiten eine heiße Fliederbeersuppe mit Eischneeklößchen oder einen Holunderpunsch.

Knoblauchsrauke
Alliaria petiolata

In Laubwäldern, an Hecken, Wegrändern und im Gebüsch wächst das gemeine Lauchkraut, auch Lauchhederich genannt. Das 20 Zentimeter bis einen Meter hohe Kraut blüht mit weißen vierzähligen Blüten in einfachen oder verzweigten Trauben von Mai bis Juni. An Wegrändern wächst die Knoblauchsrauke häufig in größeren Beständen. Sie ist weit verbreitet; man findet sie in Europa und Nordafrika, in Asien bis in den Himalaja und in Australien. Sie liebt stickstoffreiche feuchte Böden. Dort keimt sie noch im Jahr der Samenreife und geht als grundständige Rosette in den Winter.

Die kräftiggrünen Grundblätter sind nieren- bis herzförmig, die Stammblätter mehr oval und spitz gezähnt. Beim Zerreiben entwickelt sich der typische Knoblauchduft. Der Gattungsname *Alliaria* stammt aus dem Lateinischen und weist auf den unverwechselbaren Geruch der Pflanze hin. Sie ist jedoch nicht mit den Alliumgewächsen verwandt, auch ihre Inhaltsstoffe ähneln denen des Knoblauchs nicht.

In der Volksmedizin wurde sie wegen ihrer antiseptischen Eigenschaften bei Husten, eiternden Wunden und Insektenstichen verwendet. Außerdem regt die Knoblauchsrauke alle Verdauungsdrüsen an und fördert so den Appetit.

Das knoblauchähnliche Aroma macht sie für Suppen, Saucen und Nudelgerichte geeignet, auch für Kräuterbutter und Quark. Wie bei allen Wildkräutern schmecken die jungen Blätter vor der Blüte am besten, sie können aber auch noch während der Blüte genommen werden. Man kann sie schon im frühen Frühjahr ab Februar/März nutzen, und sie sind dann auch sehr willkommen, da es im Garten noch nichts zu ernten gibt. In England wurde früher eine Sauce mit Knoblauchsrauke, Weißdornknospen, Muskat, Zucker und Weinessig zu Lammfleisch gereicht. In „Culpeper's Herbal" aus dem 19. Jahrhundert wurde der Leser aufgefordert: „Leser, versuch ein bißchen davon in Deinem nächsten Salat!" Diesen ermunternden Satz sollten wir auch heute ruhig beherzigen, denn das Wildkraut steht überall reichlich zur Verfügung. Die länglichen Samenschoten können ebenfalls verwendet werden: als Gewürz wie Senfkörner, zum Einreiben von Fleisch oder als Brotgewürz.

Kornelkirsche
Cornus mas

Der bis zu sechs Meter hohe Strauch wächst sehr langsam. Er ist von Mitteleuropa bis Kleinasien in Gebüschen und an felsigen, kalkhaltigen Hängen verbreitet und wird seit langem kultiviert.

Der Strauch ist gut schnittverträglich. Früher war die Kornelkirsche daher für Hecken und Lauben sehr beliebt. Läßt man sie wachsen, entwickelt sie sich zu einem kleinen Baum.

Der frostharte Strauch ist resistent gegen Krankheiten und Schädlinge. Die reiche grünlichgelbe Blüte im März ist eigentlich schon Grund genug, ihn anzupflanzen. Auf kalkhaltigem Boden in voller Sonne fruchtet die Kornelkirsche zudem üppig. Sie gedeiht auch noch im Halbschatten, trägt dann aber nicht so gut. Eine Kalkgabe im Frühjahr ist auf jeden Fall vorteilhaft. Die Kornelkirsche dankt es nicht nur mit zahlreichen Früchten, sondern auch mit einem prächtigen Anblick im Herbst: Die vorher dunkelgrünen, eirunden Blätter leuchten nun sonnengelb auf. Mit dieser Abschiedsvorstellung hat der genügsame Strauch vom Frühjahr bis zum Herbst sein Bestes getan.

Die glänzend roten, kirschähnlichen Früchte reifen schon ab August und färben sich im reifen Zustand dunkelpurpurfarben. Sie schmecken angenehm säuerlich-aromatisch, fast wie Sauerkirschen. Die Früchte sind reif, wenn sie vom Baum fallen. Sie sind vielseitig verwendbar: zum Rohessen, als Kompott oder Saft, und, süß-sauer eingelegt, zu Wild. In Frankreich wird ein Vin de Cornouille daraus hergestellt und in der Türkei ein beliebtes Sorbet. In Istanbul verkauft man sie als Kizilcik auf den Märkten: Sie werden fast reif in Essig und Salz eingelegt und wie Oliven gegessen. Auch kandiert sind sie interessant. Die schönen, lackglänzenden Früchte haben nur einen Nachteil: Das Fruchtfleisch löst sich schwer vom Stein. Zum Kompott muß man daher ein Schälchen für die Steine dazustellen und möglichst vorsichtig zubeißen.

Löwenzahn
Taraxacum officinale

Die goldgelben Löwenzahnwiesen wecken Kindheitserinnerungen: an den Milchsaft des Löwenzahns, der schwarze Flecken auf den Händen hinterließ, und an die zarten Pustenblumen, deren Fallschirmchen so weit durch die Luft segelten. Von den Gärtnern jedoch wird Löwenzahn gefürchtet, denn jedes kleine Wurzelstückchen, das im Boden verbleibt, treibt wieder aus.

Löwenzahn ist überall auf der nördlichen Erdhalbkugel zu Hause. Seine große Anpassungsfähigkeit und Genügsamkeit ist erstaunlich. Er wächst auf Wegen, in Beeten und in Fugen. Das Aussehen variiert je nach Bodenbeschaffenheit – mal üppig kraftstrotzend, mal zierlich, mal stark gezähnt, mal eher gerundet.

In einer naturnahen Wiese, wie es sie heute in manchen Gärten wieder gibt, wächst der Löwenzahn zusammen mit Gänseblümchen und anderen Wildkräutern. Nach alter Bauernregel werden die Wiesen nach der Löwenzahnblüte gemäht. Dann haben die Frühlingsblüher genug Kraft fürs nächste Jahr gesammelt. Aber auch im Gemüsegarten kann der Löwenzahn wachsen: Er wird einfach aus dem Garten umgesiedelt oder ausgesät. Gartenzüchtungen sind etwas milder als der wilde Löwenzahn. In Frankreich wird die abgeschnittene Rosette kurz vor dem Austrieb etwa 20 bis 30 Zentimeter hoch angehäufelt, so daß die jungen Triebe wie Chicorée gebleicht werden. So sind die Blättchen zarter und milder und außerdem etwas länger. Ein Tontopf ohne Loch, über die Pflanze gestellt, tut die gleichen Dienste. Im Herbst können die Wurzeln ausgegraben und wie Chicoree im Haus angetrieben werden. Die goldgelben Körbchenblüten mit dem Honigduft erscheinen im April/Mai. Nun ist die Salatzeit zu Ende, denn die Blätter sind jetzt zu bitter. Die Blüten sind jedoch auch verwendbar. Fast wie „richtiger" Honig schmeckt ein daraus zubereiteter Löwenzahnhonig, der im Winter als Medizin bei Erkältungen gegeben werden kann. Die bakterizide Eigenschaft der Blüten erklärt die Wirkung. Auch auf dem Frühstücksbrötchen oder im Kräutertee ist der Honig lecker. Ausgezupft bringen die Blüten Sonne in einen Salat.

Wie die Brennessel ist Löwenzahn eine „Vitaminbombe": Carotin (mehr als Möhren!), Vitamin C, E, Vitamin-B-Komplex, Kalium, Kalzium (mehr als Milch!), Zink und Kieselsäure, sie alle machen ihn so gesund. Die enthaltenen Bitterstoffe und enzymatisch wirkenden Substanzen regen den gesamten Stoffwechsel an, wirken positiv auf Leber und Nieren und machen den Löwenzahn zu einem idealen Entschlackungsmittel.

In Frankreich heißt der Löwenzahn „Pissenlit", ein dezenter Hinweis auf seine harntreibende Eigenschaft. Als Salat können Sie ihn jedoch unbedenklich auch am Abend genießen, so stark ist seine entwässernde Wirkung nicht! Auch die lange Pfahlwurzel, die das Entfernen der nicht immer so geschätzten Pflanze erschwert, ist genießbar. Sie wird noch heute für heilkräftige Tees genutzt. Früher brühte man Löwenzahnkaffee daraus. Und während des Krieges beobachtete die deutsche Bevölkerung verwundert, daß die Kriegsgefangenen aus dem Osten den Löwenzahn mit der Wurzel verspeisten. Mit dem Wissen um genießbare, nahrhafte Pflanzen braucht man auch in Krisenzeiten nicht zu verhungern …

Löwenzahnsalat ist in vielen europäischen Ländern beliebt, bei uns aber etwas in Vergessenheit geraten. Mit ausgelassenen Speckwürfelchen oder Knoblauchcroutons serviert, ist er eine Delikatesse. Und die noch geschlossenen Blütenknospen kann man wie echte Kapern einlegen; sie schmecken sehr gut zu einer Vorspeisenplatte mit Sardinen, Tomaten, Schafskäse und Salami. In Butter gedünstet sind sie eine ungewöhnliche, aber vorzügliche Gemüsebeilage.

Scheinquitte
Choenomeles japonica

Der niedrige, sparrig wachsende, bis einen Meter hohe und breite Zierstrauch mit bedornten Zweigen und ziegelroten fünfzähligen Blüten ist im März / April ein häufig gesehener japanischer Gast in städtischen Anlagen und Privatgärten. Er wächst auch gut in einer naturnahen Hecke, braucht aber volle Sonne, um gut zu blühen und zu fruchten. Der schöne und beliebte Strauch hat – obwohl nicht einheimisch – alle Tugenden, die ihn für den naturnahen Garten empfehlen: Er ist krankheitsresistent, robust und vermehrt sich durch Ausläufer. Nach dem frühen, reichlichen Blütenflor, der lange anhält, trägt er rundliche, apfelähnliche grünlichgelbe Früchte mit stark gefurchter Oberfläche, die ab September reifen. Größere Früchte liefert die starkwüchsige, weißblühende *Choenomeles speciosa* 'Nivalis'. Alle verwandten Choenomelesarten sind nutzbar.

Die festen, sehr sauren Früchte duften aromatisch, zum Rohessen sind sie jedoch nicht geeignet. Die Scheinquitte kann kandiert oder wie Zitronen verwendet werden. Als aromatische Zugabe würzt sie Säfte und Marmelade, angesetzt mit Whisky und Kandis wird sie zu Likör, als herb-säuerliches Chutney paßt sie zu Wild. Die duftenden Zierquitten sind wie die echten Quitten eine schöne herbstliche Dekoration für Tisch und Fensterbank. Die Früchte hängen noch sehr lange – bis in den Winter – an den schon kahlen Sträuchern. Es ist schade, daß sie so wenig genutzt werden!

Veilchen
Viola odorata

Das bescheidene Märzveilchen überrascht uns in jedem Frühjahr an sonnigen Märztagen mit seinem süßen, köstlichen Duft. Schon in den persischen Paradiesgärten wuchsen die Duftveilchen. Auf den Marienbildern des Mittelalters sind sie in einem liebevoll detailliert gemalten Blütenteppich zu sehen, der zu Füßen Marias wächst. Sie spielten eine Rolle in der griechischen Mythologie ebenso wie in der romantischen und klassischen Literatur, und seit jeher symbolisieren sie den Sieg des Frühjahrs über den Winter.

Die Römer mit ihrer Vorliebe für Luxus legten Veilchenplantagen an, um den großen Bedarf zu decken. Sie tranken Veilchenwein und aßen die Blüten kandiert und gebraten. In der Türkei und in Ägypten bereitete man ein Veilchensorbet. Im Mittelalter wurden die Veilchen in Ragouts mitgekocht, besonders gern zu Kalbfleisch; und kandierte Veilchen schmückten einen Reispudding mit gemahlenen Mandeln.

Die dunkelvioletten Veilchen sind in der nördlichen gemäßigten Zone verbreitet. Sie wachsen in der Nähe von Hecken, Zäunen und an Waldrändern und bevorzugen lehmige, humose Böden, die aber eher trocken als feucht sein sollen. Damit Veilchen eine wirkliche Duftoase im Garten bilden können, brauchen sie einen geschützten Platz. Wenn sie nicht richtig wachsen und blühen wollen, stehen sie vielleicht zu dunkel und feucht; Trockenheit und Hitze hingegen vertragen sie problemlos. Ein sonniger Abhang wäre daher der ideale Ort für einen Veilchenanger nach altmodischem Vorbild. Auch ein etwas schütterer Rasen unter einem lichten Obstbaum könnte der richtige Platz

sein, um jenen Duft in vollen Zügen zu genießen, der unvergeßlich intensiv und süß ist, wie die Veilchenpastillen aus Kindertagen.

Veilchen wachsen oft an Stellen im Verborgenen, an denen wir sie nicht vermuten, denn die Ameisen verschleppen die Samen, so wie sie es auch mit den Schneeglöckchen tun. Mit Ausläufern erobert sich das gar nicht so bescheidene Veilchen zudem ihm zusagendes Gelände. Auch unter Rosen und als Einfassung für sonnige Kräuterbeete wächst es willig. Als Naturgärtner kann man also geduldig abwarten, bis sich der Veilchenbestand ganz von allein vergrößert. Aber wer es eilig hat – denn die Natur ist manchmal zu langsam für ungeduldige Gärtner –, nimmt die Veilchenausläufer und pflanzt sie an die gewünschten Plätze. Es gab früher zahlreiche Veilchensorten, von denen 'Königin Charlotte', die im Herbst ein zweites Mal blüht, noch häufig angeboten wird. 'Red Charme', eine purpurfarbige Sorte, findet man seltener. Es gibt sogar eine reinweiße Form. Sie duftet genauso veilchentypisch, obwohl man es nicht von ihr erwartet: Mit dem wunderbaren Duft verbinden wir automatisch auch die violette Farbe.

Veilchenessig und Veilchensirup gehörten früher zu den Hausmitteln, die jedes Frühjahr zubereitet wurden. Zur Beruhigung oder gegen Kopfschmerzen gab es einen Teelöffel Veilchenessig mit etwas Zucker in einem kleinen Glas Wasser; und Veilchensirup wurde teelöffelweise bei Husten, Bronchitis und Keuchhusten gegeben.

Aber beides ist auch in der Küche sehr nützlich. Der Sirup eignet sich nicht nur als wohlschmeckendes Hustenmittel besonders für Kinder, sondern auch für Eis, Drinks und Desserts. Veilchen sind ebenfalls schön in Eiswürfeln, kandiert und in einem Frühlingssalat. Auch die jungen Blätter, die reich an Vitamin C und A sind, sind genießbar: In alle Wildkräutersalate oder in Wildkräutersuppen können immer auch ein paar Veilchenblätter hineingegeben werden. Nutzen Sie also die kurze Veilchensaison, um alle Möglichkeiten auszuprobieren!

Dekorative Geschenke und Anregungen von der Wildkräuterwiese

Genausogern wie früher werden heute noch Wildblumensträuße gepflückt; und das, obwohl sie einen längeren Spaziergang nicht überstehen – sie welken schnell – und dann im nächsten Graben landen. Fast alle kleinen Kinder möchten beim Anblick blühender Wiesen einen Strauß für die Mutter pflücken – ein Wunsch, der über die Zeiten hinweg unverändert erhalten geblieben ist. Auch Gänseblümchenkränze winden kleine und große Mädchen immer noch gern und geben die Technik, die in keinem Lehrbuch steht, an die nächste Generation weiter. Mit klebrigen Kinderhänden werden tausendfach im Frühjahr kleine Sträußchen überreicht, immer mit zu kurzen Stengeln, so daß sie nur in einen Eierbecher passen. Diese unschuldigen kleinen, liebevoll gepflückten Sträuße rühren mehr als die kunstvoll gebundenen Gebilde vom Floristen zum Muttertag. Und die schnell vergängliche Schönheit der ersten Frühlingsblumen verlockt in jedem Frühjahr die Mütter selbst zu duftigen Sträußen, auch wenn manchmal schon am nächsten Tag die zarten Blütenblätter rieseln.

„Zarter Blumen leicht Gewinde flecht ich dir zum Angebinde, Unvergängliches zu bieten, war mir leider nicht beschieden", dichtete Goethe in einer Zeit, als Blumengeschenke noch Sinnbilder des Lebens und der Liebe darstellten. Dem vergänglichen Zauber der Wildblumen kann man sich nicht entziehen, denn sie sind der Natur näher als die farbenkräftigen gezüchteten Blumen, die es zu kaufen gibt. Die zurückhaltende Schönheit der wilden Blüten ist ganz umsonst zu haben; das erfreut in einer Welt, in der viele glauben, daß Glück und Freude nur noch mit Geld zu kaufen sind. Von den blumenpflückenden Kindern, die wir selbst einmal waren, können wir diese unmittelbare Freude wieder lernen.

Schon zu Ostern schmücken Kränze aus Wildblumen oder ein Frühlingsgärtchen das Haus. Dazu werden Veilchen, Schlüsselblumen und Gänseblümchen mit Wurzeln und Erde in eine große Schale gepflanzt und zu einem kleinen Rasenstück, fast wie von Dürer gemalt, zusammengesetzt. Moospolster decken die sichtbare Erde ab. Wenn die Miniwiese häufiger mit Wasser besprüht wird, hält sie sich ein paar Tage frisch. Man kann aber auch Birkenzweige um einen Terrakottatopf zu einem Kranz binden. Mit einem feuchten Steckschwamm gefüllt, können dann Frühlingsblüten wie Schlüsselblumen, Veilchen und Wiesenschaumkraut in den Topf gesteckt werden. Die Mitte wird wieder mit Moos abgedeckt, und ins „Nest" werden Eier in zarten Farben gelegt.

Taubnessel, Wiesenschaumkraut, Schlüsselblumen und die dekorativen Blütenkugeln des Bärlauchs halten in der Vase auch ein paar Tage und sind schnell gepflückt und ausgetauscht, wenn sie verwelken. Die Bärlauchblätter eignen sich gut als Basis der Sträuße und geben den zarten Gebinden auch optischen Halt. Wildblumen sollten möglichst locker in der Vase stehen, mit etwas „Luft" dazwischen. Nur so sehen sie ganz natürlich aus – wie in der Wiese. Diese Sträuße lassen sich ganz leicht arrangieren, große Kunstfertigkeiten und raffinierte Stecktechniken braucht man dazu nicht. Denn das Unvollkommene ist ja hier gerade der Reiz!

Zusammen mit einem Strauß von der Wiese läßt sich auch „Nahrhaftes" aus Wildkräutern verschenken. Bärlauchpaste und Bärlauchöl wird Knoblauchfans überraschen. Lilablauer Veilchenessig und Veilchensirup in schönen, ausgefallenen Flaschen sind ungewöhnliche Mitbringsel. Sie kann man nicht kaufen – nur selber machen.

Ideen von der Vitaminhecke

Die Vitaminhecken im Garten und in der freien Natur lassen die Sammlerinstinkte unserer Urahnen, die von der Jagd und von gesammelten Kräutern, Wurzeln und Beeren lebten, wieder erwachen. Den Eichhörnchen ähnlich, die vor unseren Augen die Haselnüsse sammeln, um sie für den Wintervorrat zu horten (sie horten viel, weil sie manchmal vergessen,

Die Früchte aus dem naturnahen Garten sind ideal für herbstliche Dekorationen, die leicht und schnell zu arrangieren sind. Hagebutten, Zierquitten, Holunder und Brombeeren sind hier zu einem liegenden Strauß gebunden.

wo sie die Schätze vergraben haben!), gibt es auch unter den Menschen Sammlertypen, die ganze Gläserreihen mit Brombeergelee füllen, Schlehen- und Hagebuttenlikör und Rumtopf ansetzen und vieles mehr. Sie ruhen erst, wenn die Vorratsregale alle gefüllt sind. Der Winter schreckt sie nicht, er kann kommen. Nötig ist das heute zwar nicht mehr, aber es macht Spaß, und solche Produkte gibt es zudem kaum zu kaufen. Und wenn wir wie die Eichhörnchen zu viele Vorräte anlegen, die dann für Jahre reichen: Diese würzigen Zubereitungen aus Wildbeeren, das fruchtige Herbstgelee und der vitaminreiche Herbstsaft sind in jedem Fall ungewöhnliche Geschenke.

Die Schätze der Vitaminhecken wachsen überreich und sind in dieser Fülle kaum zu nutzen. Aber schließlich sollen ja auch die Vögel noch ernten, und außerdem können wir uns so bis in den Winter hinein über den Anblick der fruchtigen Last freuen. Für die Dekorationen im Haus bleiben trotzdem noch reichlich Zweige. Diese Herbststräuße können wunderschön und üppig wirken mit ihren langen, rankenden Zweigen und Blättern in stimmungsvollen Herbstfarben.

Die lilablauen Brombeeren und die orangeroten Hagebutten in Kombination mit Dahlien, Sonnenblumen und den auffallenden Ebereschenbeeren tragen Farben, wie sie auf alten Gobelins zu sehen sind. Die Blätter der Felsenbirne verfärben sich orangerot, die Wildrose *Rosa rugosa* trägt Hagebutten und Blüten gleichzeitig, und ihre Blätter färben sich im Spätherbst zudem leuchtend gelb. Diese Tugenden sind für Garten und Haus gleichermaßen erfreulich!

Die roten und gelben Farbnuancen bereichern alle Dekorationen. Mit Früchten, Kürbissen und Zierkürbissen wird das fruchttragende Leitthema der Herbststräuße nochmals aufgegriffen. Mit allem, was die Natur bietet, wird so der Abschied von einem fruchtbaren Jahr gefeiert. Im Winter können wir dann die leckeren Vorräte probieren. Geschenke der Natur, die wir kostenlos erhalten, wenn wir ihr nur mehr Spielraum gewähren!

Bärlauchöl

1 Handvoll Bärlauchblätter
1/4 l Öl

Bärlauchblätter einen Tag antrocknen lassen. In eine schöne weithalsige Flasche geben, mit dem Öl aufgießen. 14 Tage an einem kühlen Ort ausziehen lassen, dann die Bärlauchblätter entfernen. Das Öl kühl und dunkel aufbewahren und zum Marinieren und Braten von Fleisch, zu Bratkartoffeln und zum Würzen von Salaten nutzen.

Bärlauchpaste

100 g Bärlauchblätter
10 g Salz
Öl

Die Bärlauchblätter fein schneiden und mit dem Salz abwechselnd in ein Schraubglas schichten. Mit Öl auffüllen, so daß das Kraut ganz bedeckt ist. Gut verschlossen hält sich die Paste ungeöffnet bis zu einem Jahr. Ideal zu Spaghetti mit gehobeltem Parmesan, aber auch als Würze zu Eintöpfen, Suppen und Saucen geeignet. Schön dekoriert ist die Paste ein originelles Geschenk!

Kapern

2 Handvoll Blütenknospen von Gänseblümchen oder Löwenzahn
1/2 Tl Salz
1/8 l Kräuteressig

Zwei Handvoll noch ganz geschlossener Knospen von Gänseblümchen oder Löwenzahn (oder auch beide gemischt) mit dem Salz bestreuen und ein paar Stunden stehenlassen. Den Kräuter- oder Weinessig aufkochen und mit den Knospen kurz aufwallen lassen, den Essig absieben und ein zweites Mal aufkochen. Zusammen mit den Kapern in ein kleines Schraubglas füllen und gut verschließen. Nach ein paar Tagen den Essig nochmals aufkochen und wieder über die Kapern geben. Kühl und dunkel lagern. Nach 14 Tagen kann probiert werden. Zum Verschenken den Deckel mit einem hübschen Stoffstück bespannen und das Glas etikettieren.

Löwenzahnhonig

200 g Löwenzahnblüten
1 l Wasser
1 kg Zucker
1 Zitrone

Blüten vom grünen Hüllkelch befreien, mit dem Wasser aufkochen und 30 Minuten ziehen lassen. Abseihen und mit dem Zucker und dem Saft der Zitrone unter Rühren leise köchelnd eindicken, bis die Flüssigkeit eine sirupartige Beschaffenheit hat. Heiß in kleine Flaschen oder Gläser füllen oder einfrieren.

Veilchenessig

1–2 Handvoll Veilchen
1/2 l Weinessig

Die Blüten in eine dekorative Flasche geben, mit dem echten Weinessig auffüllen (oder mit nach Vorschrift verdünnter Essig-Essenz) und 14 Tage auf einer sonnigen Fensterbank ausziehen lassen. Abseihen oder die Blüten in der Flasche lassen, kühl und dunkel aufbewahren.

Tip: Veilchenessig schmeckt nach einer längeren Lagerung besonders gut. Er paßt hervorragend zu einem leicht bitteren Radicchio- oder zu einem Wildkräutersalat.

Veilchensirup

100 g Veilchen
500 g Zucker
1 Zitrone
1/2 l Wasser

Von den frisch gepflückten Veilchen die blauen Blütenblätter abzupfen, in eine Schüssel geben und mit 1/2 l kochendem Wasser begießen, abgedeckt über Nacht ziehen lassen. Am nächsten Tag abseihen, die Flüssigkeit mit dem Zucker und dem Zitronensaft heiß werden lassen und in dekorative Flaschen abfüllen und mit einem hübschen Etikett versehen oder einfrieren. Zum Aromatisieren von Desserts, Kuchen und Gebäck verwenden.

Holundersirup

20 Holunderblütendolden
2 unbehandelte Zitronen
1 1/2 kg Zucker
30 g Zitronensäure
1 1/2 l Wasser

Die in Scheiben geschnittenen Zitronen in ein Steingutgefäß geben, Holunderblütendolden, Zucker, Zitronensäure und kochendes Wasser zufügen. Gut umrühren. Zudecken und an einem kühlen Ort 2–3 Tage ziehen lassen, öfter umrühren. Dann absieben, einfrieren oder in Flaschen füllen und sterilisieren. Zum Trinken mit kaltem oder heißem Wasser (im Winter gut gegen Erkältungen) 1:4 auffüllen. Mit Mineralwasser besonders erfrischend! Zum Verschenken in dekorative Flaschen oder in eine Karaffe füllen.

Herbstsaft

1 kg Pflaumen
1 kg Äpfel
Pfirsiche, Birnen, Weintrauben, Hagebutten, Weißdorn- oder Sanddornbeeren, Holunderbeeren, Ebereschenbeeren und Kornelkirschen nach Geschmack

Große Stücke des ungeschälten, gewaschenen Obsts und die von den Dolden abgestreiften Beeren in einen Entsafter geben und ohne Zucker entsaften (Saft in kleineren Mengen kann auch im Dampfkochtopf hergestellt werden). Heiß in saubere Flaschen füllen, mit einer Gummikappe verschließen oder in Plastikgefäßen einfrieren.

Tip: Dieser herbfruchtige Saft ist vielseitig verwendbar – heiß oder kalt als gesundes Getränk im Winter, aber auch für Gelee, Mousse und für Fruchtsaucen. Für ein Gelee verwendet man wie üblich Saft und Gelierzucker im Verhältnis 1:1. Als Geschenk in einer schönen Flasche oder Karaffe ist er etwas ganz Besonderes (Abbildung siehe rechte Seite).

Die herbstliche
Fülle der aromastar-
ken Wildfrüchte –
Ebereschen, Holun-
der, Hagebutten
und Kornelkirschen
– gibt zusammen
mit Weintrauben,
Äpfeln und Pflau-
men einen unge-
wöhnlichen Saft,
der wunderbar als
Basis für kalte und
warme Getränke,
für Herbstmousse
und Herbstgelee
geeignet ist.

Gründonnerstagssuppe oder Neunkräutersuppe

500 g Kartoffeln
100 g gemischte Wildkräuter, z. B. Knoblauchsrauke, Taubnessel, Brennessel, Schafgarbe, Sauerampfer, Schlüsselblumen- und Veilchenblätter, Spitzwegerich, Bärlauch
Butter
1 l Gemüsebrühe
100 g Sahne
Salz, Pfeffer
4 El Crème fraîche
Garnitur: Taubnesselblüten

Kartoffeln schälen und würfeln, Wildkräuter hacken und in der erhitzten Butter kurz andünsten. Mit der Brühe auffüllen, die Kartoffeln zugeben und ca. 15 Minuten köcheln lassen. Mit dem Pürierstab pürieren; Sahne, Salz und Pfeffer zufügen. Die Suppe in Teller füllen, einen Eßlöffel Crème fraîche in jede Portion rühren und mit Taubnesselblüten garnieren.

Gefüllte Eier mit Kapern

4 Eier
1 Tl Öl
3 Tl Essig
2 Tl Sahne
1/2 Tl Senf
Salz, Pfeffer
2 Tl Kapern (von Gänseblümchen oder Löwenzahn)
Garnitur: Salatblätter, Kapern, Gänseblümchenrosetten, Löwenzahnblätter

Die hartgekochten Eier halbieren, das Eigelb vorsichtig herausheben und mit den übrigen Zutaten und Gewürzen verrühren. Wieder in die Eihälften füllen (eventuell mit dem Spritzbeutel), die Eier mit ganzen Kapern, Gänseblümchenrosetten und Löwenzahnblättern dekorieren und auf Salatblättern anrichten.

Sardinenpaste mit Blütenkapern

2 Dosen Ölsardinen
3–4 Sardellenfilets
100 g Butter
8–10 Cocktailtomaten
Fenchel- oder Dillzweige
2 Tl Blütenkapern
Schnittlauchblüten

Die Sardinen mit den Sardellenfilets und der Butter pürieren. Auf einem Teller anrichten, mit halbierten Cocktailtomaten belegen und mit den Kräutern und den Kapern bestreuen. Auf einem Teller anrichten, mit ausgezupften und ganzen Schnittlauchblüten garnieren.

Gefüllte Tomaten mit Wildkräutern

8 Tomaten
2 Knoblauchzehen
2 El Semmelbrösel
2 Handvoll gemischte Wildkräuter, z. B. Giersch, Knoblauchsrauke und Brennesseln
Olivenöl
Salz und Pfeffer
geriebener Gouda

Von den Tomaten einen Deckel abschneiden, Tomaten aushöhlen (Reste für eine Tomatensauce verwenden). Wildkräuter und Knoblauchzehen mit etwas Öl in der Pfanne andünsten, würzen und die Semmelbrösel untermischen. Mischung in die Tomaten füllen und mit geriebenem Gouda bestreuen. Eine Auflaufform mit Öl auspinseln und die Tomaten hineingeben, bei 225 °C etwa 20 Minuten backen. Als Beilage zu kurzgebratenem Fleisch reichen.

Wildkräuterquark mit Bärlauch

250 g Magerquark
150 g Crème fraîche
1 Schalotte
2 Handvoll Wildkräuter, z. B. Bärlauch, Giersch, Taubnessel, Löwenzahn, Sauerampfer, Knoblauchsrauke
Meersalz
Garnitur: Bärlauchblätter, Veilchen, Schlüsselblumen, Gänseblümchen, Bärlauchblüten

Kräuter und Schalotte fein schneiden. Quark und Crème fraîche cremig rühren, Kräuter zufügen und mit Meersalz würzen. Auf Bärlauchblättern anrichten und mit den Blüten garnieren.

Zucchini-Carpaccio

4 kleine Zucchini
4 El Walnußöl
2 El Zitronensaft
Salz, Pfeffer
1–2 Handvoll Sauerampfer
Zitronenmelisse, Kresse
Garnitur: Löwenzahnblüten

Zucchini in dünne Scheiben schneiden, mit Öl und Essig marinieren. Mit grobgemahlenem Salz und Pfeffer bestreuen. Fächerartig auf einem Teller anrichten und mit den Kräutern und den Blüten garnieren.

Lachs auf Brennesselblättern

4 Lachskoteletts
Butter
20 Brennesselblätter
Walnußöl

Eine Auflaufform mit etwas Butter
einfetten, die Lachskoteletts hineinlegen und mit wenig Butter bestreichen. Bei 200 °C im Backofen ca.
12–15 Minuten braten. Die Brennesselblätter von den Stielen zupfen
(Gummihandschuhe benutzen!) und
in einer Pfanne mit etwas Öl kurz
andünsten. Den Lachs auf den Brenn-
nesselblättern anrichten. Dazu paßt
Wildreis oder ein warmer Wildkräu-
terkartoffelsalat.

Perlhühner mit Äpfeln und Wild-
beerensauce

2 Perlhühner
Butterschmalz
einige geräucherte Speckscheiben
1 Becher Crème fraîche
Salz, Pfeffer
Für die Beilage:
4 Äpfel
je eine Handvoll Holunderbeeren,
Eberescheenbeeren und Hagebutten
Butter
Zucker

Perlhühner salzen und pfeffern, in
dem Butterschmalz in einer Kasserolle
rundherum anbraten. Mit den Speck-
streifen belegen, bei 200 °C im Back-

ofen im geschlossenen Topf ca. 30–40
Minuten weiterbraten und ab und zu
mit dem Bratfett begießen. Zum
Schluß mit kaltem Salzwasser bepinseln und noch 10 Minuten im offenen Topf bräunen lassen.
Die Äpfel schälen und halbieren, das
Kerngehäuse entfernen. 15 Minuten
vor Ende der Garzeit mit den Perl-
hühnern dünsten. Wildbeeren von
den Stielen zupfen, die Hagebutten
halbieren, entkernen, alle Härchen
dabei gründlich entfernen. Die Beeren in etwas Butter andünsten, bis sie
weich sind, mit wenig Zucker
abschmecken und in die Äpfel füllen.
Bratensatz mit etwas Wasser loskochen
und mit Crème fraîche verrühren.
Mit Salz und Pfeffer würzen.

Tip: Wem die Eberescheenbeeren zu
bitter sind, der kann sie durch Preiselbeeren ersetzen.

Eberescheenmousse mit Wein-
schaumsauce

Mousse:
2 Dolden Eberescheen
3/8 l Apfelsaft
2 Äpfel
60 g Zucker
2 Eigelbe
6 Blatt Gelatine
200 ml Sahne
Für die Sauce:
2 Eigelbe
1/8 l Weißwein
50 g Zucker

Mit dem Melonenausstecher Bällchen
aus den geschälten Äpfeln formen.
Die Eberescheen von den Dolden
streifen, 20 Minuten in dem Apfelsaft
köcheln lassen. Kurz vor dem Ende
der Kochzeit die Apfelbällchen hinzu-
geben. Den Saft absieben.
Im Wasserbad die Eigelbe mit dem
Zucker und 1/4 l Apfelsaft schaumig

schlagen. In dem restlichen, noch
warmen Apfelsaft die in kaltem Wasser
eingeweichte und wieder ausgedrückte Gelatine auflösen und unter
die aufgeschlagene Creme rühren. In
den Kühlschrank stellen.
Sobald die Creme anfängt zu gelieren,
wird die geschlagene Sahne unterge-
hoben. In kalt ausgespülte Pudding-
förmchen füllen und mehrere Stunden kühlen. Vor dem Stürzen die
Förmchen kurz in heißes Wasser stellen. Auf einer Platte anrichten, mit
den Eberescheenbeeren und den
Apfelbällchen garnieren.
Für die Sauce alle Zutaten im Wasserbad aufschlagen, in Eiswasser kalt rühren. Zu der Mousse reichen.

Felsenbirnen-Scones mit Beeren-
marmelade

225 g Mehl
1/2 Tl Salz
1 Tl Natron
2 Tl Weinstein
40 g Butter
40 g Zucker
1 Ei
4 El Milch
1–2 Handvoll Felsenbirnenbeeren
Crème double
Beerenmarmelade (Rezept siehe Seite
155)

Mehl, Salz, Natron und Weinstein in
eine Schüssel sieben, Butterflocken
und Zucker zugeben. Mit dem Ei
und der Milch verkneten. Zum
Schluß die Beeren zugeben. Teig 2 cm
dick ausrollen und mit einem kleinen
Wasserglas Kreise ausstechen. Auf
einem mit Mehl bestäubten Backblech bei 220 °C 10 Minuten
backen. Auskühlen lassen und in der
Mitte durchschneiden. Mit Crème
double und der Beerenmarmelade
bestreichen und wieder zusammen-
setzen.

Herbstmousse

1/2 l Herbstsaft (Rezept siehe Seite 150)
60 g Zucker
6 Blatt Gelatine
200 g Schlagsahne

Die Gelatine in kaltem Wasser einweichen, in etwas heißem Saft auflösen. Den restlichen Saft mit dem Zucker erwärmen und die Gelatine unterrühren. 40 Minuten kalt stellen. Sobald die Flüssigkeit zu gelieren beginnt, die geschlagene Sahne unterheben. Nochmals für einige Zeit kalt stellen. Mit einem Löffel Nocken formen und auf Portionstellern anrichten. Dazu paßt eine Vanillesauce.

Joghurtherzen mit Pfirsich-Holundersauce

300 g Joghurt
500 g Magerquark
75 g Puderzucker
2 Eiweiße
Für die Sauce:
2 eingemachte Pfirsiche (möglichst weiß)
1–2 El Holunderbeeren
1 El Zucker

Porzellanförmchen mit durchlöchertem Boden mit Mulltüchern auslegen. Joghurt mit dem Quark glattrühren, Puderzucker und die steifgeschlagenen Eiweiße vorsichtig unterheben. Die Masse in die Förmchen füllen, über Nacht im Kühlschrank auf einem Tablett abtropfen lassen. Am nächsten Tag vorsichtig stürzen. Die pürierten Pfirsiche mit den in etwas Wasser und dem Zucker gedünsteten Holunderbeeren zu den Joghurtherzen reichen.

Tip: Wenn keine Förmchen vorhanden sind, kann auch ein Sieb mit einem Mulltuch ausgelegt werden. So erhält man eine Halbkugelform, die ebenfalls sehr dekorativ ist.

Mangofächer mit kandierten Frühlingsblüten

1–2 Mangos
1 Tl Zitronensaft
Garnitur: kandierte Veilchen, Schlüsselblumen und Gänseblümchen (Blüten kandieren siehe Rezept „Kandierte Rosen" auf Seite 199)

Mangos schälen und in schmale Scheiben schneiden. Fächerförmig auf einem Teller anrichten. Mit dem Zitronensaft beträufeln und mit den kandierten Blüten garnieren.

Tip: Zu der Schokoladenmousse (rechts) reichen.

Rotweinbirnen mit Herbstfrüchtekompott

1/4 l Holunderbeersaft
1/4 l Rotwein
60 g Zucker
Nelken
1 Zimtstange
4 Birnen
100 g Hagebutten
100 g Kornelkirschen
200 g Holunderbeeren
1 l Vanilleeis
Garnitur: Rosenblätter, Hagebutten

Holundersaft und Rotwein mit den Gewürzen und dem Zucker aufkochen. Die Birnen streifig abschälen, den Stiel stehenlassen und die Früchte in dem Sud köcheln lassen, bis sie weich sind; ab und zu vorsichtig umdrehen. Die Birnen aus dem Sud nehmen und erkalten lassen. Die halbierten und entkernten Hagebutten mit den Kornelkirschen im Rotwein weichkochen, in den letzten Minuten auch die Holunderbeeren zugeben. Die Birnen auf Portionstellern anrichten und mit dem Herbstfrüchtekompott umgeben. Dazu Vanilleeis servieren und mit je einer halbierten und entkernten Hagebutte und mit Rosenblättern garnieren.

Weiße Schokoladenmousse mit kandierten Veilchen

125 g weiße Schokolade
100 g feste Kokoscreme (aus der Dose)
300 g Sahne
4 Blatt Gelatine
3 El weißer Rum
3 Eigelb
60 g Zucker
Garnitur: kandierte Veilchen (Blüten kandieren siehe Rezept „Kandierte Rosen" auf Seite 199)

Schokolade und Kokoscreme mit der Hälfte der Sahne im Wasserbad schmelzen. Gelatine in etwas kaltem Wasser einweichen, leicht ausdrücken und unter die Creme rühren. Etwas abkühlen lassen. Die Eigelbe mit dem Zucker im Wasserbad cremig aufschlagen und auf Eis weiterschlagen, bis die Eicreme erkaltet ist. Zusammen mit dem Rum und der restlichen geschlagenen Sahne unter die Schokoladencreme rühren und kühl stellen. Zum Servieren mit kandierten Veilchen garnieren.

Frühlingskräuterbutter

125 g Butter
1 Handvoll Kräuter, z. B. Schnittlauch, Knolau, Bärlauch, Petersilie,
Pimpinelle
Salz, Kräutersalz
Garnitur: Schnittlauchstengel, Bärlauchblätter, Schlüsselblumen

Die weiche Butter mit den feingeschnittenen Kräutern, Salz und Kräutersalz vermengen. Mit ganzen
Schnittlauchstengeln auf Bärlauchblättern anrichten, mit Schlüsselblumen garnieren.

Holunderbowle

4–5 Holunderblütendolden
2 El Holunderblütensirup
1 Zitrone
2 Fl. Weißwein
10 Minzeblättchen
250 g Erdbeeren
1–2 El Zucker
1 Fl. Sekt

Holunderblüten gut ausschütteln
(nicht waschen, sie verlieren Aroma
und Duft!) und mit dem Holundersirup (Rezept siehe Seite 150) in ein
Bowlegefäß geben. Die in Scheiben
geschnittene, unbehandelte Zitrone
zugeben, mit 1/4 l Weißwein ansetzen. Ca. 1–2 Stunden an einem kühlen Ort ziehen lassen. Die Holunderblüten entfernen, die Minzeblättchen
und die gezuckerten Erdbeeren zufügen und mit dem restlichen, gut
gekühlten Wein und dem Sekt auffüllen.

Beerenmarmelade

500 g Beeren der Saison, z. B. Johannisbeeren, Erdbeeren, Jostabeeren und
Felsenbirnen-Beeren
Gelierzucker nach Geschmack
einige Basilikumblätter

Die Beeren mit dem Pürierstab zermusen, Gelierzucker nach Geschmack
zufügen und so lange rühren, bis sich
der Zucker aufgelöst hat. Die Basilikumblätter sehr fein schneiden und
unterrühren. Diese rohgerührte Marmelade im Kühlschrank aufbewahren
oder einfrieren.

Zierquittenchutney

300 g Zierquitten
80 g Zucker
80 g Zwiebeln
50 g Rosinen
2 Nelken
1/2 Zimtstange
je 1/2 Teelöffel Senfkörner und
Koriander
1 nußgroßes Stück Ingwer
1/8 l Essig
1/8 l Wasser

Zierquitten schälen, vierteln und entkernen. Mit den übrigen Zutaten auf
kleiner Flamme köcheln lassen, bis die
Früchte zerfallen. Den Ingwer und
die Zimtstange entfernen. Zu Braten,
Wild und Wildgeflügel reichen.

Tip: Das Chutney schmeckt auch gut
als Füllung in gedünsteten Birnenhälften; der pikant-säuerliche Geschmack bildet einen interessanten
Kontrast zur süßen Birne.

Apollo inmitten von duftenden Topfpflanzen. Auf dem Steintisch vereinen sich vielerlei Düfte: Die zitrusduftende Gewürztagetes *Tagetes tenuifolia*, Weihrauchpflanze und rotblättriges Basilikum werden gerahmt von Duftpelargonien mit Zitronen- und Pfefferminzaroma und beschirmt von den schönen herzförmigen Blättern des Blattpfeffers.

Der Topfgarten

Pflanzen in Töpfen und Kübeln zu kultivieren hat eine lange Tradition: Die berühmten hängenden Gärten der Semiramis waren vermutlich die ersten Dach- und Terrassengärten, die Vorläufer der Gefäßkultur. Griechen und Römer zogen Gehölze, Buchsbaum und duftende Kräuter in Kübeln, und auch im alten China war die Gefäßkultur schon üblich. Im frühen Mittelalter brachten dann die Mauren orientalische Prachtentfaltung nach Spanien. So waren bei der Alhambra in Granada die Innenhöfe der kunstvollen Anlage ursprünglich mit Kübelpflanzen geschmückt. Europäische Fürstenhöfe übernahmen die verfeinerte Gartenkunst, und der Adel in Deutschland entlieh Ideen aus Italien, Spanien und Frankreich, so auch die Gestaltung mit Kübelpflanzen wie Lorbeer, Zitrusfrüchten und Rosmarin. Später kamen Feigen, Granatapfel, Oleander und Myrte dazu.

Eng verbunden mit der Geschichte der Topfpflanzen ist die der Orangerien. Die ersten Vorläufer der später so verbreiteten Bauwerke waren Überbauten aus Holz, mit denen im Winter die Kübelpflanzen in den Schloßgärten an Ort und Stelle geschützt wurden. Im 17. Jahrhundert schließlich setzte sich die Pflanzenkultur in Kübeln überall durch. Besonders beliebt waren dabei die Orangenbäume. Eigens für sie wurden die schönen Orangerien gebaut, architektonische Meisterwerke, die wir noch heute überall in den Schloßanlagen der damaligen Zeit bewundern können.

Eine der berühmtesten war die des französischen Sonnenkönigs in Versailles mit ihrer umfangreichen Zitrussammlung. Kübelpflanzen schmückten aber auch herrschaftliche Treppenaufgänge, Balkone und Balustraden, eigens für sie ausgesparte Mauernischen und Podeste im Garten, flankierten Eingänge und Wege. Dieser üppige Pflanzen- und Blumenschmuck des Adels wurde auch in den Bürger- und Bauernhäusern bald vielfach nachgeahmt.

Gestalten mit Töpfen

Heute sind die Kübelpflanzen überall so beliebt wie nie zuvor: In einer Zeit kleiner Grundstücke bieten sie die Möglichkeit, den Garten auf die Terrasse zu holen. Hier können auch all jene Pflanzen gehalten werden, die in unserem Klima im Garten ausgepflanzt nicht gut oder gar nicht gedeihen, wie etwa Rosmarin, Lorbeer und Zitrusgewächse. In jedem Jahr werden neue Kübelpflanzen – Importe aus allen Ländern der Erde – auf den Markt gebracht. Gärtnereien sind im Frühjahr wahre Paradiese exotischer Gewächse! Leider aber übersteht die eine oder andere Neuheit den Winter nicht. Dazu kommt, daß die Bedürfnisse der Pflanzen dem neuen Besitzer nicht immer bekannt sind. Da sie aber aus verschiedenen Klimazonen kommen und dementsprechend unterschiedliche Ansprüche an Bodenverhältnisse, Temperatur und Luftfeuchtigkeit stellen, hat man nur Freude an ihnen, wenn diese Bedingungen so genau wie möglich erfüllt werden. Eine nützliche Hilfe ist es da, sich für jede wertvolle Pflanze ein eigenes Karteikärtchen anzulegen und alle Informationen, die man erhalten kann, darauf einzutragen. Schließlich sieht nur eine gesunde Pflanze auch wirklich gut aus. Wenn sie aber richtig behandelt werden, machen die üppigen Kübelpflanzen aus Balkon und Terrasse ein wahres Pflanzenparadies zum Träumen und Entspannen!

Pflanzen in Töpfen finden überall Platz: auf dem Balkon und der Terrasse, auf Fensterbänken, Mauern und Treppen und auch im Garten. Nach Lust und Laune umgruppiert, können mit ihnen immer neue Bilder geschaffen werden, und jedes Frühjahr bietet neue aufregende Möglichkeiten. Zu den klassischen Kübelpflanzen gesellen sich dabei Stauden, Sommerblumen, Gemüse und schöne Blattpflanzen wie Hosta oder Efeu. Der Phantasie sind hier keine Grenzen gesetzt. Und wenn die Anordnung nicht gefällt, kann alles leicht umgesetzt und neu dekoriert werden. Harmonische Farbzusammenstellungen sind dabei leichter zu erzielen als im Garten. Zurückhaltend wirkt eine Ton in Ton gehaltene Gestaltung, in Ihrer eigenen Lieblingsfarbe vielleicht oder passend zur Einrichtung des Hauses. Ländlich bunt mutet eine Topfgesellschaft an, wenn die Farben unbekümmert gemischt werden wie im Bauerngarten. Ganz edel hingegen ist eine Weiße Terrasse nach dem Vorbild des Weißen Gartens von Sissinghurst. Sie erfordert zwar die Kunst der Beschränkung auf weißblühende Pflanzen, von denen aber eine Vielzahl existieren.

Besondere Lieblinge oder Raritäten sind auf einem Extratischchen gut aufgehoben. Hier werden sie mehr beachtet als im Garten. Außerdem kann so jeder Topf individuell betreut werden. Im Topfgarten können die Wünsche der Pflanze optimal erfüllt werden: Sie wird je nach Bedarf gegossen und gedüngt, bekommt ihre persönliche Erdmischung und kann ihren Bedürfnissen gemäß sonnig oder schattig stehen.

Pflanzen für den eßbaren Topfgarten

Die abwechslungsreiche Vielfalt von Kräutern, Blumen, Gemüse und Obst im Topfgarten ermöglicht eine variantenreiche Gestaltung. Erstaunlich viele Gemüsearten gedeihen gut im Topf. Der rotgestielte Mangold, gelbe Zucchini oder Tomaten in Gelb, Rot oder gestreift bilden den nahrhaften Hintergrund für allerlei gerüschte Salate. Und die passenden Kräuter kann man gleich dazu ziehen: Der Zierwert der altbekannten gekrausten Petersilie und des blühenden Schnittlauchs ist gerade erst entdeckt worden. Basilikum und Sauerampfer bringen mit roten Varietäten etwas Farbe in die Topflandschaft. Kapuzinerkresse steigert die Farbintensität des roten Mangolds, und Rotkohl wirkt mit gelben Hornveilchen umkränzt wie eine Zierpflanze. Lavendel, Thymian und Rosmarin schließlich bringen zusammen mit Duftpelargonien balsamische Düfte, die man am besten auf einem Sitzplatz direkt daneben genießt.

Auch das vitaminreiche Obst kann im Topfgarten wachsen. Das gilt nicht nur für die klassischen duftenden Zitrusfrüchte, für die Orangen- und Zitronenbäumchen; auch der Rhabarber, der eigentlich zum Gemüse gehört, hat attraktive, große Blätter. Für Heidelbeersträucher kann im Topf viel leichter die passende saure Erdmischung mit Torf hergestellt werden als im Garten. Die säulenförmigen Ballerinaäpfel tragen gut und sind außerdem ein schöner Blickfang zur Blütezeit und wenn die Früchte reifen. Die neue rosablühende Erdbeerzüchtung 'Pink Panda' blüht unermüdlich und fruchtet reich. Mit dem exotischen Blattpfeffer und dem üppigen, wunderbar duftenden Fruchtsalbei bekommt die Terrasse ein tropisches Flair. Und so entsteht aus Früchten und Gemüsen, aus Duftpflanzen und Kräutern in hübschen Gefäßen eine wahre Oase.

Ein schöner Arbeitsplatz zum Umtopfen

Das notwendige Umtopfen gleich nach dem Kauf der Pflanzen (die mitgelieferten Töpfe sind eigentlich immer zu klein) wird durch einen bequemen Arbeitsplatz erheblich erleichtert. Wenn es irgendwie möglich ist, sollten sich ambitionierte Topfgärtner daher eine entsprechende Ecke einrichten! Wieviel bequemer ist es, wenn alle Utensilien gleich zur Hand sind und Töpfe und Arbeitsgeräte nicht erst aus dem Keller oder vom Boden geholt werden müssen. Töpfe in verschiedenen Größen warten hier auf neue Bepflanzungen, und auch das Werkzeug kann neben den unerläßlichen praktischen gleichzeitig nach ästhetischen Gesichtspunkten ausgewählt werden. In einem schönen Korb oder Tontopf wird es zusammen mit den Gartenhandschuhen verwahrt. Sinnvoll ist auch eine Wasserstelle ganz in der Nähe.

Damit der Arbeitsplatz nach getaner Arbeit schön aussieht, können noch blühende Pflanzen dekoriert werden, auch eine Skulptur paßt in das Ambiente. Vielleicht finden auf einem Regal zudem die Windlichter für den Garten Platz. So fällt es viel leichter, sich zur eher ungeliebten Arbeit des Umtopfens zu entschließen, die ja eine wichtige Grundvoraussetzung für gesundes Wachstum ist.

Der rotblättrige Salbei *Salvia officinalis* 'Purpurascens' und *Thymus serpyllum* gedeihen gut im Topf. Beide sind auch küchengeeignet.

In flachen Saatschalen lassen sich viele Kräuter problemlos aussäen.

Auch im Garten können schön bepflanzte Töpfe Blickpunkt sein. Im Kübel auf einem erhöhten Podest ist der rankende Zierkürbis zuerst ornamentale Blattpflanze und später fruchttragender Akzent. Umrahmt wird das Beet von Ringelblumen.

Apfelsine/Orange
Citrus sinensis

Die Apfelsine *Citrus sinensis* gehört zu der weitverzweigten Zitrusfamilie. Die immergrünen Sträucher stammen aus den tropischen und subtropischen Regionen Asiens und Westindiens. Erst um 1200 kamen sie durch die Araber ins heutige Mittelmeergebiet. Heute werden Zitrusgewächse in allen warmen Gebieten der Erde angebaut. Mit ihren gelben und orangefarbenen Früchten und den lackglänzenden Blättern bringen sie wie keine andere Kübelpflanze einen Hauch von sonnigem Süden in unsere Breiten. Früher wurde für sie an den Fürstenhöfen eigens ein komfortables Winterquartier errichtet: die Orangerie. Aber sie nehmen auch mit einfachen Plätzen vorlieb!

Bei Temperaturen von fünf bis acht Grad können sie wie viele andere Kübelpflanzen auch in hellen, frostfreien Räumen oder im nicht geheizten Wintergarten überwintern. Im Sommer brauchen sie dann einen warmen, windgeschützten und sonnigen Platz. Alle Zitrusgewächse benötigen ein Humus-Lehmgemisch, dessen pH-Wert nicht zu hoch sein sollte, und viel Dünger von April bis August. Eine einmalige Gabe von Horn- und Knochenmehl im Frühjahr wird gut vertragen, zusätzlich sollte jede Woche noch flüssig gedüngt werden. Die Pflanzen müssen erst gegossen werden, wenn die oberste Erdschicht gut abgetrocknet ist, denn sie vertragen keine Staunässe. Das Gießwasser sollte dabei kalkfrei sein (Mittel zum Entkalken gibt es im Gartenfachhandel). Wenn die Blätter gelb werden, leidet die Pflanze unter Chlorose und muß ein spezielles Eisenpräparat erhalten. Vor Triebbeginn im Frühjahr ist es bei einem Kronenbäumchen außerdem sinnvoll, die

Triebe um ein Drittel zu kürzen, damit die Krone sich kompakt entwickelt.

Die heute so beliebten modernen Wintergärten, die anders als die Orangerien nicht nur dem Adel vorbehalten sind, machen es allen möglich, sich an dem südlichen Flair von Orangen und Zitronen zu erfreuen. Neben der Apfelsine *Citrus sinensis*, dem „Apfel aus China", gibt es viele andere sehr empfehlenswerte Züchtungen, die robust genug sind, mit dem hiesigen Klima zurechtzukommen. Fast das beste Fruchtaroma hat dabei *Fortunella margarita*, die Kumquat, mit ihrem grünen oder panaschierten Laub. Ihre herrlich aromatischen Früchte werden mit der Schale gegessen. Sie blüht zwar unscheinbar, verträgt aber mehr Frost als andere Zitrusgewächse. Die winterhärteste Zitruspflanze jedoch ist *Citrus limon* 'Meyerii', eine Kreuzung zwischen *Citrus limon* und der frostharten *Citrus trifoliata*, einem Orangenbäumchen mit nicht eßbaren Früchten. Sie wächst zügig und trägt zu gleicher Zeit Früchte und Blüten. Die Zimmerapfelsine *Citrus mitis* ist leider nicht eßbar, man kann sich nur an den schönen Früchten erfreuen. *Citrus aurantium* ssp. *aurantium* ist die Pomeranze oder Bitterorange. Ihre Schalen werden zu dem bekannten Orangeat verarbeitet, das ätherische Öl in der Kosmetikindustrie verwendet. Orangen- und Pomeranzenblüten gibt es auch getrocknet in der Apotheke zu kaufen. Sie haben eine beruhigende Wirkung und werden deshalb in Schlaf- und Nerventees gemischt. Das aus den Blüten gewonnene ätherische Öl, das Neroliöl, wird in der Kosmetik verwendet. Auch Orangenwasser gibt es in der Apotheke zu kaufen. Das köstlich duftende Wasser eignet sich zum Aromatisieren von Süßspeisen. Die getrockneten Fruchtschalen von *Citrus sinensis* und *Citrus limon* werden außerdem als aromatisches Bittermittel zur Appetitanregung und Verdauungsförderung verkauft.

Die garantiert ungespritzten Pflanzen von der eigenen Terrasse und vom Balkon bieten mehr Möglichkeiten, als nur die Früchte zu essen oder Saft aus ihnen zu bereiten. Die Blüten

aller Zitrusarten duften sehr angenehm und sind in der Küche eine wunderbare Dekoration. Wenn man sie frisch probiert, schmecken sie etwas bitter, aber durch die Verbindung mit Zucker, beim Kandieren etwa, verliert sich der Bitterton. Für Zitronen- oder Orangenkuchen sind kandierte Zitrusblüten eine ungewöhnliche Dekoration, und für Entenbrust mit Orangensauce sind die frischen Blüten eine herrlich duftende Zutat. Orangen- oder Zitronenschalen eignen sich als Aromatisierungsmittel in der Küche. Sie werden als Zutat in Kräutertees, für Desserts, Kuchen und zu Fleischgerichten genutzt und würzen, in Streifen geschnitten und eingelegt in Rum und Kandis, winterliche Tees, Kuchen und Desserts. Die aromatischen Kumquats, mit der Gabel mehrmals eingestochen und in Zuckersirup eingelegt, eignen sich zu Desserts und als Kuchendekoration (Rezept siehe Seite 174). In Frankreich ist auch ein Orangenwein als Aperitif sehr beliebt. Orangenflan und eine karamelisierte Orangensauce zu Desserts sind weitere Köstlichkeiten.

Dekorativ mit Gewürznelken verzierte Zitrusfrüchte sind als Pomander eine schöne und duftende Dekoration zur Weihnachtszeit. Die Früchte halten sich durch die desinfizierende Wirkung der Nelken jahrelang. Früher sollte diese Aromakugel mit den antiseptischen Nelken vor Krankheiten schützen.

Um all diese Rezepte auszuprobieren, braucht man schon ein üppig tragendes Zitrusbäumchen oder am besten gleich eine ganze Sammlung der interessanten Gewächse. Aber vielleicht fangen Sie zum Üben erst einmal klein an – mit einer Zimmerapfelsine!

Basilikum
Ocimum basilicum

Das beliebte köstliche Basilikum stammt aus dem Iran und aus Indien und wird heute überall auf der Welt angebaut. In Persien, Malaysia und Ägypten pflanzte man es auf die Gräber, den toten Pharaonen wurden Basilikumkränze mit ins Grab gelegt, und in Thailand schmückt „Holy Basil" noch heute die Tempelanlagen Buddhas.

Die einjährige Pflanze wird bis zu 50 Zentimeter hoch. Sie hat variierende, eiförmige Blätter in grün oder rot, die glatt oder stark gekraust sein können, und die Blüte ist weißlich-rosa. Basilikum braucht viel Licht, Sonne und Wärme. Das Mikroklima ist daher auf einer sonnigen Terrasse, auf der Fensterbank oder im Gewächshaus in der Regel besser für die Pflanze als im Garten. Im Topf wächst Basilikum gut in sandig-lehmiger Erde. Beim Aussäen dürfen die Samen nicht mit Erde bedeckt werden, da sie zu den Lichtkeimern gehören. Unter einer Folienabdeckung und bei einer Temperatur um 20 Grad keimt das Kraut rasch. Erst nach den Eisheiligen darf die frostempfindliche Pflanze dann nach draußen gestellt werden. Häufiges Ernten der Triebspitzen fördert die Verzweigung und hält sie dadurch kompakt und buschig. Man sollte aber nie einzelne Blätter pflücken, da die Pflanze dann sparrig wächst! Damit das zügige Wachstum garantiert ist, muß sie jedoch gut gedüngt werden.

In den südlichen Ländern ist Basilikum ein weitverbreitetes Küchenkraut. Schon seit der Antike wurde es dort als belebendes und verdauungsförderndes Gewürz für fette Speisen geschätzt. Das Heilkraut beeinflußt die Verdauungsorgane günstig und hilft gegen Blähungen, aber auch gegen nervöse Unruhe und Schlaflosigkeit, gegen Schwindel und Migräne. Das ätherische Öl wird zudem in der Kosmetikindustrie verwendet. Besonders in der italienischen Küche spielt Basilikum eine große Rolle, und wir haben seinen Gebrauch erst von den zahlreichen italienischen Restaurants in Deutschland gelernt. Den größten Bekanntheitsgrad hat das köstliche Kraut als Pesto für Spaghettigerichte und in der Kombination mit Tomaten und Mozzarella, in Italien eine beliebte Vorspeise, die bei uns durchaus auch als leichtes sommerliches Abendessen durchgehen kann. Basilikum paßt zu Suppen und zu Eintöpfen, zu Pilzen und zu Geflügel und natürlich zu allen Tomatengerichten. Hervorragend würzt ein selbstangesetzter Basilikumessig mit Knoblauch. Überraschend gut eignet es sich aber auch zum Aromatisieren von Gelees und Marmeladen, und mit dem Zitronenbasilikum hat man sogar ein passendes Kraut für süße Gerichte, Eis, Obstsalat und andere Desserts. Es gibt für jeden Geschmack ein besonderes Aroma: Anisbasilikum und *Ocimum sanctum*, das heilige Basilikum, werden in Thailand zum Würzen von Süßspeisen und anderen Gerichten genutzt. Das Genoveser Basilikum, sehr raschwüchsig und robust, ist das beliebte italienische Basilikum mit großen, glänzenden Blättern. Das Neapolitanische Basilikum hingegen hat das beste Aroma, braucht aber mehr Wärme. Es hat lindgrüne Blätter, die fast handtellergroß werden, weshalb es auch Mammutblatt genannt wird.

Als Zierpflanzen sind 'Purple Ruffles' und 'Green Ruffles' mit ihren großen, feingekrausten Blättern und das rote Basilikum 'Opal' in einer Kräutergesellschaft auf Balkon oder Terrasse schön anzusehen. Das rote Basilikum macht sich außerdem gut zu gelben Ringelblumen, die auch im Topf wachsen können, und zu den warmen Farben der Gewürztagetes. Ganz gleich, für welche Sorten man sich entscheidet: Mit dem eigenen Basilikum aus dem Topf ist der Sommer gerettet.

Blattpfeffer/Hoja Santa
Piper auritum

Hoja Santa, das heilige Blatt, stammt aus Südmexiko. Dort wird der Blattpfeffer im Freien bis zu drei Meter hoch. Bei uns ist er eine seltene, sehr attraktive Kübelpflanze mit großen herzförmigen, mattgrünen Blättern, die ihm ein tropisches Aussehen verleihen. Im Topf wird er immerhin bis zu zwei Meter hoch und entsprechend breit, er kann aber durch Schnitt klein gehalten werden. Im Gegensatz zum Schwarzen Pfeffer *Piper nigrum*, dessen Beeren bekanntlich zum Würzen genommen werden, sind es hier die Blätter und Stiele, die den pfeffrigen Geschmack aufweisen. Das ausgefallene Aroma ist eine Mischung aus Muskat, Pfeffer und Aprikose mit einem Hauch Kokos. Die Ureinwohner am Rio Indio in Zentral-Panama nehmen die Blätter sogar als Lockmittel zum Fischen, da das ätherische Öl auf bestimmte Fischarten anziehend wirkt.

Die wüchsige Kübelpflanze steht gern sonnig bis halbschattig und warm. Der Blattpfeffer wird hell und kühl überwintert, kann aber auch warm im Haus stehen. Auf der windgeschützten Terrasse allerdings findet die Pflanze das ideale Mikroklima vor. Dort kann sich unter seiner Mitwirkung in den Sommermonaten auch der Traum vom Süden mit seinen exotischen

Das rote Basilikum
'Opal' hat im Topf-
garten auch zieren-
de Funktion.

Ein besonders kräf-
tiges Aroma weist
das Neapolitanische
Basilikum auf,
wegen seiner
großen Blätter auch
Mammutblatt
genannt.

Mit einer Basili-
kum-Auswahl ist
stets das passende
Kraut vorrätig, ob
man nun ein zitro-
niges Aroma oder
einen Hauch von
Zimt wünscht. Im
praktischen Trage-
korb versammeln
sich hier von rechts
nach links: vorne
Thailändisches
Zitronenbasilikum,
'Opal' und Zimt-
basilikum, hinten
niedrig bleibendes
Buschbasilikum,
Italienisches Basili-
kum und 'Green
Ruffles'. Ganz links
Neapolitanisches
Basilikum.

Gewächsen erfüllen: Der schirmartige Blattpfeffer, kombiniert mit dem grazilen Zitronengras und der filigranen Gewürztagetes, wartet dann auf den Einsatz in der Küche. Auch der wunderbar duftende Fruchtsalbei, der mit seinen hellgrünen Blättern an eine Zimmerlinde erinnert und genauso wüchsig wie Hoja Santa ist, paßt in das Bild vom tropischen Paradies. Zitrusfrüchte in Töpfen ergänzen die eßbare Terrassenlandschaft – ein wahres Paradies für Hobbyköche, die mit den ungewöhnlichen Gewürzen aus fernen Ländern experimentieren möchten!

In der mexikanischen Küche werden die Blätter als Gewürz für Saucen benutzt. Eine besonders originelle Methode des Würzens ist es aber, Fisch oder Fleisch in die Blätter zu wickeln (das schöne herzförmige Blatt läßt sich leicht „kuvertförmig" falten) und zu dünsten. Das Blatt wird nach etwa zehn bis 15 Minuten weich und kann mit der Füllung zusammen gegessen werden. Fisch und Fleisch braucht man kaum zu würzen, das pikante Aroma zieht in die Füllung und verfeinert die dazu bereitete Sauce. Der Geschmack mit einem Hauch von Exotik ist ausgesprochen ungewöhnlich, aber sehr lecker.

Duftpelargonie
Pelargonium

Es gibt viele Arten, Sorten und Varietäten der Pelargonien, da sich die Pflanzen – fälschlicherweise noch häufig Geranien genannt – leicht untereinander kreuzen. Die Blüten sind in der Regel unscheinbar, aber in ihrer Zartheit geradezu rührend. Die Blätter haben nicht nur einen wunderbaren Duft, sie sind auch sehr formenreich, von herzförmig über gekraust bis zu filigran eingeschnitten. Die Pelargonien kommen ursprünglich aus Südafrika und wurden aus der Kapkolonie in das Mutterland England eingeführt. Sie wuchsen dort zunächst in den Gewächshäusern des Landadels, später auch auf den Fensterbänken des Bürgertums. Im 18. und 19. Jahrhundert standen in Deutschland in vielen guten Stuben die als Zitronen- und Rosengeranien bekannten Pelargonien. Nachdem aber die großblumigen Balkonpelargonien eingeführt und gezüchtet wurden, gerieten die weniger auffallenden Duftpflanzen in Vergessenheit. Heute erleben sie ihr Comeback: Bei spezialisierten Züchtern ist das Angebot an alten Sorten wieder sehr reichhaltig. Neben den Duftrichtungen Rose und Zitrone gibt es noch Sorten mit fruchtig-würzigem Aroma; dazu gehören beispielsweise *Pelargonium citrosum* mit Orangenduft, *Pelargonium fragrans* mit Muskatnußaroma, *Pelargonium tomentosum* mit Pfefferminzgeschmack und *Pelargonium odoratissimum* mit Apfelduft.

Die meisten Pelargonien lieben einen sonnigen Platz, Ausnahmen sind *Pelargonium tomentosum*, *Pelargonium odoratissimum* und *Pelargonium graveolens*, die Halbschatten bevorzugen. Wichtig ist eine gute Drainageschicht in den Töpfen, denn „nasse Füße" mag keine Pflanze aus südlichen Gefilden. Die ideale Erdmischung ist mit Sand, Kompost und etwas Holzkohle vermischte Einheitserde. Gedüngt werden kann mit Horn- und Knochenmehl, eine kleine Kalkbeigabe im Gießwasser soll die Duftnoten intensivieren. Regelmäßiges Ausspitzen fördert ein kompaktes, buschiges Wachstum.

Zum Überwintern ist ein kühler, aber frostfreier, heller Platz im Haus geeignet. Die Duftpelargonien können jedoch auch warm im Wohnbereich überwintert werden. So kann man auch in der kalten Jahreszeit ihre wunderbaren Düfte genießen. In der Ruhephase wird wenig gegossen und nicht gedüngt.

Pelargonien lassen sich leicht während der Wachstumsphase durch Kopfstecklinge vermehren, die einfach in ein Sand-Erdgemisch gesteckt und feucht gehalten werden. Aus einer eintriebig aufrecht wachsenden Pflanze können Sie ein Hochstämmchen heranziehen: Bis zur gewünschten Höhe werden alle Seitentriebe entfernt und der zukünftige Stamm mit einem Stab gestützt. Regelmäßiges Entspitzen der Triebe läßt die Krone dichter wachsen.

Durch feine Drüsenhaare auf den Blättern und Stengeln werden die ätherischen Öle freigesetzt, die so typisch für die Pflanzen sind. Hauptduftstoffe sind Citronellol und Geraniol. Je nach Mischung, wobei noch andere Komponenten wie Terpentine, Menthol und Alkohole eine Rolle spielen, entstehen verschiedene Duftnuancen. Als typische Blattdufter verströmen die Pflanzen nur bei Berührung, Wind oder Regen ihren Duft. Eine Ausnahme macht die Citronellapelargonie *Pelargonium crispum*, die ihren zitronigen Duft an sonnigen Tagen ohne Berührung freisetzt.

Die Medizinmänner in ihrem Heimatland Südafrika kannten auch die Heilwirkungen der Pelargonien: Wurzeln und Blätter wurden als fiebersenkendes Mittel verabreicht, aus den Wurzeln bestimmter Pflanzen gewann man ein Mittel gegen Ruhr und Durchfall. Eine weitere Sorte half vorbeugend gegen Erkältungen, andere wurden gegen Hämorrhoiden oder gegen Koliken eingesetzt.

Die wunderbaren Düfte galten als Heilmittel und magische Kraftquelle, wie heute wieder in der Aromatherapie, mit der auf ganzheitliche Weise körperliche und seelische Störungen behoben werden. Aus den Duftpelargonien wird ein ätherisches Öl gewonnen: das „Oleum Geranii", wie es – botanisch falsch – immer noch heißt, weil es sich so eingebürgert hat. Es wird aus *Pelargonium capitatum* 'Attar of Roses' gewonnen, bekommt nach einer Lagerzeit von ein bis zwei Jahren einen rosenähnlichen Duft und wird in der Kosmetikindustrie als Ersatz für das teure Rosenöl verwendet. Auch die Nahrungsmittelindustrie setzt Pelargoniumöl ein: zur Geschmacksverbesserung von Süßigkeiten, Gebäck und süßen Getränken. Mit den wunderbar duftenden Blättern können Tees, Sirupe, Gelees und Marmeladen, Cocktails, Desserts und Kuchen aromatisiert werden. Unter den zahlreichen Duftnuancen der verschiedenen Arten und Sorten ist bestimmt für jeden eine dabei!

Die Pflanzen mit den besonderen Blattqualitäten können – um etwas Farbe ins Bild zu bringen – mit ihren Schwestern, den Balkonpelargonien, kombiniert werden. Auch der lilafarbene, vanilleduftende Heliotrop, den es auch in Weiß und Hellblau gibt, bringt Farbe und eine neue Duftvariante ins Spiel. Übrigens kann die im Handel als einjährig angebotene Pflanze genauso überwintert werden wie die Pelargonien!

Wie in viktorianischen Zeiten können die Duftpflanzen auch auf einer Treppe plaziert werden. Damals setzten die Damen durch die Berührung mit ihren langen, schwingenden Röcken die balsamischen Düfte frei. Solch eine Duftbegrüßung an der Haustür mögen sicherlich auch Ihre Gäste, auch wenn sie die Blätter erst leicht durch die Hand gleiten lassen müssen, um den Duft genießen zu können. Ein fast in Nasenhöhe plaziertes Regal oder ein kleines Tischchen mit einer besonderen Duftkollektion ist eine originelle Form der Präsentation. Je nach Wunsch und Vorliebe lassen sich zitronige, rosige und fruchtige Duftakkorde zusammenfügen. Und wenn dann *Pelargonium graveolens* 'Royal Oak' dabei ist, wird der Platz sogar zur mückenfreien Zone!

Gewürztagetes
Tagetes tenuifolia

Die Inka-Samtblume ist eine einjährige, aromatische Pflanze aus Südamerika. Diese Gewürzneuentdeckung kommt aus Mexiko und wird dort für Suppen verwendet. Als Zierpflanze ist sie hier bei uns schon länger beliebt. Aber erst jetzt wird bekannt, welche Würztalente in ihr stecken.

Tagetes tenuifolia 'Tangerine Gem' hat zierliches farnartiges Laub mit einem Duft nach Mandarinen oder Tangerinen. Ihre leuchtend orangefarbenen Blüten können wie die duftenden Blätter als Würze und Dekoration verwendet werden, ebenso wie die zitronengelben Blüten von 'Lemon Gem' mit ihrem Zitronenduft. Die Mexikanische Riesengewürztagetes *Tagetes minuta* wird bis zu zwei Meter hoch und ist damit ein bißchen zu groß für Töpfe; aber auch ihre feingefiederten Blätter und die kleinen gelben Blüten mit Zitrusaroma können als Würze dienen. Alle anderen Tagetes, die oftmals einen fast unangenehm herben Duft haben, sind in der Küche nicht verwendbar. Zu den Vorzügen aller Familienmitglieder gehört jedoch, daß die Ausscheidungen ihrer Wurzeln gegen Fadenwürmer, die gefürchteten Bodennematoden, wirken. Deshalb werden sie auch gerne in der Mischkultur mit Gemüse zusammengepflanzt. Sie sind außerdem unempfindlich gegen Regen, in unserem Klima ein weiterer unschätzbarer Vorteil! Im Topf sollten sie gleichmäßig feucht gehalten und einmal wöchentlich gedüngt werden. Regelmäßiges Entfernen der verwelkten Blüten fördert den Blütenansatz.

Die blühfreudige, robuste Gewürztagetes mit dem feingefiederten, dekorativen Laub, die bis zu 30 Zentimeter hoch wird, läßt sich gut mit anderen Pflanzen kombinieren. Durch ihren hängenden Wuchs eignet sie sich auch für Kästen. Sie wirkt besonders schön zwischen aufrecht wachsenden Kräutern, die sie mit ihrem feinen Laub und den zarten Blüten umschmeichelt.

Im Topfgarten kann es eine reizvolle Aufgabe sein, ein Arrangement aus zitronenduftenden Kräutern zusammenzustellen. Dazu gehören die Gewürztagetes 'Lemon Gem', die Zitronenverbene, die in Frankreich für einen Tee genutzt wird, den man nach dem Essen trinkt, das Zitronengras, das Zitronenpelargonium und die Zitronenmelisse, am schönsten in der panaschierten Form mit gelbgefleckten Blättern *Melissa officinalis* 'Variegata'. Zitronenbasilikum und Zitronenthymian dürfen ebenfalls nicht fehlen; mit ihnen können auch süße Speisen verfeinert werden. Alle Kräuter würzen zitronig, ob im Tee oder in Saucen, in Suppen oder in Desserts. Als Krönung der Zitrusgesellschaft kann noch ein Zitronenbäumchen als Blickpunkt hinzugefügt werden. Das ätherische Zitronenöl wirkt erfrischend und anregend und steigert die Konzentrationsfähigkeit. In der „Zitronenecke" kann dieser Effekt durch einfaches Berühren der Blätter hervorgerufen werden. Wenn Sie nach anstrengender Tagesarbeit einen klaren Kopf bekommen wollen, empfiehlt sich ein Entspannungsstündchen zwischen den Zitronenkräutern. Sie sitzen dort auch völlig ungestört, denn Insekten mögen keinen Zitronenduft!

Kapuzinerkresse
Tropaeolum majus

Die Kapuzinerkresse kommt ursprünglich aus Peru und wird heute in vielen Gebieten der Erde kultiviert. Seit dem 16. Jahrhundert blüht sie auch in unseren Gärten. Die blaugrünen, schildartigen Blätter mit auffallender Aderung schmecken kresseähnlich und pfeffrig-scharf. In Peru wurde die Pflanze von alters her zur Behandlung von Wunden gebraucht. Blüten gibt es in kräftigen, warmen Farbtönen. In den Samentüten sind in der Regel Mischungen mit roten, orangefarbenen und gelben trompetenförmigen Blüten erhältlich. Auffallend ist bei allen der lange Sporn am Kelchgrund, in den sich leider gerne Insekten setzen. Deshalb sollten die Blüten vor dem Verzehr gründlich untersucht werden. Der Name der schönen Pflanze stammt von den Kapuzinermönchen, die helmartige Kapuzen trugen. Helmartige Blüten und Blätter wie Schilde: auch die botanische Sprache kann sehr bildhaft sein!

Die in ihrer Heimat als mehrjährige Staude gezogene Pflanze ist bei uns ihrer Kälteempfindlichkeit wegen nur einjährig. Im Februar/März wird sie im Gewächshaus oder im Zimmer ausgesät. Erst nach den Eisheiligen kann sie in Kübel und Töpfe gesetzt werden. Ab Anfang Mai ist auch eine Direktsaat möglich. Die Kapuzinerkresse gedeiht in der Sonne, aber auch noch im Halbschatten und benötigt humose Erde, jedoch nicht zu reichliche Nahrung. Sie bildet sonst zu viele Blätter, aber nur wenige Blüten.

Es gibt kletternde Formen der Pflanze, die auch Pergolen und Gitter beranken oder effektvoll in Töpfen wachsen können, aber ebenfalls niedrig bleibende, kompaktere Formen, die nicht so viel Platz benötigen. Eine besonders schöne Sorte ist dabei 'Alaska' mit weißgefleckten Blättern. Im Topfgarten muntert die Kapuzinerkresse die Topfgesellschaft mit ihren farbenfrohen leuchtenden Blüten auf. Sie paßt dort gut zu Gemüsen und geht besonders mit dem rubinroten Mangold eine glückliche Farbliaison ein. Auch bei der Tomate, die ja ebenfalls aus Südamerika stammt, fühlt sie sich ganz heimisch. Das Gemüse darf dann allerdings nicht zu stark gedüngt werden. Wenn man reichlich ernten möchte, sollte die Kapuzinerkresse daher einen eigenen Topf bekommen. Werden die Töpfe nahe zusammengestellt, muß man auf den Farbeffekt dennoch nicht verzichten. Und wer eine besonders farbenfrohe Terrasse haben möchte, setzt einfach in jeden noch freien Topf die dekorative Kapuzinerkresse.

Aber nicht nur optisch ist die Pflanze interessant: Für ihre Inhaltsstoffe interessiert sich die moderne Wissenschaft. Ein Bestandteil mit antibiotischer Wirkung, das Benzyl-Senföl, wird aus der frischen Pflanze extrahiert und bei Harnwegsentzündungen, Grippe und Bronchitis eingesetzt. Blüten, Blätter und Samen haben überdies einen hohen Vitamin-C-Gehalt. Als frische Würze für viele Salate kann ein Kapuzinerkresse-Blütenessig (Rezept siehe Seite 174) hergestellt werden. Die Blüten dekorieren nahezu alles an Salaten, kalten Platten und Suppen. Die Blätter können als handliche, formschöne Unterlage für Kräuterbutter oder Frischkäse mit Forellenkaviar dienen. Feingeschnittene junge Blätter würzen zudem wie Kresse oder Brunnenkresse. Die noch weichen Samen können als Kapernersatz eingelegt werden (Rezept siehe Seite 148). Die damals als Indianerkresse bezeichnete Pflanze wuchs früher in allen Gärten, in Kübeln und Kästen und an Zäunen. Schon in alten Kochbüchern findet man Rezepte für Salate aus Blüten und Blättern. Heute ist sie fast zur Mode-Dekorationsblume in der Küche und in Restaurants geworden. Aber da der Genuß der frischen Blätter und Blüten auch noch die körpereigenen Abwehrkräfte steigert, kann man das nur gutheißen!

Rosmarin
Rosmarinus officinalis

„Ros-marinus" heißt „Tau des Meeres" – ein Name, der daher rührt, daß die Pflanze in den Mittelmeerländern oft in Küstennähe wächst. Früher galt Rosmarin als Symbol der Freundschaft, Liebe und Treue: In Süddeutschland etwa schmückte sich die Braut am Tage der Hochzeit mit einem Rosmarinkranz.

In der Antike trugen Studenten beim Examen Rosmarinkränze, da die Pflanze als Stärkungsmittel für Gehirn und Gedächtnis galt. Das stark duftende Kraut diente außerdem als Ersatz für Weihrauch und wurde bei Infektionskrankheiten im Krankenzimmer verbrannt. Die Römer brachten auch diese Pflanze über die Alpen, da sie sie als Würzmittel sehr schätzten. Rosmarin gehörte daher zu den Kräutern, die schon 812 im Capitulare Karls des Großen aufgeführt waren. Der immergrüne aromatische Strauch der Mittelmeerländer wächst bei uns in der Regel besser im Topf als im Garten ausgepflanzt. Die aufrecht und manchmal bizarr wachsenden Sträucher werden bis zu einen Meter hoch. Die nadelähnlichen, hocharomatischen grünen Blätter sind auf der Unterseite filzig behaart. Die schönen Blüten in Blau, Rosa und Weiß erscheinen von März bis Mai, es gibt aber auch Sorten, die erst im Spätsommer und im Herbst blühen.

Im Topf sollte man Rosmarin in einem Sand-Erdgemisch mit etwas Algenkalk an einem möglichst sonnigen Platz wachsen lassen. Im Sommer läßt er sich leicht durch Stecklinge und Absenker vermehren. Das Überwintern bereitet manchmal Probleme: Er darf nicht zu warm stehen und braucht feuchte Luft. Wenn es draußen nicht kälter als zwei bis drei Grad minus ist, steht er besser vor der Tür als im Haus. Bei starken Frösten wird er dann kurzzeitig hereingeholt und an einen kühlen hellen Platz gestellt. Inzwischen gibt es aber auch Züchtungen, deren Winterfestigkeit verbessert wurden. Dazu gehören 'Arp', 'Salem' und 'Veitshöchheim'. Sie vertragen auch härtere Frostgrade. Pfarrer Kneipp lobte den Rosmarin als bestes Kraut für das Alter. Er gilt als Tonicum zur Anregung des Kreislaufs, als Verdauungsmittel und wirkt auch bei Kopfschmerzen entkrampfend. Zudem wird er bei Rheuma, Gicht und niedrigem Blutdruck besonders empfohlen. Ein Rosmarinbad und ein Rosmarin-Minze-Tee am Morgen wirken sehr belebend. Wegen der durchblutungsfördernden Wirkung sollte in der Schwangerschaft kein Rosmarintee getrunken werden!

Rosmarin ist ein wunderbares Gewürz. Es darf jedoch nicht zu hoch dosiert werden: Im ätherischen Öl finden sich kampferartige Stoffe, Harze, Gerb- und Bitterstoffe, die dazu führen, daß eine zu große Menge die Speisen nach Medizin schmecken läßt. Benutzt man ihn frisch, darf man mit den hocharomatischen Nadeln jedoch etwas großzügiger sein. Es lohnt nicht, ihn zu trocknen, denn er ist jederzeit auch im Winter zu ernten. Außerdem hat er frisch ein viel angenehmeres Aroma.

Das südliche Würzkraut paßt gut zu Lamm, aber auch zu anderen Fleischgerichten, zu Kaninchen, Fisch und Pilzen. Mit Wein, Thymian und Knoblauch bringt er Mittelmeeratmosphäre in die Küche. Sogar einfache Bratkartoffeln duften mit Rosmarin gewürzt wie im Süden! Seit alters nutzt man ihn auch zum Würzen von Süßspeisen, für Gelees, Marmeladen, Plätzchen und Kuchen.

Die Rosmarinblüten variieren je nach Sorte von Hell- bis Dunkelblau. Pinkfarbene Blüten im Herbst hat 'Majorca Pink'. Eine mildere Aromavariante bietet 'Miss Jessop's' mit ihrem feinen Duft. Für Rosmarin-Neulinge ist sie zugleich die beste Pflanze, um sich an den Geschmack zu gewöhnen. Es gibt hängende und kriechende Varianten und die besonders hochwüchsige Sorte 'Blauer Toskaner'. Wenn Sie sowohl frühjahrs- als auch herbstblühende Rosmarine wählen, können Sie die schönen Blüten länger genießen, und das nicht nur optisch, sondern auch in der Küche! Denn die Blüten sind etwas milder als die Nadeln und eine schöne Alternative zum Würzen. Im Topfgarten gruppiert man Rosmarin gut mit den anderen mediterranen Kräutern wie Thymian, Lavendel und Salbei zusammen. Für sie sollte der sonnigste Platz auf der Terrasse reserviert sein!

Sauerampfer
Rumex acetosa

Auf feuchten und lehmigen Wiesen wächst der Sauerampfer in großer Zahl. Die Wiesenpflanze hat pfeilförmige grüne Blätter und wird 20 bis 80 cm hoch. Aber erst wenn die leuchtend roten Samenstände ausgebildet sind, fällt sie schon von weitem ins Auge. Zur Blütezeit im Mai/Juni ist es mit der Erntezeit des wilden Sauerampfers vorbei, da er dann zu sauer und obendrein bitter wird und sich beim Genuß „die Löcher in den Strümpfen zusammenziehen". Kinder probieren alle irgendwann einmal das saure, erfrischende Blatt von der Wiese, am liebsten zu einem Päckchen übereinandergelegt, um den sauren Geschmack deutlicher zu schmecken. Sauerampfer ist eine verbreitete Staude in Europa, Nordamerika und Grönland und auch in den gemäßigten Gebieten Asiens. Schon die Ägypter und Römer aßen ihn gegen durch Völlerei verursachte Beschwerden, und im Mittelalter war er eine verbreitete Gemüse- und Salatpflanze. Man kann sich vorstellen, wie sehr unsere Vorfahren nach dem langen Winter ohne Frischgemüse die zarten, ersten Blätter des Sauerampfers im Frühjahr genossen haben mögen! In Skandinavien spielte der Sauerampfer als erstes Frühlingsgemüse eine große Rolle, und dort hat er vor

allem auch heute noch eine gewisse Bedeutung. Die Lappländer benutzten den Saft von Stengeln und Blättern zudem als Ersatz für Lab, damit die Milch gerinnt.

Sauerampfer steht im Topf gern feucht und halbschattig. Er darf nicht austrocknen, dann machen die Blätter gleich schlapp. Es ist günstig, ihn mit anderen schattenvertragenden Kräutern in einen Topf zu pflanzen, denn er fühlt sich in Gemeinschaft wohl. Die Pflanze braucht regelmäßige Düngung, damit sie nach einem Schnitt wieder gut durchtreiben kann. Die Blütenstände sollten immer entfernt werden.

Im Gegensatz zu den anderen Sorten bleibt der Sauerampfer *Rumex acetosa* 'Profusion' den ganzen Sommer zart und saftig. Das liegt wohl daran, daß er nicht blüht. Der Römische Ampfer *Rumex scutatus* hat kleine schildförmige, leicht sukkulente, grüne oder silbrige Blätter mit zitronensaurem Aroma. Ihm fehlt der bittere Beigeschmack. Besonders auffällig aber ist *Rumex sanguineus* var. *sanguineus* mit seinen rotgeaderten Blättern. Da das Blatt eine recht derbe Struktur hat, eignet es sich besser als Unterlage für kleine Häppchen oder für gefüllte Eier mit Sauerampfer und weniger als Salatbeigabe.

Im Topfgarten ist der rote Sauerampfer eine attraktive Erscheinung, die eine ansonsten grüne, ebenfalls Halbschatten tolerierende Kräutermischung mit Kresse, Kümmel, Pimpinelle, Schnittlauch und Rauke im Topf zu einem Blickfang macht. Und mit einer weißgerandeten Hosta und der weißpanaschierten Ananasminze werden noch ein paar Lichtreflexe in die halbschattige Gesellschaft gezaubert.

Früher wurde Sauerampfer wegen der wassertreibenden und kühlenden Eigenschaften, dem vor Skorbut schützenden Vitamin-C-Gehalt und der adstringierenden Wirkung, wichtig zum Blutstillen, geschätzt, auch bei Appetitlosigkeit und zur Blutreinigung hielt man ihn für heilsam. Wegen seines Oxalsäuregehaltes sollte er jedoch nicht regelmäßig verwendet werden; bei Rheumatismus, Gicht, Asthma und Lungenbeschwerden ist vom Verzehr gänzlich abzuraten.

Für alle anderen aber ist eine Sauerampfersuppe, wie sie inzwischen sogar in Gourmetlokalen Karriere gemacht hat, im Frühjahr wunderbar erfrischend. Der Frankfurter Grünen Sauce (Rezept siehe Seite 179), die schon Goethe gerne aß, gibt der Sauerampfer den säuerlich-frischen Geschmack, und er paßt auch in Salate und Kräuterquark. Besonders gut aber schmeckt feingeschnittener Sauerampfer zu pikanten gefüllten Eiern.

Der rote Mangold
'Feurio' und die
rankende Kapuzi-
nerkresse in war-
men Farben bilden
eine auffallende
Kombination im
Topf.

Dekorative Geschenke und Anregungen

Töpfe mit Blumen gehören zu den beliebtesten Geschenken überhaupt. Sie sind haltbarer als ein Blumenstrauß, und jeder Pflanzenfreund freut sich über Neuzuwachs im Topfgarten!

Ein ausgefallenes Geschenk sind Küchenkräuter, die unter einem besonderen Aspekt zusammengestellt sind. Verschenken Sie doch die sieben Kräuter, die zur Frankfurter Grünen Sauce gehören, die schon Goethe so gerne aß, und das passende Rezept (siehe Seite 179) gleich dazu! Auch ein besonders frostfester Rosmarin im Topf ist bei Hobbyköchen sicher willkommen. Oder wie wäre es mit einem Sortiment Stecklinge von der eigenen Duftpelargonien-Kollektion mit einem Buch über die Aromatherapie? Die Liste ließe sich beliebig verlängern, denn wer wäre nicht begeistert über verschiedene Basilikumsorten, in einer Schale vereint, oder über ein Orangen- oder Zitronenbäumchen im Topf? Aber auch verschiedene Thymiane in einem Erdbeertopf, als Bäumchen gezogener Lavendel oder ein duftender Fruchtsalbei sind noch ungewöhnlich genug, um die Beschenkten zu überraschen. Es ist deshalb ratsam, im Laufe des Jahres Stecklinge zu machen, um immer ein paar Pflanzen zum Verschenken zu haben.

Kräuter in Töpfen sind auch auf dem Terrassentisch schön. Für ein Sommernachtsbuffet kann man sie sich dann ruhig einmal als Tischdekoration „ausleihen". Gibt es dazu etwas vom Grill, so würzt jeder bei Tisch mit den Kräutern nach, die zum Greifen nah stehen. Eine besonders pfiffige Variante der Tischkarten sind kleine Terrakotta-Kräutertöpfe: Wenn der Name mit weißer Farbe auf die Töpfchen gemalt wird, findet jeder gleich seinen Platz. Nach der Feier dürfen sie dann mit nach Hause genommen werden.

Originell ist auch ein im Tontopf gebackenes Kräuterbrot, ein schönes Geschenk etwa zu einer Hauseinweihung. Natürlich gehört dazu das symbolische Salz, am besten als Meersalz in der Salzmühle!

Heikes Blumentopfbrot

1 Päckchen Hefe
1 Tl Honig
1/2 l lauwarmes Wasser
800 g Weizen (feingemahlen)
1 El Kräutersalz
4 El feingehackter Thymian und Rosmarin
Semmelbrösel
Butter
1 neuer Terrakottatopf (16 cm)

Hefe mit dem Honig flüssigrühren, 1/8 l lauwarmes Wasser zugeben und 15 Minuten gehen lassen. Mit dem Mehl und dem restlichen Wasser verkneten, Salz und Kräuter zufügen und ca. 1 Stunde gehen lassen. Den Blumentopf in der Zwischenzeit wässern. Den Teig nochmals durchkneten, in den gefetteten und mit Semmelbröseln ausgestreuten Blumentopf geben und diesen in den kalten Backofen setzen. Eine feuerfeste Schale mit kochendem Wasser darunterstellen und 60 bis 75 Minuten bei 200 °C backen.

Tip: Dieses originelle Brot eignet sich gut zum Verschenken, aber auch zur Tischdekoration: Man kann den Teig alternativ in mehreren kleinen Tontöpfen abbacken und jedem Gast einen Topf zum Gedeck stellen.

Basilikumessig

3/4 l Weißweinessig (oder nach Vorschrift verdünnte Essig-Essenz)
2 Handvoll Basilikumblätter
2 Knoblauchzehen

Den Essig und die Basilikumblätter mit den
Knoblauchzehen in eine schöne Flasche füllen.
10–14 Tage auf der warmen Fensterbank ausziehen lassen, dann dunkel stellen. Basilikumblätter und Knoblauchzehen können in der
Flasche bleiben.

Zitrusdekoration mit Zitronenlimonade

An heißen Sommertagen erfrischt eine kühle
Zitronenlimonade (Rezept siehe Seite 179)
besonders gut. Mit verschiedenen Zitrusfrüchten aus dem Topfgarten – auf einem Tablett
dekoriert – wird sie stilvoll serviert.

Kapuzinerkresse-Blütenessig

3/4 l Weinessig (oder nach Vorschrift verdünnte Essig-Essenz)
2 Handvoll Kapuzinerkresseblüten

Kapuzinerkresseblüten mit dem Essig in eine schöne Flasche füllen. 10–14 Tage auf der warmen Fensterbank ausziehen lassen, dann dunkel stellen. Die Blüten können in der Flasche bleiben.

Kumquats in Zuckersirup

24 Kumquats
200 g Zucker
300 ml Wasser

Die Kumquats ringsherum einstechen. Wasser und Zucker zum Kochen bringen und köcheln lassen, bis sich der Zucker aufgelöst hat. Die Kumquats hinzufügen und das Ganze noch einmal aufkochen lassen. Nach dem Abkühlen in ein schönes verschließbares Glas geben, den Deckel mit einem hübschen Stoffstück bespannen und das Glas mit einem dekorativen Etikett versehen, kühl stellen.

Tip: Paßt besonders gut zu Eis, zu Pannacotta oder zu einem Orangenflan.

Rosmarinwein

10–20 g Rosmarinnadeln
3/4 l trockener Weißwein

Die Rosmarinnadeln mit dem Wein übergießen und 10–14 Tage stehen lassen, danach absieben. 2 x täglich ein kleines Gläschen davon trinken.

Tip: Hilft gegen Kreislaufstörungen. In einer schönen Flasche auch ein ausgefallenes Mitbringsel!

In Essig ausgezoge-
ne Kapuzinerkres-
seblüten ergeben
einen würzigen,
vielseitig verwend-
baren Essig. Im Topf
dahinter ist die
weißpanaschierte
Sorte 'Alaska' zu
sehen.

Zweifarbige Gemüsesuppe mit Kapuzinerkresseblüten

Für die Möhrensuppe:
500 g Möhren
1 Schalotte
2 El Butter
1 l Gemüsebrühe
1 nußgroßes Stück Ingwer
1 Chilischote
100 g Crème fraîche
Salz, Pfeffer
1/8 l Orangensaft
Für die Zucchinisuppe:
300 g Kartoffeln
200 g Zucchini
1 Schalotte
2 El Butter
1 l Gemüsebrühe
1 Tüte getrocknete Steinpilze
2 El Mascarpone
Garnitur: Kresse, Kapuzinerkresseblüten

Für die Möhrensuppe die kleingeschnittenen Möhren und die gewürfelte Schalotte in etwas Butter kurz andünsten. Mit der Gemüsebrühe auffüllen, den feingewiegten Ingwer und die Chilischote zufügen. Ca. 15 Minuten kochen lassen, dann mit dem Pürierstab pürieren. Mit Crème fraîche, Orangensaft und Salz und Pfeffer abschmecken.
Für die Zucchinisuppe die getrockneten Pilze in wenig Wasser einweichen. Kartoffeln und die Zucchini grob würfeln, die Schalotte hacken und alles in der Butter kurz andünsten. Mit der Gemüsebrühe auffüllen, die eingeweichten Pilze mit dem Einweichwasser durch ein feines Sieb zugeben und ca. 15 Minuten kochen lassen. Mit dem Mixstab pürieren und mit Sahne abschmecken.
Beide Suppen gleichzeitig in einen Teller geben. Das geht am besten zu zweit. Die Suppen müssen recht dickflüssig sein, sonst fließen sie zu sehr ineinander. Mit Kresseblättchen bestreuen und jeden Teller mit einer Kapuzinerkresseblüte garnieren.

Sauerampfersuppe

200 g Sauerampfer
40 g Butter
3/4 l Fleischbrühe
1 Eigelb
2 El Sahne
Salz, Pfeffer, Muskat

Sauerampfer in feine Streifen schneiden, kurz in Butter andünsten. Die Brühe zugeben und 10 Minuten köcheln lassen. Das Eigelb mit der Sahne verrühren, unter die nicht mehr kochende Suppe ziehen und mit den Gewürzen abschmecken.

Tip: Dazu schmeckt „Kükenfutter", eine Eimischung mit wilden Kräutern, mit der früher die Küken aufgezogen wurden.

Häppchen mit „Kükenfutter"

4 Scheiben Vollkornbrot
2 hartgekochte Eier
3 El Crème fraîche
1 Tl Estragonsenf
Salz
1 Handvoll gemischte Kräuter, z. B. Brennessel, Taubnessel, Schnittlauch, Sauerampfer
Garnitur: ganze Kräuterblättchen, Schnittlauchstengel

Die Brote vierteln. Eier fein hacken und mit Crème fraîche, Senf und Salz pikant abschmecken. Die feingehackten Wildkräuter mit der Eicreme verrühren und auf die Brotviertel streichen. Mit ganzen Kräuterblättchen und Schnittlauchstengeln garnieren.

Sauerampfer-Kartoffelsalat

500 g Salatkartoffeln
1 rote Zwiebel
1–2 Handvoll Sauerampferblätter
2 eingelegte Gurken
3 El Walnußöl
2 El Basilikumessig (Rezept siehe Seite 173)
1 Tl Senf
Salz, Pfeffer
Garnitur: 1 Bd Petersilie, ganze Sauerampferblätter

Die Kartoffeln in der Schale gar kochen. Die Zwiebel würfeln und die Sauerampferblätter in Streifen schneiden. Kartoffeln pellen und in Scheiben schneiden, die Gurken würfeln. Aus Öl, Essig, Senf, Salz und Pfeffer eine Marinade rühren. Mit den anderen Zutaten vermengen und mit ganzen Petersilien- und Sauerampferblättern garnieren.

Tip: Wenn der Salat zu trocken ist, noch etwas Gemüsebrühe zufügen.

Kartoffeln mit Rosmarin

1 kg Kartoffeln
3 Zweige Rosmarin
Salz, Pfeffer
Olivenöl

Die Kartoffeln schälen und vierteln. In eine gefettete Auflaufform legen. Rosmarinnadeln über den Kartoffeln abstreifen und mit frisch gemahlenem Pfeffer und Meersalz bestreuen. Mit Öl bepinseln und ca. 1 Stunde im Backofen backen. Ab und zu wenden. Zu Lammkoteletts, Schweinebraten oder Steaks servieren. Dazu paßt ein grüner Salat mit etwas Knoblauch in der Marinade.

Putenragout mit Gewürztagetes

600 g Putenbrust
1 El Sherry
1 El Sojasauce
1 El Mehl
1 Knoblauchzehe
1 nußgroßes Stück Ingwer
1 Handvoll gemischte exotische
Kräuter, z. B. Zitronengras, Jamaicathymian, Zitronenverbene, Gewürztagetes
Curry, Salz, Pfeffer
1/8 l Brühe
Öl
1 El Butter
Garnitur: 1 Glas Aprikosen,
1 Handvoll Cocoschips oder Mandeln, Gewürztagetesblüten

Das Fleisch in mundgerechte Würfel
schneiden, in Sojasauce und Sherry
10 Minuten marinieren. Abtropfen
lassen und mit Mehl bestäuben. In
heißem Öl rundherum hellbraun braten und den Rest der Marinade
angießen. Den gehackten Knoblauch,
den fein gewiegten Ingwer, die Kräuter und die Gewürze zufügen, mit
etwas Brühe aufgießen und noch
zehn Minuten köcheln lassen. Butter
in einer Pfanne erhitzen, die Aprikosen darin heiß werden lassen. In der
Mikrowelle (oder in einer trockenen
Pfanne) die Cocoschips leicht bräunen. Die Aprikosen auf dem Ragout
verteilen, mit den Cocoschips
bestreuen und mit Blüten der
Gewürztagetes anrichten. Dazu paßt
Reis.

Rosmarinspieße

500 g Hackfleisch
1 Ei
2 El Semmelbrösel oder ein einge-
weichtes Brötchen vom Vortag
1 Schalotte
2 Knoblauchzehen
Salz, Pfeffer
1 Tl Rosmarinnadeln
Salbeiblätter

Das Hackfleisch mit dem Ei, der
gehackten Schalotte, dem durchge-
preßten Knoblauch und den Semmelbröseln zu einem Teig verarbeiten.
Mit Salz und Pfeffer würzen, die
Rosmarinnadeln und einen Teil der
Salbeiblätter hacken und zufügen.
Kleine Kugeln formen und in der
Pfanne rundherum braun anbraten.
Die Kugeln und die restlichen Salbeiblätter abwechselnd auf die Rosmarinzweige stecken und nochmals kurz
braten. Dazu eine Joghurt-Minz-Sau-
ce servieren (Rezept siehe unten).

Joghurt-Minzsauce

1 Becher Vollmilchjoghurt
1 Zitrone
1 Handvoll Minzeblätter

Die Minze fein hacken und mit dem
Zestenreißer die Zitronenschale
abreiben. Minze und Zitronenschale
in den Joghurt geben.

Seeteufel im Pfefferblatt

4 große Blätter vom Blattpfeffer
500 g Seeteufel
200 g Nordseekrabben
1 Becher Crème fraîche
4 El gemischte Kräuter, z. B.
Ananassalbei, Jamaicathymian,
Gewürztagetes, Zitronenverbene,
Zitronengras, Basilikum, Fenchel
1/8 l trockener Weißwein
Butter
1 El Noilly Prat (frz. Wermut)
Salz

Die Krabben mit den gehackten
Kräutern und der Crème fraîche vermischen. In die Mitte des Pfefferblatts
jeweils ein Stück Seeteufel und etwas
von der Krabbenpaste geben. Vorsichtig zusammenfalten, mit Küchengarn
zubinden. In etwas Öl andünsten, den
Wein angießen und alles ca. 10 Minuten dünsten. Die Sauce mit Butter,
Noilly Prat, Crème fraîche und eventuell Salz abschmecken. Keinen Pfeffer verwenden, das Pfefferblatt ist sehr
würzig!

Spaghetti mit Gemüsenudeln und Basilikum

250 g Spaghetti
2 größere Zucchini
Olivenöl
2–3 Knoblauchzehen
20 Cocktailtomaten
1 Bd Basilikum
Parmesan

Spaghetti kochen. In der Zwischenzeit mit dem Zestenreißer dünne Streifen von den Zucchini abhobeln, in dem heißen Öl zusammen mit den gehackten Knoblauchzehen und den halbierten Tomaten kurz andünsten. Mit den abgetropften Spaghetti mischen und mit Basilikumblättchen und frisch geriebenem Parmesan servieren.

Tip: Ein Teil des Basilikums kann auch kurz mit angedünstet werden.

Milchreis mit Kumquats

1/2 l Milch
1 Prise Salz
1 nußgroßes Stück Butter
20 g Zucker
1 Zimtstange
1 Vanillestange (oder Duftpelargonienblätter)
125 g Milchreis
2 Teelöffel Orangenblütenwasser (aus der Apotheke)
1 Orange, unbehandelt
Orangen- oder Zitronenblüten
eingelegte Kumquats (Rezept siehe Seite 174)

Die Milch mit Salz, Butter, Zucker, Zimt- und Vanillestange (vorher längs einritzen) aufkochen und den Reis einstreuen, 5 Minuten auf Stufe 0 ziehen lassen. Dann auf kleinster Stufe 20 Minuten garen, auf Stufe 0 weitere 10 Minuten ausquellen lassen. Den Reis auf einem Teller anrichten und mit Orangenblütenwasser beträufeln. Von der Orange mit dem Zestenreißer die Schale abziehen und zusammen mit den Zitrusblüten auf dem Reis garnieren. Dazu die in Zuckersirup eingelegten Kumquats servieren.

Pannacotta mit Pfefferminzpelargonie

1/4 l Crème double
250 ml Milch
60 g Zucker
6–8 Pfefferminzpelargonienblätter
4 Bl Gelatine
Garnitur: Pfefferminzpelargonienblätter, Pelargonienblüten, Puderzucker

Crème double mit der Milch, dem Zucker und den Pelargonienblättern erhitzen. Vom Herd nehmen und 10–15 Minuten ziehen lassen. Die Blätter entfernen, die eingeweichte und ausgedrückte Gelatine einrühren und die Creme abkühlen lassen. Ab und zu durchrühren. In eine kalt ausgespülte Form geben und über Nacht in den Kühlschrank stellen. Am nächsten Tag den Rand eines Tellers mit Pfefferminzpelargonienblättern auslegen und mit Puderzucker bestäuben. Die Form kurz in heißes Wasser tauchen und die Creme auf die angerichtete Platte stürzen.

Tip: Die oben abgebildeten Pelargonienblüten der besonders schönen Englischen Balkonpelargonien sind nur als Dekoration gedacht!

Süßer Quark mit Zitronenkräutern

150 g Sahnequark
1 Handvoll Zitronenthymian und
Zitronenmelisse, 2 Blätter der Zitronenpelargonie
Honig

Die Kräuter und die Pelargonienblät-
ter sehr fein hacken. Den Quark mit
Honig nach Geschmack verrühren
und die gehackten Kräuter zufügen.
Schmeckt gut zu frischgebackenen,
noch warmen Brötchen.

Basilikumpesto

2 Handvoll Basilikum
1 Knoblauchzehe
1 El Pinienkerne
5 El Parmesan, frisch gerieben
Salz, Pfeffer
Olivenöl

Basilikum und Knoblauchzehe fein-
hacken. Mit Salz, Pfeffer, Parmesan
und Pinienkernen verrühren. Nach
und nach so viel Olivenöl zugeben,
bis eine sämige Paste entsteht. Zu
Spaghetti reichen.

Frankfurter Grüne Sauce

400 g Crème fraîche
2 Handvoll Kräuter, z. B.
Petersilie, Sauerampfer, Boretsch,
Pimpinelle, Schnittlauch, Kresse,
Zitronenmelisse
Salz, Pfeffer, Kräutersalz
Garnitur: Kräuterblättchen

Die Kräuter fein hacken. Crème
fraîche mit Salz, Pfeffer und Kräutersalz verrühren, die Kräuter zugeben.
Mit ein paar Kräuterblättchen verzieren. Zu hartgekochten Eiern oder zu
Tafelspitz reichen.

Tip: Wer die Sauce leichter haben
möchte, kann einen Teil der Crème
fraîche durch Joghurt ersetzen.

Lemon Curd

4 Eigelbe
100 g Zucker
1 Zitrone
1/8 l Zitronensaft

Eigelbe und Zucker im Wasserbad
schaumig schlagen. Saft und die abgeriebene Schale von 1 Zitrone zugeben. Weiterrühren, bis die Masse dicklich wird. Abkühlen lassen und im
Kühlschrank aufbewahren. Zu Toast,
Brötchen oder Scones servieren.

Zitronenlimonade

3/8 l Zitronensaft
1/2 l Wasser
200 g Zucker

Den Zucker mit dem Wasser erhitzen,
bis er sich gelöst hat. Abkühlen lassen
und mit dem Zitronensaft mischen.
Mit Eiswürfeln servieren.

Die lachsfarbene Rose 'Albertine' blüht sehr üppig, aber nur einmal im Juni. Sie wächst hier zusammen mit der öfterblühenden kirschroten 'Morning Jewel' an einer Rosenpergola. Die romantische Ausstrahlung betont der weißblühende Baldrian, der fast wie ein Riesenschleierkraut wirkt. Am Ende des Rosenwegs bildet die Vogeltränke einen klassischen Blickpunkt, ein „historisches Zitat" im modernen Garten.

Der Rosengarten

Die Geschichte der Rose ist mit der Geschichte der Menschheit eng verwoben. Die Rose wurde in vielen Kulturen als Symbol für Schönheit und Vollkommenheit angesehen, aber auch für Werden und Vergehen, Freude und Trauer, Lust und Leid.

„Ich liebe die Rose als das Vollkommenste, was unsere Natur als Blume gewähren kann", bekannte Goethe, der ein großer Rosenfreund war. Die Schönheit und der Duft der Rosen beglücken auch heute noch jeden, ob Kind, Frau oder Mann, Gärtner oder Nichtgärtner, Stadt- oder Landbewohner. Heute sind es wieder besonders die alten, historischen Rosen, die mit ihrem wunderbaren Duft und Farben wie samtigem Purpurrot, vornehmem Lila, cremigem Gelb, milchigem Weiß und zartem Rosa ihre modernen, manchmal zu starkfarbigen Schwestern ausstechen.

Über Rosen sind unzählige Gedichte gemacht worden: von fröhlich-naiven bis zu wehmutsvollen, von Poemen über die einfache Heckenrose wie in Goethes „Sah ein Knab' ein Röslein steh'n …" bis zu Versen über die hundertblättrige Rose, wie Rilke sie in seinem geheimnisvollen Vers gemeint haben könnte: „Rose, oh reiner Widerspruch, Lust / Niemandes Schlaf zu sein unter soviel Lidern".

Die Geschichte der Rose

Die wilden Rosen sind überall auf der nördlichen Halbkugel heimisch. Die Rose ist schon etwa 40 Millionen Jahre alt, es sind Abdrücke ihrer Stacheln und Blätter in Ablagerungen des Tertiärs gefunden worden. Der Mensch hingegen lebt jetzt erst seit sieben Millionen Jahren auf der Erde. Eine planmäßige Züchtung jedoch findet gerade einmal seit etwa 200 Jahren statt.

Zu den ältesten Rosenklassen gehören die Damaszener-, die Gallica-, die Alba- und die Bourbonrosen, die sich sämtlich durch Zufallskreuzungen, Mutationen und Selektionen entwickelten. Selbst die gefüllte Rose ist eine Erfindung der Natur und hat ohne den Einfluß des Menschen das Licht der Welt erblickt!

Die Centifolie, die hundertblättrige Rose, soll angeblich erstmals in Holland entstanden sein, wobei bis heute nicht klar ist, ob sie sich zufällig entwickelte oder gezüchtet wurde.

Gegen diese Theorie spricht allerdings, daß es sie auch schon zu den Zeiten des Plinius, im 1. Jahrhundert nach Christus also, gegeben haben muß. In seinen Aufzeichnungen findet sich das erste Mal die Bezeichnung Centifolia. „Die geringste Zahl der Blütenblätter ist fünf, ihre Menge steigt aber so sehr, daß eine Art, die Hundertblättrige, Centifolia genannt wird, und diese kommt in Italien zu Campanien und in Griechenland um Philippi, doch nicht wild vor." Der berühmte Botaniker Linné, Begründer der noch heute gebräuchlichen Nomenklatur, liefert eine weitere Erklärung. Er war der Ansicht, daß die Centifolie aus dem Orient stammt. Man möchte sich bei so viel Uneinigkeit fast der Meinung des Hieronymus Bock anschließen: Der Gärtner, Arzt und Gelehrte stellte bereits im 16. Jahrhundert fest, mit der Rosengeschichte solle man sich nicht allzuviel befassen, „weil davon schon so arg viel gelogen ist worden". Er hatte deshalb eine sehr vereinfachte Roseneinteilung getroffen, „in zahme und wilde" Rosen! Wenn wir es uns nicht so einfach machen wollen, gibt es über Herkunft und Entstehung der verschiedenen Rosen aber noch so manches Rätsel zu lösen.

Mit Beginn des 19. Jahrhunderts kamen aus China und Japan erstmalig neue Rosen ins Abendland: die Chinarose, die Multiflora-Rose und die Teerose. Diese neuen Rosen sind zwar frostempfindlicher, aber ihre Dauerblütigkeit und die Fähigkeit zu klettern waren eindeutig Neuheiten in Europa. Mit ihnen kamen auch neue Farben: ein schönes Gelb und ein klares Rot. Diese Rosen und damit ihre Eigenschaften wurden in die vorhandenen Rosenklassen eingekreuzt, um frostharte Dauerblüher zu erzielen.

Die Gärtner entwickelten in den folgenden Jahrzehnten eine Vielzahl von Neuzüchtungen, 5 000 bis 6 000 sollen es bis 1867 gewesen sein, dem Geburtsjahr der ersten Teehybride 'La France'. Die alten Sorten gerieten darüber in

Vergessenheit, heute existieren nur noch einige hundert. Joséphine Beauharnais, die sechs Jahre Kaiserin von Frankreich war, zog sich nach der Annullierung ihrer Ehe mit Napoleon auf ihr Schloß „Malmaison" zurück und ließ dort den ersten Rosengarten anlegen, in dem die bekannten Rosenarten und -sorten aus allen Ländern blühten. Der Maler Pierre-Joseph Redouté malte ihre Rosen und überlieferte sie dadurch der Nachwelt. Die schöne Bourbonrose 'Souvenir de la Malmaison' wurde jedoch erst 1843, nach ihrem Tod, gezüchtet.

Polyantha- und Floribundarosen, die heute in so vielen Gärten wachsen, entstanden erst um 1900, und um 1950 wurden schließlich die öfterblühenden Kletterrosen verbreitet. Heute können wir eine Hinwendung zur alten Rose erleben, eine Entwicklung, die vor 30 Jahren mit David Austin in England begann, als dieser anfing, die schon berühmt gewordenen Englischen Rosen zu züchten, die die Öfterblütigkeit mit Duft und Aussehen alter Rosen vereinbaren.

Duft und Farbe alter Rosen

Die romantischen alten Rosen mit ihren delikaten Farben und den weichen Formen animieren die Verfasser von Gartenkatalogen zu poetischen Beschreibungen, die Wünsche wecken. Die altmodischen Schönheiten, deren Farben mit Worten wie „lebhaft purpur-scharlach, am Rand lilarosa", „milchweiß mit rosa Hauch" oder „Blütenfarbe rosa, goldgelbe Staubgefäße. Erreicht die größte Schönheit bei Abendsonne", geschildert werden, möchte man am liebsten sofort bestellen – eine verkaufsfördernde Taktik, die aber dennoch den Reiz der schönen Blüten nicht übertreibt!

So facettenreich wie die Farben der Rosen sind auch die Düfte, die jedoch in Rosenbüchern und -katalogen meist nur mit kräftig, kaum oder gut umschrieben werden. Nur bei Alma de l'Aigle finden wir in ihrem Buch „Begegnungen mit Rosen" ein phantasievolles Duftvokabular: Ihre Bezeichnungen wie nach „Südfrüchten duftend", nach einer „ganzen

Schale edlen Obstes", nach „Waldboden im Herbst", nach „rotem Johannisbeersaft", aber auch „zärtlich", „warmdunstig", „blütig-süß" oder sogar „nach ungelüfteten Zimmern", nach „besonnter Mädchenhaut" sind ungewöhnlich und regen die Vorstellungskraft an. Der Duft kann auch „sphärisch leicht", „ausladend" „hinströmend" oder „verhauchend" sein. Etwas vereinfacht ausgedrückt: Gelbe Rosen duften oft fruchtig und gewürzhaft, rote Rosen sommerlich, kräftig, auch südweinig und rosa Rosen zart und frisch, rosenhaft füllig die Centifolie. Man kann Zitronen-, Apfel-, Myrrhen-, Iris- und Veilchenduft herausschnuppern. Der Duft geht dabei nicht allein von der Blüte aus: So duften die Blätter der *Rosa rubiginosa*, der schottischen Zaunrose, vor allem bei feuchtem Wetter intensiv nach Äpfeln.

Das Duftempfinden ist ganz individuell durch Dufterlebnisse besonders aus der Kindheit geprägt. Aber immer ist Duft mit Empfindungen gekoppelt und beschert so ein unmittelbares, emotionales Erlebnis, das nicht vom Verstand kontrolliert wird. Auch moderne Rosen werden nach einer „duftlosen Zeit" wieder auf Duft hin gezüchtet. Besonders die „modernen alten" Rosen, die Englischen Rosen des Züchters David Austin, bringen wieder Dufterlebnisse.

Die sanften Farben der alten Rosen (links die rotviolette 'Cardinal de Richelieu', als Hochstamm *Rosa gallica* 'Versicolor') werden in Rosengärten gern mit Kräutern kombiniert, eine Zusammenstellung, wie sie in alten Klostergärten üblich war. Hier wachsen ihnen blaublühender Boretsch, Salbei und Fenchel zu Füßen.

Der Duft der Rose ist ihr größtes Kapital. Die Ölrose, die stark duftende *Rosa damascena* 'Trigintipetala', die zu den Damaszenerrosen gehört, ist für die Ölrosenkultur in der Türkei und in Bulgarien die wichtigste Sorte. Das feinste ätherische Öl liefert aber die Centifolie, die in Frankreich hauptsächlich für die Parfümindustrie angebaut wird.

Zur Herstellung von 200 Gramm Rosenöl werden 1000 Kilogramm Rosenblüten benötigt. Das erklärt, warum echtes Rosenöl so teuer ist! Rosenwasser wird in der Kosmetik als glättend für die Haut angesehen, Rosenöl in der Aromatherapie gegen Depressionen eingesetzt, und Rosenblüten werden in der Apotheke als Tee gegen Durchfall verkauft. Aber in früheren Zeiten ging der Gebrauch von Rosen noch viel weiter. In dem Bericht eines hebräischen Arztes etwa heißt es: „Ich pflegte in die Gärten zu gehen, um Rosen für medizinische Zwecke zu sammeln, da allen bekannt ist, daß sie die Eigenschaft besitzen, die Glieder zu stärken und das Herz zu erleichtern und die Leber zu kühlen."

Fast 600 Jahre war Provins in der Nähe von Paris das Zentrum der Kultur der „Apothekerrose", der *Rosa gallica* 'Officinalis', auch „Rose de Provins" genannt. An beiden Seiten der Hauptstraße standen im Mittelalter Apotheken (Officinen), die die aus Rosen gewonnenen Heilmittel in alle Welt verkauften, darunter Rosenblüten, Rosentinktur, Rosenzucker, Rosenhonig und Rosenwasser. Noch 1860 wurden 36 Tonnen getrocknete Rosenblüten nach Amerika exportiert. Die Ärzte Arabiens schätzten schon in der vorislamischen Zeit die Rosenblüten wegen der adstringierenden Wirkung. Und auch Plinius stellte eine Liste von insgesamt 30 Heilmitteln zusammen. Er empfahl darin Rosensaft (ein aus den zerstoßenen Blüten gewonnener und erwärmter Saft) bei Beschwerden des Bauchs und bei Durchfall, für die Ohren, für Wunden im Mund und zum Gurgeln für die Mandeln. Er fand, daß Rosen gut gegen die Hypochondrie seien und daß sie wie Sauerampfer ins Essen getan werden könnten. Auch wenn wir heute nicht alles glauben,

warum sollen betörender Rosenduft und ein köstliches Rosen-Menü nicht gut gegen Hypochondrie sein? Wer kann sich da noch krank fühlen?

Rosen in der Küche

„Und ihr Duft kandierte die Sommer", lautet der Titel eines Gedichtbandes mit Rosengedichten. Die Rose aus Großvaters Garten ist gemeint, die im Garten der Erinnerung wächst, von samtigem Purpur und süß duftend. Rosenblüten schmecken so, wie sie duften: mild und süß. Zu den Inhaltsstoffen zählen Pektine, Gerbstoffe, ein Antibiotikum, Anthocyane, Flavonglycoside und ätherisches Öl, das sich aus Geraniol, Citronellol, Nerol und vielen verschiedenen Begleitstoffen zusammensetzt. Diese komplette Mixtur ist es, die beim Schnuppern an echtem Rosenöl das betörende Dufterlebnis vermittelt.

Seit alters wird Rosenkonfitüre gekocht, werden Rosen kandiert, gehört Rosenwasser in edles Marzipan. Die antibiotischen Wirkstoffe machte man sich zudem zunutze, um Schimmelbildung auf Marmeladen zu verhindern: Obenauf wurden ein bis zwei Rosenblütenblätter gelegt, nebenbei würzte ihr Aroma noch den Inhalt. Rezepte für Rosensirup, Rosenessig und Rosenwasser sind schon vor Hunderten von Jahren in Gebrauch gewesen und existieren noch heute fast unverändert weiter.

Alle duftenden Rosen des Gartens sind verwendbar, sie dürfen nur nicht gespritzt werden. Die Centifolien und die Gallicarosen sind für Rosenzubereitungen vorzuziehen, aber natürlich kann auch jede moderne Rose verwendet werden. In der Regel sind die Blütenblätter von festerer Struktur – sie können sogar ledrig und zäh sein – und nie so lieblich wie die der alten Rosen. Aber als Garnitur, für Rosenwasser und Rosenessig und zum Kandieren kann man sie probieren.

Alle Rosen, ob einfach oder gefüllt, auch unsere heimischen Heckenrosen, sind eßbar, wie auch ihre Früchte im Herbst, die leuchtend roten Hagebutten, die sehr reich an

Vitamin C sind. Gehen Sie doch mal durch Ihren Garten und probieren Sie von verschiedenen Rosen ein Blütenblatt!

Eigenes Rosenwasser und Rosensirup lassen sich auch einfrieren – der gefrorene Duft der warmen Jahreszeit schlummert in der Tiefkühltruhe, um im Winter an die Duftfülle des Sommers zu erinnern. Versuchen Sie es mal mit einem Schokoladenkuchen mit kandierten Rosen oder würzen Sie zarte Blattsalate mit Himbeer-Rosenessig, probieren Sie einen hormonregulierenden, stimmungsaufhellenden Rosentee oder ganz einfach ein Rosenblütenblatt zur Garnitur eines sommerlichen Cocktails. Das taten auch schon die alten Römer, wenn sie Rosenblüten in den Wein streuten.

Rosen im Garten

Die „Königin der Blumen", wie sie oft bezeichnet wird, ist die Seele der Blumengärten, die ohne sie fast undenkbar sind. Rosen prägten lange Zeit als Wegeinfassung nach Art der Renaissance- und Barockanlagen die Gärten. Heute wünscht man sich die Rose wieder natürlicher. Aussehen und Wuchs der Strauchrosen lassen sich außerdem leichter in die Gärten integrieren als einheitlich gekürzte Beetrosen, die stramm wie Soldaten aufgereiht sind.

Rosen können überall blühen: in Hecken, an Rosenbögen, in Töpfen, in eigens für sie erdachten Rosengärten und als Solitäre. Kletterrosen erschließen die Höhe in kleinen Gärten, wachsen als Duftbegrüßung an der Haustür oder schwingen ihre Girlanden über das Gartentor, klettern in alte Obstbäume und bringen Goldregen zur zweiten Blüte.

Alte Rosen erinnern mit ihren Blüten wie aus Samt und Seide an die gerüschten und gefältelten Ballkleider ihrer Epoche, ein verführerisches Erbe aus vergangenen, glanzvollen Zeiten. Auf die üppig blühenden, wunderschönen alten Rosen, die in der Regel nur einmal blühen, lohnt es sich ein ganzes Jahr zu warten!

Durch blühende Stauden und Kräuter sieht ein Rosengarten natürlicher aus. Kräuter und Rosen können wie früher in den alten Kloster-

'Constance Spry', eine wüchsige Kletterrose mit päonienartigen, duftenden Blüten gehört zu den Englischen Rosen. Sie blüht zwar nur einmal, dafür aber besonders üppig.

gärten kombiniert werden, als die „rosas", wie sie im Capitulare de Villis genannt werden, nur als Heilpflanzen galten. Zwischen Salbei, Bohnenkraut, Wermut, Thymian, Rosmarin und Lavendel fühlt sich die Rose wohl. Dill und Fenchel schmeicheln ihr, und der romantische Baldrian wirkt daneben wie ein Riesenschleierkraut.

Die samtfarbigen, purpurvioletten Schönheiten werden mit cremigem Gelb, klarem Weiß und zartem Rosa aufgehellt, die gelben und weißen Rosen durch einen dunklen Hintergrund, etwa durch eine Eibenhecke, zum Leuchten gebracht, und mit rotlaubigen Gehölzen wie der Berberitze *Berberis atropurpurea* und dem Perückenstrauch *Cotinus coggygria* wird Tiefe und Schatten in das Bild gezaubert. Die gefältelten Blüten einer purpurfarbenen Rose erleben mit einem Fingerhut im gleichen Farbton eine Steigerung. Der Frauenmantel umschmeichelt mit grünlichgelben Blüten und bogig gerandetem Blattwerk die blühenden Rosen.

Beliebt sind aber vor allem Kombinationen mit blaublühenden Stauden, denn Blau ist die Farbe, die den Rosen selbst fehlt. Rittersporn gibt es in allen Farbnuancen, auch Glockenblumen und Katzenminze, die Jakobsleiter und der Eisenhut bringen das begehrte Blau. Doch auch die rosarote Spornblume *Centhrantus ruber* paßt mit ihrem Farbton besonders zu rosaroten Rosen.

Das knopfblütige Mutterkraut *Tanacetum parthenium* syn. *Chrysanthemum parthenium* wiederholt das Gold der Staubgefäße von *Rosa gallica* 'Tuscany'. Ein weiterer Vorteil der Kombination: Viele Stauden im Rosengarten blühen noch weiter, wenn der Rosenflor schon vorbei ist. Der rauschende Blütenhöhepunkt liegt im Juni bis Juli des Jahres. Aber mit einigen modernen Rosen, den Englischen Rosen und den öfterblühenden alten Rosen, die es ja auch gibt, verlängert sich die Rosensaison bis in den Herbst.

Standort, Schnitt und Pflege

Rosen sind die Lieblinge der Gartenbesitzer, aber auch ihre Sorgenkinder. Sternrußtau, Rosenrost, Mehltau, Knospenstecher, Blattläuse und vieles mehr beeinträchtigen ihr gesundes Aussehen. Manches davon kann man aber schon durch die Wahl des richtigen Standorts verhindern! Rosen wollen bis auf wenige Ausnahmen sonnig und in freier Lage stehen, da schnelles Abtrocknen Pilzkrankheiten verhindert. Der Boden sollte lehmig-humos sein, feucht, jedoch ohne Staunässe. Gegen Mehltau kann dem Aushub vorbeugend Urgesteinsmehl beigemischt werden, der hohe Siliziumanteil führt zu festerem, weniger anfälligem Blattwerk. Bei Befall hilft Stäuben mit Gesteinsmehl oder Kalk, auch Spritzungen mit Ackerschachtelhalm können versucht werden. Zur Bekämpfung von Rost und Mehltau hat sich eine Anwendung von Algifert (Rotalgen) bewährt. Brennesseljauche stärkt allgemein die Abwehrkräfte. Setzt man Knoblauchzehen um Rosenstöcke – man rechnet dabei etwa fünf pro Rose –, so verhindern diese Pilzbefall, eine Unterpflanzung mit Lavendel schützt vor Blattläusen.

Strauchrosen und Kletterrosen werden nicht so stark zurückgeschnitten wie Beetrosen; sie sollen ihren arttypischen Habitus beibehalten. Alle drei bis fünf Jahre allerdings kann ein älterer Ast bis zum Boden herausgeschnitten werden. Im Frühjahr wird in der Regel nur trockenes und erfrorenes Holz entfernt. Bei den öfterblühenden Rosen können die Triebe dann um ein Viertel bis ein Drittel zurückgenommen werden, um die Sträucher kompakt zu halten. Starkwachsende Sträucher sollten dabei in der Regel schwach zurückgeschnitten werden, schwachwachsende stärker, um das Wachstum anzuregen. Vor und nach der Blüte wird gedüngt, aber nur bis Mitte Juli, damit das Holz gut ausreift und nicht frostanfällig wird.

Bei öfterblühenden Rosen werden die verblühten Rosen regelmäßig herausgeschnitten, damit sich keine Hagebutten bilden. Das ist bei den alten einmalblühenden Sorten nicht notwendig, denn bei einigen von ihnen freut man sich im Herbst über die Hagebutten als „zweite Blüte".

Die Gallicarose 'Charles de Mills', wirkungsvoll kombiniert mit weißblühendem *Philadelphus* und den Rosen 'Camaieux' (zartrosa) und 'Leontine Gervais' (gelblichrosa), zeigt die typische Blütenform alter Rosen. Die dicht gefüllten und anmutig gefältelten Blüten duften sehr intensiv.

Rosa gallica 'Versicolor', auch 'Rosa Mundi' genannt, gehört zu den ältesten Rosen. Sie entstand im 16. Jahrhundert als „Sport", also als Mutation, der Apothekerrose. Die dunkelrosa Blüten mit den unregelmäßigen hellrosa Streifen sind wegen ihrer fröhlichen Farbwirkung besonders schön in einer Rosenhecke.

Die schönen Blüten der einmalblühenden Kletterrose 'Alchymist', dicht gefüllt und altmodisch geviertelt, sehen fast wie die von alten Rosen aus. Die Sorte wurde jedoch erst 1956 von Kordes gezüchtet. Die goldenen Blüten mit rotgoldener Mitte duften intensiv fruchtig.

'Veilchenblau' bedeckt mühelos jeden Rosenbogen. An ihrer Seite wachsen hier Estragon, Baldrian und Angelika.

Bourbonrosen

Malerisch gestreifte Blüten in Flieder- und Karmesintönen mit einem ungewöhnlichen Flair: Die abgebildete 'Variegata di Bologna' und ihre ebenfalls gestreifte Schwester 'Honorine de Brabant' gehören zu den Bourbonrosen. Diese Gruppe wird nur teilweise den alten Rosen zugerechnet, da einige erst nach dem Geburtsjahr der ersten Teehybride 'La France' im Jahre 1867 gezüchtet wurden. Aber die Wirkung könnte bei keiner Rose altmodischer sein als bei dieser mit ihren dichtgefüllten Blüten und dem süßen Duft!

Auf der „Ile Bourbon" östlich von Madagaskar, der heutigen Insel Réunion, entstanden aus einer Chinarose und einer herbstblühenden Damaszenerrose Sämlinge von kräftigem Wuchs, die bis tief in den Herbst hinein blühten. Im 19. Jahrhundert wurden sie von dem französischen Botaniker Bréon entdeckt, der Samen dieser Rose nach Frankreich schickte. Dort wurde dann die erste Bourbonrose gezüchtet, die 1824 von Redouté gemalt wurde. Die heutigen Bourbonrosen entstanden durch Kreuzungen dieser ersten Züchtung mit *Rosa gallica* und Damaszener-Hybriden. Die Bourbonrosen sind große, kräftige, weitgehend stachellose Sträucher, die in der Regel im Herbst ein zweites Mal blühen. Je nach Standort müssen sie eventuell gestützt werden. In einer Rosenhecke können aber auch Nachbarsträucher diese Stützfunktion übernehmen. Sie wachsen auch im Halbschatten, sollten hingegen nicht an eine Südwand gepflanzt werden. 'Honorine de Brabant' erinnert wie ihr Name an flämische Blumenstillleben, die barocke Sinnesfreuden ausstrahlen. Die blaßfliederfarbenen, süßduftenden und seidigen Blütenblätter sind mit unregelmäßigen malvenfar-

benen und karmesinroten Punkten und Streifen gezeichnet. Die Sorte wird bis zu zwei Meter hoch und breit und eignet sich auch als Kletterrose, die sich sogar an einer Nordwand hält.

'Variegata di Bologna', die zweite gestreifte Rose dieser Gruppe, wird sogar bis zu zweieinhalb Meter hoch. Im Gegensatz zu 'Honorine de Brabant', die im Herbst noch einen schönen Nachflor hat, zeigen sich bei ihr nach der Hauptblütezeit im Juni/Juli allerdings nur noch vereinzelte Blüten.

Eine berühmte Rose dieser Gruppe ist auch die zartrosa blühende 'Souvenir de la Malmaison'. Den Namen trägt sie als Erinnerung an Kaiserin Joséphine, die in ihrem Rosengarten Malmaison schon im frühen 19. Jahrhundert 167 Arten und Sorten aus aller Welt angepflanzt hatte. Die dauerblühende Sorte hat sehr große, flache Blüten, die als Fünfstern angeordnet sind, und wird bis zu einem Meter hoch.

Der noch junge 'Zigeunerknabe' von 1909, auch 'Gipsy Boy' genannt, hat eine schlanke Wuchsform und wird bis zu anderthalb Meter hoch. Zur Blütezeit ist der leicht überhängende, nur einmal blühende Strauch mit purpur-karmesinroten kugeligen Blüten übersät, die in der Mitte ihre goldgelben Staubfäden zeigen. Ein auffälliger Farbtupfer in der Rosenhecke!

'La Reine Victoria' ist eine berühmte alte Rose von 1872 mit kugeligen rosa Blüten, die öfter blüht. Noch älter ist die 'Great Western' von 1840 mit der typischen altmodischen purpur-karmesinroten Blütenfarbe, die sich nur schwer beschreiben läßt. Sie hat große, duftende Blüten, blüht aber leider nur einmal.

Es finden sich viele schöne Rosen in dieser Gruppe, so daß die Auswahl sehr schwerfällt. Ihr Duft ist immer hervorragend, aber im Aussehen sind sie Individualisten – eine noch schöner als die andere! Die duftenden Blütenblätter sind nicht nur schön anzusehen, sondern eignen sich auch für viele Rosenrezepte.

Centifolien

Die zartrosa blühende 'Fantin Latour', die oben zu sehen ist, gehört zu den berühmten Centifolien, den hundertblättrigen Rosen. Wenn man genau nachzählt, sind es zwar höchstens 60 Blütenblätter, die die dichtgefüllten Blüten besitzen. Aber wer möchte bei diesen schönen Blumen schon so genau sein?

Centifolien entstanden aus *Rosa gallica, Rosa moschata* und anderen Rosen; ob in der freien Natur oder als Züchtung, läßt sich nicht ganz zweifelsfrei klären. Auf jeden Fall haben die Holländer vom 16. bis zum 18. Jahrhundert die Centifolie bis zur Vollkommenheit weiterentwickelt: Es gab damals etwa 200 Sorten!

Die Hundertblättrige wurde auch Kohlrose genannt, da die dicht gefüllten, kompakten Blüten an runde Kohlköpfe erinnern. 'Fantin Latour', die zartrosa Rose mit dunklerer Mitte, hat einen wunderbaren Duft, wenig Stacheln und tiefgrünes Laub; sie wird bis zu anderthalb Meter hoch. Die zuerst becherförmigen Blüten rollen die Blattränder später nach außen, was ihnen eine anmutige, perfekte Form verleiht. Die ebenfalls rosafarbene 'Centifolia major' zeigt kompaktere Blüten. Eine ungewöhnliche Knospenform hat 'Chapeau de Napoléon': Die dreieckige Knospe erinnert mit etwas Phantasie an den

Dreispitz Napoleons. Sie öffnet sich später zur rosasilbrigen Blüte. Die Moosrosen sind durch eine Mutation entstanden, die zuerst im 17. Jahrhundert in Holland auftrat. Ihr Wuchs ist aufrechter und kräftiger als der eher unordentliche und schlaffe Wuchs der Centifolien. Beide Gruppen sind bis auf die bemoosten, drüsenartigen Gebilde an den Blütenstielen und Kelchen der Moosrosen, die eine harzige, herbe Duftkomponente zu dem reinen, klaren Centifolienduft beisteuern, nahezu identisch. Die bekannteste Moosrose ist die rosafarbene, wunderbar duftende *Rosa centifolia* 'Muscosa' von 1724. 'Blanche Moraux' hat weiße, beim Aufblühen in der Mitte rosa überhauchte Blüten; sie blüht gelegentlich im Herbst noch etwas nach. 'William Lobb' schließlich, in England als 'Old Velvet Rose' bekannt, wird bis zu zwei Meter hoch und schmückt sich mit karmin-purpurfarbenen Blüten, die sich beim Verblühen lilagrau verfärben. Über ihre Blütenfarbe schreibt Vita Sackville-West ebenso poetisch wie treffend: „… das Bischofslila ihrer Sterbestunde verleiht ihr eine zweite Schönheit." Diese wüchsige Rose, die bis zu zwei Meter hoch wird, kann gut im Hintergrund wachsen und für rosablühende, niedriger bleibende Rosen einen feierlichen Rahmen bilden.

Eine Gruppierung von Centifolien im Garten ist botanisch interessant, nach der Blütezeit allerdings nicht mehr sonderlich attraktiv. Aber es kann ja noch eine moderne, öfterblühende Rose hinzugesetzt werden, die im Sommer weiterblüht. In Frankreich hingegen werden die Centifolien felderweise für die Duftölgewinnung angepflanzt. Centifolienduft ist der reinste und feinste Rosenduft und gilt als eine wichtige Zutat berühmter Parfüms. Der klare Centifolienduft und die zarten Blütenblätter machen die hundertblättrige Rose zur idealen Basis für alle Rosenzubereitungen. Probieren Sie einmal eine Centifolien-Rosenmarmelade, in der der köstliche Duft über den Rosenmonat hinaus konserviert wurde, und Sie werden dem zustimmen!

Englische Rosen

Die oben abgebildete 'Leander' gehört zu jener Gruppe neuer Rosen, die nach dem englischen Züchter David Austin Englische Rosen genannt werden. David Austin versucht seit 30 Jahren, die Eigenschaft der Öfterblütigkeit, über die die modernen Rosen verfügen, mit Aussehen, Farbe und Duft der alten Rosen zu kreuzen. Der erste große Erfolg des Züchters war 1961 die päonienblütige Rose 'Constance Spry', die allerdings nur einmal blüht. Der Durchbruch kam 1969 mit den Sorten 'Canterbury', 'The Prioress' und 'Wife of Bath'. Berühmt geworden ist die aprikosenfarbige 'Charles Austin', mit der vollkommenen, dicht gefältelten Blütenform einer alten Rose. Ihr ähnlich, aber etwas kräftiger in der Farbe ist die gelbe 'Yellow Charles Austin'. 'Leander' ist eine hoch werdende Strauchrose mit üppigen, lachsrosa gefüllten Blüten, kräftig-würzigem Duft und glänzenden, widerstandsfähigen Blättern. Besonders schön ist auch 'Graham Thomas', eine bernsteinfarbene, allmählich aufhellende Rose. Mit den bisher geschaffenen Rosen gehört David Austin zu den erfolgreichsten Rosenzüchtern überhaupt. Ihm ist die Kunst gelungen, die wertvollen Eigenschaften moderner und historischer Rosen zu vereinen. Zu den Vorteilen der Englischen Rosen gehört, daß sie regenunempfindlich sind: Sie blühen auch in regenreichen Sommern auf, ohne zu verkleben, wie es viele alte Rosen leider tun. Auch ihre im allgemeinen gute Gesundheit und der bis zum Herbst anhaltende Flor gehören zu ihren guten Eigenschaften. Ihre pastelligen Farbtöne sind kräftiger als die der alten Rosen, die ja keine Gelb- und Apricotnuancen aufweisen. Sie wirken harmonisch im Bauerngarten, kombiniert mit

Lavendel, Kräutern und Blumen. Die gelben Rosen sehen besonders gut neben der Weinraute mit ihren blaugrauen, filigran eingeschnittenen dekorativen Blättern und den ebenfalls gelben Blüten aus. Der an Kokos erinnernde Duft der Weinraute bildet dann mit dem fruchtig-würzigen Duft der Rose einen neuen Akkord, der auch in der Vase sehr reizvoll ist! Die würzigen, starken Düfte der Englischen Rosen gehören überhaupt zu ihren größten Vorzügen. Die rosafarbene 'Chaucer', 'The Yeoman' und 'Constance Spry' duften nach Myrrhe, ein besonderer Duft, den man bei den alten Rosen 'Belle Isis' (von der 'Constance Spry' abstammt) und 'Belle Amour' findet. Im Ganzen verzuckert sind alle Englischen Rosen eine wunderbare Kuchendekoration. Der Charme der Englischen Rosen, ihre besonderen Farben und Düfte und die bis zum Herbst andauernde Blüte machen sie zu einer neuen, beliebten Rosengeneration – sind sie die Rosen der Zukunft?

Gallicarosen

Die abgebildete 'Charles de Mills' ist
eine Gallicarose unbekannter Herkunft. Der herrliche Duft, die samtige,
dunkelkarminrote Farbe und die
schön geordneten Blütenblätter, die
manchmal in der Mitte ein grünes
Auge zeigen, machen sie so begeh-
renswert. Die flache Blütenform sieht
man im allgemeinen als wichtig für
die gute Duftentfaltung an. Der rund-
buschig wachsende Strauch, der 1,50
Meter hoch und 1,20 Meter breit
wird, blüht jedoch nur einmal. Wie
alle Gallicarosen verträgt er etwas
Halbschatten, in der prallen Sonne
leidet die schöne Farbe.
Rosa gallica stammt aus Persien. Sie ist
die Stammutter der Damaszener-,
Centifolien- und Albarosen und kam
im 13. Jahrhundert während der
Kreuzzüge nach Europa. Zunächst
wuchs sie an einem Schloß in der
Nähe der französischen Stadt Provins,
daher auch der Name Provinsrose.
Rosa gallica 'Officinalis', die Apothekerrose, wie sie später genannt wurde,
spielte eine wichtige Rolle in der
Medizin des Mittelalters. Auch *Rosa
gallica* 'Conditorum' trägt den Hinweis auf ihre Nutzbarkeit schon im
Namen. Fast alle Gallicarosen duften
intensiv und sind daher für Rosenwasser, Rosenmarmelade und Rosenessig gut geeignet, wofür sie seit Hunderten von Jahren verwendet wurden.
Rosa gallica 'Versicolor' oder 'Rosa
mundi', tiefrosa mit blaßrosa Streifen,
ist eine Mutation von *Rosa gallica*
'Officinalis' und der Schwester bis auf
die Farbe sehr ähnlich. Wegen ihrer
fröhlichen Farbwirkung eignet sie
sich als Heckenanpflanzung an Wegen
und Zäunen. Dort stört auch ihre
Ausläuferneigung nicht. Die bis zu
anderthalb Meter hohen Sträucher
haben in der Regel keine Stacheln,
sondern sind mit winzigen, harten

Borsten besetzt. Sie sind genügsam,
gegen Krankheiten unempfindlich
und gedeihen in jedem Gartenboden.
'Tuscany', die schon 1597 erwähnte
alte Samtrose, ist eine weitere Gallica-
Sorte. Die Blüten sind dunkelkarmin-
rot, ähnlich 'Charles de Mills', aber
weniger gefüllt, und weisen gelbe,
kontrastierende Staubgefäße auf. Sie
ist sehr wüchsig und sollte daher stark
beschnitten werden.
Alle Gallica-Hybriden blühen nur
einmal. Die dunklen Lila- und Kar-
mesintöne der meisten Gallica-Sorten
lassen sich durch Farbwiederholung
in der Nachbarschaft effektvoll stei-
gern. Mit 'Charles de Mills' können
bespielsweise die dunkellila Clematis
'King George' und ein rotlaubiger
Fächerahorn kombiniert werden.
Aber die feierlichen Farben wirken
auch mit Weiß aufgehellt sehr gut,
zum Beispiel in Kombination mit der
Glockenblume *Campanula persicifolia*,
die immer gut mit Rosen harmoniert.

Kletterrosen

Kletterrosen wachsen im Gegensatz
zu den biegsamen Rankrosen oft
sparrig und aufrecht. Sie lassen sich
nicht so einfach um Rosenbögen ziehen wie die Rankrosen, die für diese
Zwecke leichter zu „bändigen" sind.
In diese große gemischte Gruppe
gehören einmal- und öfterblühende,
alte und moderne Rosen.
Eine berühmte alte Rose ist die oben
abgebildete mehrmals blühende
'Gloire de Dijon', die schon 1853 von
Jacótot in Dijon gezüchtet wurde. Sie
ist vermutlich die Kreuzung zwischen
einer Noietterose und der Bourbonrose 'Souvenir de la Malmaison' und
wird zur Gruppe der Teerosen ge-
rechnet. Obwohl Teerosen im allgemeinen als frostempfindlich gelten, ist
sie als die wohl unempfindlichste aus
dieser Gruppe erstaunlich winterhart.
Die gelben Blüten sind hellorange
und rosa überhaucht und dicht
gefüllt, im Vollerblühen flacher wer-
dend und mit herrlichem Teerosen-
duft. Sie ist eine der frühesten Kletterrosen und erreicht eine Höhe von
bis zu fünf Metern. Ideal ist für sie
eine Westlage am Haus. 'Gloire de
Dijon' blüht mehrmals: Nicht mehr
so üppig wie zu Beginn, aber bis in
den Herbst hinein erscheinen vereinzelte, perfekt geformte Blüten. An
einem Fenster gezogen, begrüßen uns
die Rosen schon im frühen Sommer
beim Blick hinaus, um sich erst im
Herbst zu verabschieden.
Fast wie eine alte Rose sieht die
goldgelbe 'Alchymist' aus. Die großen
Blüten sind reich gefüllt, altmodisch
geviertelt und duften gut. Der einzige
Schönheitsfehler von 'Alchymist' ist,
daß sie, obwohl eine moderne Rose,
nur einmal blüht. Sie ist wie ihre
Schwester 'Gloire de Dijon' wunderbar für Dekorationen und zum Kandieren geeignet.

Rankrosen

Die abgebildete 'Veilchenblau' zählt zu den Rankrosen, deren Name von ihren biegsamen langen Ranken herrührt. Sie sind eine Untergruppe der Kletterrosen, die auch Rambler genannt werden. Alle Züchtungen gehen dabei auf Wildrosen mit Ramblereigenschaften zurück, zu denen *Rosa multiflora, Rosa moschata* und *Rosa wichuraina* gehören.
Nahezu alle Rosen dieser Gruppe blühen nur einmal. Zu den kleinblütigen, die den Wildrosen noch sehr nahestehen, gehören 'Bobby James', 'Seagull', 'Goldfinch' und 'Lykkefund'. Ihre Wuchskraft ist enorm, sie können mehr als nur Rosenbögen hochklettern. Ihre wüchsigen Eigenschaften zeigen sie, wenn sie Häuser, Wände und Schuppen überspinnen, als ob Dornröschen dort zu Hause wäre. Aber Vorsicht – sie klettern gerne bis aufs Dach!
Ihre schönste Einsatzmöglichkeit ist, sie in hohe Bäume wachsen zu lassen. Von den höchsten Spitzen, in die sie sich ohne gärtnerische Hilfe hineinhangeln, ranken sie malerisch herab und bilden zur Blütezeit ein überschäumendes Blütenmeer. 'Veilchenblau' gehört dabei durchaus noch zu den „zahmeren" Rankrosen: Die Rose kann bis zu vier Meter hoch werden, während andere sogar bis zu neun schaffen! Sie blüht an den Triebenden in großen Büscheln in dem einzigartigen Blauviolett mit weißer Mitte, das später zu einem Mauveton verblaßt. So blau war noch keine Rose vor ihr! 'Amethyste', die Schwesterrose, ist eine Nuance rötlicher.
Die kleinblumigen, einfach- oder halbgefüllten Blüten von 'Veilchenblau', die in großen Doldenrispen angeordnet sind, duften fruchtig süß. Wenn die Rose an einer Pergola gezogen wird, ist der Duft beim Hindurchgehen besonders intensiv. Die Sorte hat hellgrünes, kleinblättriges gesundes Laub und ist beinahe stachellos – eine Eigenschaft, die man beim notwendigen Beschneiden der Rosen zu schätzen weiß! Da sie an zweijährigen Trieben blüht, sollten die abgeblühten Zweige direkt nach der Blüte entfernt werden, das verschafft der Pflanze Luft und Licht. Dadurch werden Krankheiten vermieden, und sie kann ihre ganze Kraft in neue Triebe stecken.
Auch 'Lykkefund', eine cremeweiße, duftende Rankrose mit gelber Mitte, ist stachellos. Ihre einfachen Blüten sind etwas größer als bei 'Seagull' und 'Bobby James', die ihr ansonsten ähnlich sind. Bis zu neun Meter hoch wird die blaßrosa 'Paul's Himalayan Musk', die einen intensiven Duft verströmt. 'Weddingday' duftet nach Orangenblüten und *Rosa longicuspis* sogar nach reifen Bananen! Überprüfen kann man das allerdings nur an sehr warmen Tagen.
Besonders schön sind die wüchsigen Kletterer, wenn sie in Apfelbäume ranken: Nach der Apfelblüte folgt dann im Juni die „zweite Blüte". Wenn Sie die Äpfel jedoch ohne Behinderung pflücken möchten, sollten Sie die stachellosen Rosen bevorzugen! Auch ein Goldregen kann nach der Blüte im Mai im Rosenmonat Juni noch einmal blühen, die Rankrosen machen es möglich. Die kleinblütigen Rosen sind außerdem kandiert eine Zierde für den Kuchen und passen in Eiswürfel für sommerliche Getränke. Auch im Salat können sie durchaus eine duftende Rolle spielen!

Remontantrosen

Die Remontantrosen, die vom Rosenmonat Juni bis in den Juli hinein blühen und dann im September/Oktober ein zweites Mal, gelten als Bindeglied zwischen alten und modernen Rosen. In der zweiten Hälfte des 19. Jahrhunderts entstanden etwa 1 000 neugezüchtete Rosensorten, die damals sehr verbreitet waren. Heute existieren nur noch etwa 100 davon.
Sie sind die beliebten Rosen unserer Urgroßmütter und besonders der Urgroßväter gewesen, denn vor allem jene waren es häufig, die sich intensiv mit der Rosenkultur beschäftigten. Die Vorfahrin der ganzen Klasse ist die Hybride einer Portlandrose, die man mit einer Chinarose gekreuzt hatte. Letztere brachte dabei die Öfterblütigkeit mit ins Spiel. Dadurch veränderte sich die Welt des Rosenliebhabers enorm. Noch für Goethe, der Rosen liebte und sein Gartenhaus in Weimar ganz mit Kletterrosen berankte, war schon Anfang Juli die Rosenblüte vorbei. Das erklärt die Begeisterung, mit der die wiederholt blühenden Rosen aufgenommen wurden.
Die Remontantrosen brauchen viel Platz und erreichen eine Höhe von zwei Metern. Da sie die Blüten vorwiegend an den langen Triebenden tragen, wandte man eine besondere Technik an, um eine üppigere Blüte zu erzielen: Die Triebe wurden kreisförmig nach unten gebogen und mit Holzpflöcken im Boden verankert. Dadurch treiben dann zu Sommerbeginn alle Seitenäste und tragen ebenfalls Blüten. Eine ähnliche Wirkung erzielt man, wenn Kletterrosen waagerecht gezogen werden.
Die abgebildete 'Reine des Violettes' sieht eher einer Gallicarose ähnlich. Sie hat flache, geviertelte Blüten, die

zuerst kirschrot aufblühen, sich dann aber im Verblühen lila färben. Dieses „Verblauen" wurde in modernen Züchtungen als Fehler angesehen: Zuchtziel war eine noch im Verblühen unveränderliche Farbe. Aber gerade diese Farbspiele sind es, die die alten Rosen und ihre Nachkommen für uns so unvergleichlich reizvoll machen!

Berühmte Remontantrosen sind außerdem die porzellanrosa 'Mrs. John Laing', die früher in jedem Rosengarten stand, 'General Jaqueminot' mit purpurfarbigen Blüten und wunderbarem Duft und 'Frau Karl Druschki' mit schneeweißen, perfekt geformten großen Blüten. 'Roger Lambelin' hat Blüten in Dunkelrot mit weißem Rand. Diese Besonderheit weist auch 'Baron Girod de l'Ain' auf, der dunkelkarminrote Blüten trägt, die weiß gesäumt sind. Die manchmal auch als Bourbonrose eingestufte 'Ferdinand Pichard' hat eine besonders interessante Blüte: Sie ist rosa und rot gestreift. Wie bei den weißgesäumten Sorten findet man auch hier wieder eine effektvolle „Malerei" auf zarten Rosenblüten! Auch die Remontantrosen (nur die schöne 'Frau Karl Druschki' duftet nicht) sind wie alle duftenden Rosen für viele Zwecke in der Küche geeignet.

Strauchrosen

Obwohl die abgebildete Rose 'Mozart' schon 60 Jahre alt ist, gehört sie bereits in die Gruppe der modernen Strauchrosen, zu der kaum allgemeine Angaben gemacht werden können, da es sich um eine sehr gemischte Gruppe handelt. Ihnen gemeinsam ist jedoch die Öfterblütigkeit und die Tatsache, daß sie nicht wie die Edelrosen in jedem Jahr auf zwei bis drei Augen zurückgeschnitten werden müssen. Sie dürfen ihren individuellen Wuchs frei entfalten, werden wie andere Blütensträucher behandelt und auch so eingesetzt. In jedem dritten Jahr kann ein älterer Zweig bis zum Boden herausgenommen werden, das regt zu Neutrieben an. Ansonsten entfernt man nur das trockene Holz im Frühjahr und die verblühten Rosen im Sommer.

Von modernen Rosen spricht man seit 1867, als die Teehybriden, deren erste 'La France' war, in die schon vorhandenen Strauchrosen eingekreuzt wurden. 'Mozart' gehört dabei im weitesten Sinne zur Untergruppe der Moschata-Hybriden. Die meisten Sorten dieser Gruppe verdanken wir dem englischen Züchter Pemberton, der in den dreißiger Jahren wirkte. Er verwendete dabei die Sorte 'Trier' mit Moschataerbe, eine Züchtung des Deutschen Lambert. Sie wurde mit verschiedenen Teehybriden gekreuzt, und so entstanden große, mehrmals blühende Sträucher mit duftenden Blüten. 'Mozart' hingegen entstand, ebenfalls als Abkömmling von 'Trier', in Deutschland. Unter Fachleuten wird die Gruppenbezeichnung Moschata-Hybriden allerdings als nicht ganz korrekt angesehen, da die Beteiligung der *Rosa moschata* schon einige Generationen zurücklag. Aber der Name hat sich eingebürgert und

wird in vielen Rosenbüchern und Rosenkatalogen verwendet. 'Mozart', der Strauch mit den kleinen rosaroten Blüten mit weißem Auge, die in großen Dolden blühen, wird etwa anderthalb Meter hoch. Er blüht üppig im Juni/Juli und dann noch, etwas weniger füllig, bis in den Herbst. Die Blüten wirken leicht und beschwingt wie die Musik Mozarts! Kandiert sind sie eine originelle Zutat für die berühmten Mozartkugeln, die in dieser Variante zu Rosenpralinen werden. Außerdem ist 'Mozart' die schönste Rose für Eiswürfel, da die Blüten genau in die entsprechenden Formen passen.

Zu den Moschata-Hybriden gehören daneben noch so schöne und dankbare Rosen wie 'Ballerina', 'Cornelia' und 'Moonlight', alle ähnlich wie Mozart kleinblütig, zum Teil jedoch leicht gefüllt, auch Rosen mit größeren Blüten wie die lachsrosa 'Felicia' und die schöne 'Buff Beauty' mit hellgelben Blüten, die rahmweiß verblassen. Alle Moschata-Hybriden blühen mit kleinen Pausen den ganzen Sommer hindurch und dann noch einmal besonders schön im Herbst. Alles in allem eine sehr empfehlenswerte Gruppe auch für kleine Gärten!

In den herbstlichen
Rosenstrauß wur-
den Hagebutten
und Brombeeren
eingebunden.

Dekorative Geschenke und Anregungen

Zur Rosenblüte möchte man die duftenden Rosen ins Haus holen und in verschwenderischer Fülle auf alle Vasen, Terrinen und Körbe verteilen: in üppigen Sträußen, die entweder nach Farben getrennt werden oder – fast am schönsten – alle Rosenfarben, auch die aparten gestreiften, gemischt enthalten. Im Herbst lassen sich Rosensträuße mit Hagebutten und Brombeerzweigen arrangieren, im Sommer mit den grünlichgelben Blütenwolken des Frauenmantels auflockern. Sie können auch einzeln in kostbaren Glasvasen zur Schau gestellt werden oder als „See"rosen in einer großen, flachen Schale schwimmen. Letzteres ist auch eine schnelle Dekoration für die festliche Tafel, die ohne viel Zeitaufwand gezaubert wird. Man braucht nur wenige Blüten dazu, und ihre Schönheit kommt dabei voll zur Geltung. Obst- und Käseplatten sehen mit Rosenblüten verziert ganz verführerisch aus und sind so ein dekorativer Buffetmittelpunkt.

Rosenkränze, aus Efeu und Blüten gewunden, erinnern an alte Traditionen. Schon die Griechen und Römer schmückten Götterbilder, Tafeln, Krieger und schöne Frauen mit Kränzen aus Laub, duftenden Kräutern und Rosen. Die natürlichen, zauberhaften Gebinde der Kranzwinderin Glykera (um 380 v. Chr.) waren weithin berühmt. Kränze galten als Zeichen der Lebenslust und Freude. Bei Zechgelagen war der Kranz aus Rosen um den Kopf unerläßlich, denn man schrieb ihm die Kraft zu, den Kopf zu kühlen und Kopfschmerzen zu lindern. Kein Fest war ohne Rosendekorationen denkbar: Man band Girlanden aus Rosen um die Tafel, ließ ihre Blüten auf die Gäste regnen oder füllte Kissen damit. Um diesen Rosenluxus heute nachzuahmen, benötigten auch wir die mit Rosenblüten vollbeladenen Schiffe, die aus Ägypten die notwendige Pracht lieferten.

Die Liebe zu den Rosen ist in allen Kulturen und auch bei uns unverändert erhalten. Ägyptens schöne Königin Kleopatra konnte noch auf Kissen und Polstern ruhen, die mit

Rosenblüten gefüllt waren. Aber auch ein Potpourri aus getrockneten duftenden Rosenblüten, mit ein oder zwei Tropfen echtem Rosenöl verstärkt, ist ein Luxus, der in unsere Zeit paßt. In der Diele, im Wohnzimmer oder im Bad verströmen diese Duftschalen ihren köstlichen Duft bis in den Winter hinein. Ernten Sie bei trockenem Wetter am frühen Morgen die Rosen, die anschließend ausgebreitet an einem warmen Ort trocknen sollten, und entscheiden Sie dann im Winter, ob die Blütenblätter für Rosentee oder für ein Rosenpotpourri Verwendung finden sollen.

Die Rosen entblättern und die hellen Blütenböden abschneiden (könnten bitter sein). Die
Blütenblätter mit dem Wein bis kurz vor den
Siedepunkt erhitzen, 10–15 Minuten ziehen
lassen, dann absieben. Den Gelierzucker in die
abgekühlte Flüssigkeit geben und unter Rühren vier Minuten sprudelnd kochen lassen. In
schöne heiß ausgespülte Gläser geben und verschließen, mit einem dekorativen Etikett versehen und mit einem Spitzendeckchen aus
Papier bespannen. So ist das Gelee ein schönes
Mitbringsel!

Rosensirup

2 Handvoll stark duftende Rosenblüten
1 Zitrone
1/2 l Wasser
Zucker

Von den Rosenblüten die hellen Blütenböden
abschneiden (könnten bitter sein), die Blüten
mit dem kochenden Wasser einmal aufkochen,
dann gut verschlossen 15 Minuten ziehen lassen. Absieben und im Verhältnis 1:1 mit Zucker
nochmals aufkochen, in Flaschen füllen oder
einfrieren. Zum Aromatisieren von Obstsalat
oder für Kuchenglasuren verwenden oder in
einer schönen Flasche verschenken.

Tip: Wenn der Rosensirup als Basiszutat für
Salat oder Eis verwendet werden soll, sollte
man weniger Zucker nehmen.

Rosenwasser

4 Handvoll stark duftende Rosenblüten
1/2 l Wasser

Von 2 Handvoll Rosenblüten die hellen Blütenböden abschneiden (könnten bitter sein),
mit dem erwärmten Wasser übergießen,
zudecken und 2 Tage ziehen lasen. Absieben
und mit den restlichen Rosen nochmals ziehen
lassen. Das Rosenwasser kann eingefroren werden. Für selbstgemachtes Marzipan oder für
Kuchenglasuren verwenden.

Rosenessig

1 Handvoll duftende Rosenblüten
1 Handvoll Himbeeren
1/2 l Weißweinessig (oder Essigessenz, nach
Anweisung zubereitet)

Die Blüten und die Himbeeren in eine dekorative Flasche füllen und den Essig zufügen. 2
Wochen auf der warmen Fensterbank ausziehen lassen, abfiltern und kühl und dunkel aufbewahren.

Rosengelee

12–15 stark duftende Rosen (rot oder rosa)
1 kg Gelierzucker
3/4 l trockener Weißwein

**Birnen-Chicorée-Salat
„Alchymist"**

**Salat
„Veilchenblau"**

**Kaninchenleber
mit Rosen**

400 g Leber vom Kaninchen oder
vom Kalb
2–4 rote und rosa Rosen
2 El Sojasauce
1/8–1/4 l Gemüsebrühe oder Kalbs-
fond
1–2 El Rosenessig
1 El rosa Pfeffer
250 g Champignons
6–8 El Erdnußöl
Salz, Pfeffer

4 Chicoréekolben
1 Birne
200 g blaue Weintrauben
4 El Walnußöl
2 El Birnenessig
Pfeffer, Salz
Garnitur: 1–2 Rosen, Minzeblättchen

1 Eissalat
1–2 Handvoll Walderdbeeren
4 El Walnußöl
2 El Himbeer-Rosenessig
Salz, Pfeffer
Garnitur: Rosenblüten der Kletterrose 'Veilchenblau' oder andere
Rosenblüten nach Wahl

Das Öl in einem Wok erhitzen, die
Leber unter Rühren kurz anbraten,
die Pilze hinzufügen. Unter ständigem Rühren weiterbraten, dann den
Fond und die Sojasauce, den Rosenessig, die ausgezupften Rosenblütenblätter und den rosa Pfeffer zugeben.
Mit Salz und Pfeffer würzen und
sofort servieren. Dazu passen Reis
oder Fadennudeln.

Von drei Chicoréekolben die ganzen
Blätter ablösen, einen Kolben in
schmale Streifen schneiden (den bitteren Keil vorher herauslösen). Ganze
Blätter fächerförmig auf Portionstellern verteilen, die Streifen darüberstreuen. Die Birne schälen und würfeln und mit den Weintrauben über
den Salat verteilen.
Für die Salatsauce Öl, Essig, Salz und
Pfeffer verrühren und über den Salat
geben. Mit Minzeblättchen und den
ausgezupften gelben Blütenblättern
der Rose 'Alchymist' oder mit anderen duftenden Rosen verzieren.

Eissalat zerpflücken, Walderdbeeren
oder in feine Scheiben geschnittene
Erdbeeren dazugeben, mit einigen
Blüten der zartlilafarbenen Rose
'Veilchenblau' garnieren. Für die
Salatsauce Öl und Essig verrühren,
salzen und pfeffern. Sauce zum Salat
reichen.

Tip: Wenn Granatäpfel erhältlich sind,
können statt der Beeren die Granat-
apfelkerne verwendet werden. Dazu
paßt in Thymianbutter gebratenes Ka-
ninchenrückenfilet.

Rosendessert „Rose de Provins"

100 g Mehl
50 g Speisestärke
1 Ei
2 El Wein
1/4 l Milch
Salz, Zucker
4 Duftrosen (möglichst *Rosa gallica*)
1 Tasse Rosensirup (Rezept siehe Seite 197)
1/8 l Öl
Balsamicoessig (möglichst guter)
1 Becher Crème fraîche
Garnitur: 4 ganze Rosen, Puderzucker

Mehl und Speisestärke mit dem Ei und den Flüssigkeiten verquirlen, 1 Prise Salz und 1 Prise Zucker zufügen. Jeweils von 2–3 Blütenblättern den weißen Blütenboden abschneiden, die Blätter zuerst in den Rosensirup und dann in den Ausbackteig tauchen. In heißem Öl hellbraun ausbacken, abtropfen lassen.
Rosensirup mit in Streifen geschnittenen Blütenblättern einer Rose erhitzen und etwas einkochen lassen. Auf jedem Teller 5 ausgebackene Blütenblätter mit einem Klecks Crème fraîche und etwas Rosenmus anrichten. Mit einer ganzen Rose dekorieren und mit Puderzucker bestäuben. Dazu Balsamicoessig servieren. Jeweils nur wenige Tropfen auf die ausgebackenen Blütenblätter träufeln.

Roseneis

1/4 l Rosensirup
1/4 l Roséwein
Garnitur: kandierte Rosen

Den Sirup und den Wein in eine Eismaschine füllen und gefrieren lassen. In ein schönes Kelchglas füllen und mit einer kandierten Rose dekorieren. Dazu können Erdbeeren, mit etwas Rosensirup aromatisiert, serviert werden.

Kandierte Rosen

1–2 Eiweiß
100 g feiner Zucker
Rosenblüten

Eiweiß leicht verschlagen, Blüten mit einem Backpinsel dünn mit Eiweiß bestreichen – dabei darauf achten, daß auch das Blüteninnere mitbehandelt wird – und mit feinem Zucker bestreuen. Überschüssigen Zucker vorsichtig abschütteln. Zwei bis drei

Tage auf einem Kuchenrost in der warmen Küche trocknen, bis sie sich glashart anfühlen. Zum Aufbewahren zwischen Lagen von Wachspapier in eine gut verschließbare Keksdose legen.

Tip: Statt Eiweiß kann auch Gummiarabikum aus der Apotheke genommen werden. Das Pulver wird mit wenig Wasser angerührt, die Blüten werden damit wie mit dem Eiweiß bepinselt.

Rosen-Eiswürfel

Eine Eiswürfelschale – besonders schön sind runde Formen, die denen der Blüten entsprechen – mit Wasser füllen und die Blüten einlegen, sie dabei etwas unter die Wasseroberfläche drücken und gefrieren lassen. Kleinblütige Rosen wie die lilarosa 'Mozart' mit weißem Auge oder die karminrote 'Robin Hood' eignen sich besonders gut.

Rosenbowle

6–8 duftende Rosen
2 El Zucker
1 kleines Glas Cognac
2 Flaschen trockener Weißwein
1 Flasche trockener Sekt

Von den Rosenblüten den hellen Blütenboden abschneiden (könnte bitter sein), mit dem Zucker, dem Cognac und einer halben Flasche Wein 1–2 Stunden ziehen lassen, dann absieben. Zum Servieren den restlichen Wein und den Sekt zugeben, mit frischen Rosenblüten garnieren.

Rosencreme

1/2 Tasse Rosengelee
250 g Himbeeren
100 g Erdbeeren und Johannisbeeren
gemischt
200 g Sahne
1 Pck Sahnesteif
kandierte Rosen

Das Rosengelee leicht erwärmen, mit
den verlesenen Beeren verrühren und
wieder erkalten lassen. Die mit Sahnesteif geschlagene Sahne
unterrühren, in einer Schüssel anrichten, mit kandierten Rosen garnieren.

Rosentorte

1 dreiteiliger Biscuitboden
(selbstgemacht oder gekauft)
250 g Himbeeren
1/2 Tasse Rosengelee
400 g Sahne
2 Pck Sahnesteif
kandierte Rosen

Das Rosengelee erwärmen und mit
den Beeren verrühren. Die Sahne mit
dem Sahnesteif sehr steif schlagen, die
Beeren mit einem Drittel der Sahne
vermischen. Die Masse auf 2 Böden
streichen und mit der dritten Teigplatte abdecken. Mit der restlichen
Sahne die Torte ganz bestreichen. Mit
einem Palettenmesser betupfen, bis
die Sahne Struktur bekommt. Mit
den kandierten Rosen garnieren.

Rosentee

1 Handvoll Rosenblüten
1/2 l Wasser
Honig

Die Blütenblätter (frisch oder
getrocknet) mit kochendem Wasser
überbrühen, 10 Minuten ziehen lassen. Mit Honig süßen.

Tip: Die Inhaltsstoffe regulieren den
weiblichen Hormonhaushalt, vertreiben Depressionen und beruhigen das
Herz.

Alle Rosen, ob alte
oder moderne, ein-
fach oder gefüllt
blühende, Wildro-
sen oder Kultur-
rosen, eignen sich
für die Küche. Am
schönsten sind
jedoch die beson-
ders stark duften-
den alten Rosen
mit den zarten Blü-
tenblättern.

So einfach wie köstlich sind die jungen Pellkartoffeln aus dem eigenen Garten – nur mit Kräuterschmand und Salz serviert. Die aromatische Würze und Frische der gerade gepflückten Kräuter harmonieren wunderbar mit den ersten Kartoffeln der Saison. Zu saurer Sahne oder Crème fraîche passen ganz nach Geschmack Dill, Liebstöckel, Boretsch, Basilikum, Minze, Schnittlauch und Oregano. Der duftende Kräuterstrauß im Krug begleitet die schnell zubereitete Mahlzeit.

Anhang

Literaturverzeichnis

Bauern- und Gourmetgarten

Franck, Gertrud
Gesunder Garten durch Mischkultur
Südwest Verlag, München 1980

Gabriel, Ingrid
Erfolgreich gärtnern durch natur-
gemäßen Anbau
Falken Verlag, Niedernhausen 1987

Jantra, Helmut
Bärlauch, Feige, Süßkartoffel.
Ausgefallenes Obst und Gemüse
Franckh-Kosmos-Verlag, Stuttgart
1994

Larkcom, Joy
Der Grünkostgarten
Mosaik Verlag, München 1986

Münzing-Ruef, Ingeborg
Kursbuch für gesunde Ernährung.
Die Küche als Apotheke
Wilhelm Heyne Verlag, München
1991

Phillips, Roger/Rix, Martyn
Gemüse in Garten und Natur
Droemer Knaur Verlag, München
1994

Recht, Christine
Gemüse biologisch ziehen
Gräfe und Unzer Verlag, München
1992

Stein, Siegfried
Gemüse aus Großmutters Garten
BLV Verlag, München 1989

Wagner, Friedolin/Nickig, Marion
Bauerngärten
Ellert & Richter Verlag, Hamburg
1989

Widmayr, Christiane
Bauerngärten neu entdeckt
BLV Verlag, München 1994

Obstgarten

Jantra, Helmut
Obstgarten
Franckh-Kosmos-Verlag, Stuttgart
1994

Mühl, Franz
Erfolgstips für den Obstgarten
Falken Verlag, Niedernhausen 1991

Petzold, Herbert
Apfelsorten
Neumann Verlag, Leipzig/Radebeul
1979

Blumengarten

Bisgrove, Richard
Die Gärten der Gertrude Jekyll
Ulmer Verlag, Stuttgart 1994

Engelbrecht, Jolanda
Blumen aus dem Bauerngarten
Gräfe und Unzer Verlag, München
1993

Erhard, Walter
Hemerocallis.
Taglilien
Ulmer Verlag, Stuttgart 1988

Hertle, Bernd/Kiermeier, Peter/
Nickig, Marion
Gartenblumen
Gräfe und Unzer Verlag, München
1993

Lestrieux, Elisabeth de/Belder,
Jelena de
Der Geschmack von Blumen und
Blüten
DuMont Verlag, Köln 1993

Rau, Heide/Nickig, Marion
Köstliche Blüten.
Rezepte aus dem Kräuter- und Blu-
mengarten
Ellert & Richter Verlag, Hamburg
1994

Sackville-West, Vita
Aus meinem Garten
Ullstein Verlag, Frankfurt/Berlin 1986

Verey, Rosemary
Formen & Farben im Garten
Otto Maier Verlag, Ravensburg 1991

Wagner, Friedolin/Nickig, Marion
Gartenkultur
Ellert & Richter Verlag, Hamburg
1993

Wagner, Friedolin
Gestalten mit Pflanzen
Ulmer Verlag, Stuttgart 1990

Kräutergarten

Holt, Geraldene
Kräuter, Kräuter, Kräuter
Christian Verlag, München 1992

Kreuter, Marie-Luise
Kräuter und Gewürze aus dem eige-
nen Garten
BLV Verlag, München 1989

Pahlow, Mannfried
Das große Buch der Heilpflanzen
Gräfe und Unzer Verlag, München
1993

Phillips, Roger/Foy, Nicky
Kräuter
Droemer Knaur Verlag, München
1991

Rau, Heide
Kräuter im Garten
Gräfe und Unzer Verlag, München
1994

Rau, Heide
Küchenkräuter auf Balkon
und Terrasse
Gräfe und Unzer Verlag, München
1995

Teubner, Christian
Kräuter und Knoblauch
Teubner Edition, Füssen 1993

Naturnaher Garten

Friedrich, Gerhard/Schuricht, Werner
Seltenes Kern-, Stein- und
Beerenobst
Neumann Verlag, Leipzig/Radebeul
1985

Graupe/Koller
Delikatessen aus Wildkräutern
Verlag Orac, Wien 1992

Helm, Eve-Marie
Feld-, Wald- und Wiesenkochbuch
Wilhelm Heyne Verlag, München
1982

Kremer, Bruno P.
Welche Heilpflanze ist das?
Franckh-Kosmos-Verlag, Stuttgart
1987

Pahlow, Mannfried
Wildgemüsekompaß
Gräfe und Unzer Verlag, München

Recht, Christine/Wetterwald, Max F.
Ernte am Wegrand
Ulmer Verlag, Stuttgart 1985

Topfgarten

Dittmann, H. und D.
Kübelpflanzen erfolgreich pflegen
Gräfe und Unzer Verlag, München
1994

Fischer, Ellen
Das Topfgartenbuch
Ulmer Verlag, Stuttgart 1993

Heitz, Halina
Balkon- und Kübelpflanzen
Gräfe und Unzer Verlag, München
1993

Lestrieux, Elisabeth de
Gartenpracht in Töpfen
und Kübeln
Gerstenberg Verlag, Hildesheim 1994

Wellinger, Joachim
Stegmeiers Pelargonienkunde
Eigenverlag D. Stegmeier
Unteres Dorf 7
73457 Essingen

Rosengarten

l'Aigle, Alma de
Begegnungen mit Rosen
Verlag Frick, Moos/Bodensee 1977

Becker, Monika
Alte Rosen
Mosaik Verlag, München 1992

Bünemann, Otto
Rosen.
Die schönsten Rosen für große und
kleine Gärten
Gräfe und Unzer Verlag, München
1993

Hub, Wilfried/Dillinger, Michael
(Hrsg.)
… und ihr Duft kandierte
die Sommer.
Texte über die Rose
Zweibrücker Echo-Verlag, Zwei-
brücken 1983

Phillips, Roger/Rix, Martyn
Rosen.
Mehr als 1400 Rosen in Farbe
Droemer Knaur Verlag, München
1988

Worm, Gerhard
Rosen erfolgreich pflegen
Gräfe und Unzer Verlag, München
1995

Bezugsquellen

Baumschulen Baumgartner
Hauptstraße 2
84378 Dietersburg-Nöham
(Alte Obstsorten)

Peter Bauwens
De nieuwe Tuin
Trompwegel 27
9170 De Klinge
Belgien
(Duftpelargonien, Kräuter,
besonderes Obst und Gemüse)

Baumschule Bergt
Thaler Landstraße 26
31812 Bad Pyrmont
(Alte Obstsorten)

Blauettikett Bornträger GmbH
67591 Offstein
(Gemüse, Kräuter)

Consortium Deutscher Baumschulen
Günter Linke
Dubenhorst 31
25474 Ellerbek/Holstein

Exotische Pflanzen
XOTUS
Middelweg 1
2641 SM Delft, Holland
(Besondere Gemüse, Kräuter,
Zitruspflanzen)

Hild Samen
Postfach 1161
71666 Marbach
(Gemüse)

Ingwer J. Jensen GmbH
Historische und seltene Rosen
Am Schloßpark 2b
24960 Glücksburg

Kurt Kernstein
Blumenzwiebel-Versand
Am Kirchenfeld 8
86316 Friedberg
(Allium)

W. Kordes Söhne
Rosenschulen GmbH & Co KG
Rosenstr. 54
25365 Klein Offenseth

Kräuterzauber
Daniel Rühlemann
Am Himpberg 32
27367 Stuckenborstel

Küchengarten
Kräuter- und Gemüsesamen für Lieb-
haber
Reinhold Krämer
Postfach 1511
73505 Schwäbisch Gmünd

naturwuchs
Bardenhorst 15
33739 Bielefeld-Vilsendorf
(Alte Obstsorten, Wildgehölze,
Bauerngartenstauden)

Gärtnerei
Peter C. Nyssen
Sportparklaan 25 a
2103 VR Heemstede
Postadresse:
Postbus 653
2100 AR Heemstede,
Holland
(Allium)

Otzberg-Kräuter
Burghart Koch
Neuweg 11
64853 Otzberg-Lengfeld

Rijk Zwaan
Samenzucht und Samenhandlung
GmbH
Postfach 34
59511 Welver
(Gemüse)

Roses du Temps Passé
Lacon GmbH
J.-S.-Piazolostrasse 4 a
68759 Hockenheim

Dr. H. Simon
Sortiments- und Versuchsgärtnerei
Staudenweg
97828 Marktheidenfeld
(Kräuter, Phlox)

Staudengärtnerei Georg Arends
Monschaustraße 76
42369 Wuppertal-Ronsdorf
Postfach 107
42351 Wuppertal
(Phlox, Hemerocallis)

Staudengärtnerei
Gräfin von Zeppelin
79295 Sulzburg-Laufen
(Hemerocallis, Phlox, Kräuter)

Stegmeier Gartenbau
Unteres Dorf 7
73457 Essingen
(Duftpelargonien)

A. Treppens & Co. Samen GmbH
Berliner Str. 84–88
14169 Berlin
(Gemüse)

Gärten, die besichtigt werden können (eine persönliche Auswahl der Autorinnen)

Holland und Belgien

Arboretum Kalmthout
Kalmthout, Belgien
(Wildgehölze, Gemüse)

De Gaardenhof
Theo van den Bosch
Hoefblad 61
4102 JS Culemborg, Holland
(Schaugarten Obst)

Ineke Greve
De Doom 50
Heerlen, Holland
(1. und 3. Wochenende im Juni;
Rosen, Stauden, Kräuter,
Gemüsegarten, Spalierobst)

Frank Linschoten und Pieter Baak
Kerkstraat 18
Eext, Holland
(Kräutergärten)

Familie Poley
Dorpsplein 25
Nisse/Zeeland, Holland
(1. Juliwochenende, zusammen
mit anderen Zeelandgärten;
Rosen, Stauden, Terrassenkräuter-
garten)

Patricia van Roosmalen
St. Pieter 24
Rekem, Belgien
(1. und 3. Wochenende im Juni;
Rosengarten, Rosen in Obstbäumen,
Tafelobst-Kräutergarten, Stauden)

Sijtje Stuurmann
Herenweg 93
Bergen, Holland
(Rosen, Stauden, Kräuterweg)

England

Alderley Grange
Alderley, Gloucestershire, England
(Kräuter, Rosen)

Old Rectory
Burghfield, Berkshire, England
(Gemüse, Kräuter)

John Scarman
Woodlands House
Stretton nr. Stafford
Staffordshire, England
(Rosengarten)

Rosemary Verey
Barnsley House
Barnsley nr. Cirencester
Gloucestershire, England
(Gemüsegarten, Kräuter, Rosen,
Stauden)

Deutschland

Freilichtmuseum Bad Windsheim
(Bauerngärten)

GRUGA Park, Essen
(Westfälischer Bauerngarten)

Palmengarten, Frankfurt
(Hemerocallis, Rosen)

Rosarium Sangerhausen, Sangerhausen

Westfalenpark, Dortmund
(Deutsches Rosarium, Westfälischer
Bauerngarten)

Adressen von Privatgärten werden
regelmäßig in der
Zeitschrift kraut & rüben, BLV Verlag,
veröffentlicht.

**Fotografin und Autorin bedanken
sich für die Mithilfe bei**

Alderley Grange, Alderley, England
Hardy Amies, Langford, England
Arboretum Kalmthout, Belgien
Fam. Bader, Murnau
Peter Bauwens, De Klinge, Belgien
Maria Berges, Elsten
Hanne Bernhard, Bönen
Marianne Beuchert, Frankfurt
Botanischer Garten, Frankfurt
Fam. Faller, St. Märgen
Freilichtmuseum Bad Windsheim
Ineke Greve, Heerlen, Holland
Fam. Groenewegen, Beugen, Holland
GRUGA Park, Essen
Fam. Hannberger, Pfaffenhofen
Gregor Hoinkis, Essen
Dagmar Jaspert, Hamm
Heike Kleineweischede, Flierich
Burghart Koch, Otzberg
Katrin Krämer, Hamm
Frank Linschoten und Pieter Baak,
Eext, Holland
Manpad, Heemstede, Holland
Palmengarten, Frankfurt
Fam. Poley, Nisse, Holland
Old Rectory, Burghfield, England
Hans Rau, Flierich
Nico Rau, Flierich
Nina Rau, Köln
Wolfgang und Lioba Riedel-Laule,
Reilingen
Daniel Rühlemann, Stuckenborstel
John Scarman, Stafford, England
Uta Schulte – Arens, Rosengarten,
Bökenförde
Stourton House, Stourton, England
Monika Tittlbach, Wössingen
Rosemary Verey, Barnsley, England

Rezeptverzeichnis

Suppen

Gründonnerstagssuppe oder Neun-
kräutersuppe 152
Kartoffelsuppe mit Fenchel 128
Kürbissuppe im Kürbis mit verschie-
denen Saucen 32
Radieschenblättersuppe 32
Sauerampfersuppe 176
Zweifarbige Gemüsesuppe mit Kapu-
zinerkresseblüten 176

Vorspeisen

Artischocken mit Blütensaucen 80
Birnen-Chicorée-Salat „Alchymist"
198
Eier, gefüllt mit Kapern 152
Fenchelkäse 128
Frühlingsgemüse in der Kohlrabischa-
le 128
Frühlingszwiebeln mit Sauce Romes-
co 104
Garnelen mit Knolau 104
Gemüsesalat mit Fenchelspitzen 128
Häppchen mit „Kükenfutter" 176
Kopfsalatherzen mit Dahlien 104
Mangoldstiele mit Frischkäse 80
Meerkohlsprossen mit Sojasauce 80
Möhrenbrot mit Sülze 34
Radicchio mit Kaviar-Mascarpone
80
Rotkohlsalat mit Dahlie 104
Salat „Monet" 104
Salat „Veilchenblau" 198
Sardinenpaste mit Blütenkapern 152
Sauerampfer-Kartoffelsalat 176
Tomaten, gefüllt mit Wildkräutern
152
Tomatensalat „Flora" 81
Wildkräuterquark mit Bärlauch 152
Zucchini, gefüllt 81
Zucchini, mariniert 81
Zucchiniblüten, gefüllt 81
Zucchini-Carpaccio 152
Zucchinisalat mit Oliven 81
Zwetschen mit Käsecreme 58

Hauptspeisen und Beilagen

Apfelklöße mit Zimtbutter und
Speck-Zwiebelsauce 58
Aprikosenknödel mit Aprikosenkom-
pott 58
Frühlingskartoffeln mit Minze 129
Grünkohl mit Birnen 34
Kalbsfiletröllchen mit Erbsen 82

Die Deutsche Bibliothek –
CIP-Einheitsaufnahme
Vom Nutzen schöner Gärten /
Marion Nickig / Heide Rau. –
Hamburg: Ellert und Richter, 1995
  ISBN 3-89234-608-9
  NE: Nickig, Marion; Rau, Heide

Text und Bildlegenden: Heide Rau,
Bönen-Flierich
Fotografie: Marion Nickig, Essen
Lektorat: Annette Willenborg-Heid-
brink, Hamburg
Gestaltung: Hartmut Brückner,
Bremen
Satz: KCS GmbH, Buchholz/Ham-
burg
Lithographie: Offset-Repro im
Centrum, Hamburg
Druck: C. H. Wäser KG, Bad Sege-
berg
Bindung: Großbuchbinderei Büge,
Celle